나의 사랑
나의 신부야
일어나
함께 가자

아가서 강해

나의 사랑 나의 신부야
일어나 함께 가자

- **초판 1쇄 인쇄** 2021년 11월 1일
- **초판 1쇄 발행** 2021년 11월 8일

- **지은이** 박혜영
- **펴낸이** 조유선
- **펴낸곳** 누가출판사
- **등록번호** 제315-2013-000030호
- **등록일자** 2013. 5. 7.
- **주소** 서울특별시 공항대로 59다길 276 (염창동)
- **전화** 02-826-8802 **팩스** 02-6455-8805
- **이메일** sunvision1@hanmail.net

- **정가** 16,000원
- ISBN 979-11-85677-69-9 03230

아가서
강해

Song of Songs

나의 사랑
나의 신부야
일어나
함께 가자

박혜영 지음

아가서는 하나님께서 자기 백성을 찾으시고 부르시어
예수님 안에서 새롭게 거듭남으로
복음의 열매를 맺는 축복 중의 축복장이다.

출판사
누가

　마지막 때 찾고 계시는 그 한 사람! 주님의 사랑을 토해가며 그 향기 가득함으로 살아가라는 "나의 사랑 나의 신부야, 일어나 함께 가자" 귀한 책 출간을 축하드립니다. 사랑이 식어가고 변질되어 가는 이 시대 가운데 우리에게 가장 중요한 것이 있다면 십자가 사랑의 회복입니다. 이 책은 이러한 십자가의 사랑을 새롭도록 일깨워 주는 저서라 생각됩니다.

　그 한 사람, 그리스도의 신부로서 신랑 되신 예수님의 사랑이 얼마나 크고 놀라운지를 보여주는 저서입니다. 아가서는 영어 제목으로 SONG OF SONGS, 노래 중의 노래, 황홀한 노래로 가득 찬 사랑의 고백서 입니다. 그 아름다운 노래인 "아가서"에서 성령 하나님께서는 지혜의 왕 솔로몬의 사랑 고백을 통해 예수님의 사랑을 더 바르게 깨달아 살아가도록 우리를 안내해 주고 있습니다. '나는 마지막 어두움이 밀려올 때 한 자루의 촛불이 되어지기를'… 예수님께서는 십자가의 사랑을 밝히기 위해 자기 몸을 산화시켜 버리는 아픔을 우리를 위해 기꺼이 주셨습니다. 오직 우리를 사랑하시는 마음 하나로, 어떻게 이토록 기막힌 사랑을 주셨단 말인가요! 황송함으로 가득 찬 우리들은 이제 일어서야 합니다. 이 책은 주님 앞에 막힌 사랑의 혈관이 예수님의 보혈로 씻어 새로이 열려져 회개의 눈물을 통하여 사랑이 회복되도록 도울 것입니다.

　세상 의학으로 고칠 수 없는 우리의 죄악을 오직 예수님의 사랑으로만 고칠 수 있음을 안내하며, 우리가 예수님의 사랑을 바르게 깨달아 말씀대로 살아가도록 도와주는 저서라고 생각합니다.

이 책은 "생기야 그 속에 들어가라" 하셨듯이 "사랑아 그 속에 들어가라"는 듯 안내해 주고 있습니다. 솔로몬과 술람미 같이 살고자 하는 자들에게는 예수님의 사랑으로 회복되도록 인도할 것입니다. 잃었던 사랑이 다시 끓어 오르고 타오르듯 예수님과의 관계가 다시 회복될 수 있으리라 생각하며 이 책을 추천해 드립니다.

마지막 시대를 살아가는 주님의 신부로서, 신랑 되신 예수님을 더욱 사랑으로 섬기고 그분의 말씀 가운데 예수님을 더 깊이 만나 제대로 말씀을 깨닫게 하는 큰 은혜가 되는 안내서가 될 거라 확신하며 추천해 드립니다.

감림산 기도원 원장 **이옥란**

박혜영 권사님의 아가서 묵상집 발간을 진심으로 축하드립니다. 이 묵상집의 발간을 축하하는 이유는 다음과 같습니다.

첫째 성경의 핵심인 하나님 사랑을 다룬 아가서를 선택했다는 것입니다. 예수님께서는 어느 계명이 크고 첫째 되는 계명이냐는 율법사의 물음 앞에 하나님을 사랑하는 것이 크고 첫째 되는 계명이고, 둘째는 이웃 사랑이라고 말씀하셨습니다. 그리고 이것이 온 율법과 선지자의 강령이라고 했습니다. 온 율법과 선지자는 구약성경을 가리키는 것입니다. 강령綱領이란 한자 의미는 "어떤 일의 으뜸이 되는 내용, 어떤 단체의 목적을 요약한 것"이라고 합니다. 한자로 본다면 하나님 사랑과 이웃 사랑은 기독교의 으뜸이 되는 내용이요, 기독교라는 공동체의 존재 목적을 요약해 놓은 것입니다. 헬라어로는 크레만누미κρεμάννυμι라고 합니다. 그 뜻은 의존해 있다depend, 걸려 있다hang on 는 뜻입니다. 그러므로 하나님 사랑과 이웃 사랑에 구약성경이 다 걸려있다는 말입니다. 하나님 사랑과 이웃 사랑을 하지 않으면 성경의 진리가 다 무너지거나 떨어져버린다는 말입니다. 그러니 얼마나 하나님 사랑, 이웃 사랑이 중요합니까? 그 중에 하나님이 성도를 얼마나 사랑하시고, 성도가 하나님을 어떻게 사랑해야 하는지 가르쳐주는 것이 바로 아가서인데, 이 중요한 성경의 묵상집을 내게 된 것을 축하드립니다.

둘째 깊은 묵상을 통하여 은혜를 나누었다는 것입니다. 권사님은 신학을 전공하지 않으셨지만, 말씀 묵상을 즐거워하는 분입니다. 그런 면에서 시편 1편의 복 있는 사람이라고 할 수 있습니다. 이와 같은 말씀의 묵상을 책으로 엮어 다른 분들과 나누는 것은 참으로 귀한 것입니다. 은혜는 나눌수록 더욱 커지기 때문입니다. 바라기는 이 책을 통하여 하나님을 사랑하는 일이, 예수 그리스도를 사랑하는 일이 더욱 커가는 분들이 이곳 저곳에서 일어나길 바랍니다.

셋째 하나님 사랑을 실천하는 거룩한 감동이 있을 것입니다. 아가서의 특징은 솔로몬과 술람미의 대화가 계속 이어지는 드라마라는 것입니다. 계속되는 대화 속에 솔로몬에 대한 술람미의 사랑이 깊어갑니다. 이처럼 우리가 삼위일체 하나님과의 사랑이 깊어지기 위해서는 대화가 많아져야 합니다. 그것은 성경을 읽으면서 하나님의 말씀을 듣고, 기도하면서 우리의 말씀을 드리는 것입니다. 이 하나님과의 대화가 깊어지면 사랑도 깊어지게 될 것입니다. 박혜영 권사님의 책은 하나님과의 대화가 깊어지는 좋은 참고서가 될 것입니다. 많은 분들이 이 책을 통하여 아가서의 주제인 하나님을 사랑하는 일에 깊이 빠지는 행복을 누리시길 바랍니다.

청교도인 존 오웬은 "사람들은 하나님의 사랑에 대해 거의 알지 못하는 것 같다. 하나님을 너무 깊이 사랑한 나머지 하나님께 대하여 상사병에 걸릴 수도 있다는 사실을 모르는 사람에게 성경의 진리가 얼마나 깨

달아지겠는가?"라고 했습니다. 이 책을 통하여 하나님과의 깊은 사랑에
빠지는 은혜가 있기를 축복합니다.

부전교회 담임목사 **박성규**

『나의 사랑 나의 신부야 일어나 함께 가자』란 박혜영 권사님의 책을 추천하게 된 것을 기쁘게 생각하며, 출간을 하게 되심을 진심으로 축하 드립니다. 저자는 늘 말씀을 묵상하며 실천하는 삶을 통해서 그리스도 의 빛을 발산하는 참된 신앙인으로 살아가고자 애쓰시는 분으로 존경합 니다.

이번에 출간되는 책은 아가서를 통해 하나님의 변함없으신 사랑, 진 정한 믿음의 삶은 어떠해야 하며, 인간관계 속에서 어려움을 당할 때, 잘 견디고 이겨나갈 수 있는 힘은 "오직 예수 안에서 믿음"뿐임을 제시하고 있습니다. 또한 "하나님의 말씀을 믿음으로 순종하는 자들에게는 그 순 종의 대가로 복이 따른다"고 하였습니다.

"물을 떠난 고기는 잠시 살 수 있어도 주님을 떠난 성도는 잠시도 살 수 없다"는 말이 있듯이, 절대 말씀 안에 거하며, 순종 실천하는 삶이 진 정한 믿음의 삶이요 복 받는 삶이라고 제시하고 있습니다.

하나님의 은혜 없이는 살아갈 수도 없고, 견딜 수도 없는 우리 자신들 을 향한 하나님의 신실하신 사랑을 경험할 수 있는 은혜의 자리로 나아 갈 수 있도록 안내하는 지침서가 되리라 믿습니다.

오직 믿음으로 기도와 간구, 그리고 말씀 안에 거하며 절대 말씀에 순 종하는 영성의 삶으로 복을 받은 저자의 체험이 많이 젖어있음을 간접적으로 느낄 수가 있습니다.

  아무쪼록 이 책을 읽는 모든 분들에게 여름철 목말라 갈증에 허덕이는 사람에게 시원한 얼음냉수 같이 영적 갈함에 도움이 될 것으로 믿고 감히 추천합니다.

강서중앙교회 담임목사 **오태식**
중부산노회(합동) 증경노회장
현, 부산신학교 총무처장

누가 말했던가요?

"누에는 뽕잎을 먹고 살고 송충이는 솔잎을 먹고 살지만 인간은 사랑을 먹고 산다."

그렇습니다, 우리 인간 세상에서 사랑이란 단어만큼 아름답고 유익한 말은 없습니다. 사랑은 시공간을 초월하여 어느 시대나, 어떤 장소에서나, 모든 사람들이 추구하는 말이요 모든 사람에게 절대적으로 필요한 것입니다.

인간의 삶 속에서 사랑이란 두 글자를 빼버리면 얼마나 삭막하고 메마른 세상이 되겠습니까? TV연속극의 주제도 영화의 테마도 소설의 줄거리도 모두 사랑을 내용으로 채워져 있음을 볼 수 있습니다. 그럼에도 불구하고 사람들은 왜 사랑에 목말라하고 있을까요? 그것은 진정한 사랑을 만나보지 못했기 때문이라 할 수 있습니다.

"진정한 사랑이란 계속되는 길고 어두운 터널을 중단 없이 잘 통과할 때 비로소 성취가 되는 것"입니다.

금번에 박혜영 권사님께서 진정한 사랑을 노래한 이 아가서를 출판하게 되어 기쁜 마음으로 축하드리며 함께 이 사랑에 감동된 삶을 계속 누릴 수 있게 되기를 소망하며 적극 추천하는 바입니다.

저자 박권사님은 12여 년 동안 같은 주님의 몸 된 교회에서 함께 교회를 섬겼고 열심을 다해 봉사하며 충성했던 귀한 평신도 중의 한 사람입니다. 무엇보다 기도를 생명같이 생각하고 말씀의 능력을 전적으로 신뢰하는 분이십니다.

매일 저녁마다 퇴근 후에 교회에 오셔서 부부가 기도하시던 그 모습을 지금도 잊을 수가 없습니다. 권사님은 기도가 삶이요 기도가 그의 생명줄입니다. 저서 서문에서도 밝혔듯이 권사님은 15년 전에 이미 하나님께로부터 받은 말씀이라고 고백하고 있습니다. 오래전에 받은 말씀을 그동안의 삶 속에서 체험하고 확인하면서 받은 사랑을 혼자서 간직하고 있을 수가 없어 그 뜨거운 사랑을 한 권의 책으로 출판하게 되었다고 합니다. 저자가 묵상을 통해 얻게 된 깨달음과 기도를 통해 얻은 영감이 이책 속에 아름답게 잘 어우러져 있습니다. 진정한 사랑에 대한 모든 것이 이 사랑의 노래인 아가서 안에 담겨 있습니다.

대면, 비대면 예배가 자주 반복되면서 주님과의 관계가 소원해지지 않을까 심히 염려가 되는 이 코로나시대에 다시 한 번 이 책을 통해 자신을 성찰해보고 조용히 묵상해보는 좋은 기회로 삼았으면 좋겠습니다.

"겁쟁이는 사랑을 드러낼 능력이 없다"고 말했던 인도의 성자 '마하트마 간디'의 말이 생각납니다. 거짓된 사랑과 잘못된 사랑이 홍수를 이루며 우리의 가치관을 혼미케 하고 이 사회를 흙탕물로 만드는 이때에 진정한 사랑이 무엇이며, 그 사랑을 어떻게 표현하며 어떻게 묘사되어져야 하는지를 이 묵상집(아가서)을 통해 배워야 하겠습니다.

아무쪼록 진정한 사랑이 그리운 이 시대에 권사님의 묵상집이 잘못된 사랑에 빠져 허우적거리고 탄식하며 힘들게 살아가고 있는 사람들에게는 큰 위로와 지침서가 되기를 바라고 아울러 우리 성도들에게는 주님과의 사랑의 관계를 다시 한 번 점검하고 확인해보는 귀한 시간이 되었으면 좋겠습니다.

다시 한 번 『하나님의 은혜로』에 이어 두 번째 책 『나의 사랑 나의 신부야 일어나서 함께 가자』는 묵상집의 출간을 진심으로 축하드리며 이 책을 대하는 모든 분들과 그들의 가정들 위에 하나님의 크신 사랑과 평강과 은혜가 충만하시기를 바랍니다.

부산새한교회 원로목사 **이우동**
(합동) 동부산노회 증경노회장
(전) 부산성경신학원 학장

마음의 눈으로 바라보는 믿음의 걸작

먼저 『하나님의 은혜로』라는 말씀 묵상집을 집필하여 평신도를 부르신 하나님의 은혜를 나누면서 독자들에게 신선한 감동을 끼친 바 있는 박혜영 권사님께서 금번에 기도하시는 중에 깨닫게 하시는 하나님의 은총을 따라 아가서 말씀 묵상집을 집필하여 출판하게 된 것을 참으로 기쁘게 생각하며 축하의 말을 전합니다

흔히들 마음은 사람의 속을 들여다보고 읽을 수 있는 또 다른 눈이라고 합니다. 이를 다른 말로 표현하자면 믿음은 사람의 내면을 있는 그대로 보여주고 표현하는 수단이라고 할 수 있다는 말이 됩니다. 다른 사람이 볼 수 없는 것을 볼 수 있고 다른 사람이 느낄 수 없는 것을 느끼는 믿음이야말로 칭찬 받아 마땅한 믿음일 것입니다.

이 책은 제목이 말해주는 것처럼 하나님의 말씀을 가감 없이 있는 그대로 표현해주고 있는 소중한 고백입니다.

"나의 사랑 나의 신부야 일어나 함께 가자"

사랑하는 사람이 있어야 하고 함께 가고 싶은 상대가 있을 때만 고백할 수 있는 세상에서 가장 아름다운 사랑의 고백입니다.

박혜영 권사님은 깊은 영성과 탁월한 감성 그리고 정감 어린 문체

로 이 글을 읽는 독자들의 마음을 사로잡기에 충분한 믿음과 영적 감성을 소유하신 분이십니다. 그래서 우리는 이 책 전반에 흐르고 있는 하나님의 사랑을 권사님의 영적인 감성과 믿음을 통해 다시 한 번 곱씹어 볼 수가 있습니다.

이 책은 처음 대하는 순간부터 마치 아가서를 새롭게 읽고 있다는 생각이 들 정도로 분명하고도 정감 있는 글들이, 마치 하나님에 대한, 그리스도에 대한 서툰 사랑에 움츠렸던 마음을 녹아 내리게 합니다.

누군가를 향해 사랑한다는 말을 한다는 것이 결코 쉬운 일이 아니고 또 설령 사랑을 고백했다 할지라도 그 사랑에 화답하여 반응을 하는 것도 쉬운 일이 아닙니다. 그런데 박혜영 권사님의 책을 읽는 순간부터 나도 그분을 사랑해야 하겠다는 마음이 생기고 뿐만 아니라 지금까지 나를 한없이 사랑해 주신 분께 대해 뜨거운 감사의 마음을 갖게 해준다는 것이 이 책의 가장 큰 장점이라고 생각합니다 그분이 바로 우리의 주님이신 예수 그리스도입니다

신학을 전공하지 않았음을 느끼게 해주는 부분들이 곳곳에 드러나고 있으며, 초기 기독교의 주류적 해석인 알레고리적(풍유적) 해석들이 전반에 흐르고 있는 것이 사실이지만, 모든 말씀을 예수님과 성도, 그리스도와 교회로 연결시키고자 했다는 점은 높이 평가할 만한 이 책의 장점일 것입니다. 이는 저자인 박혜영 권사님께서 깊은 기도와 말씀 묵상을 통하여 하나님께로부터 받은 감동과 아울러 저자가 받은

하나님과 예수 그리스도의 사랑을 깊이 체험하고, 저자가 그 사랑에 응답한 믿음의 사랑고백이 담겨 있다고 할 수 있습니다. 저자는 이 책을 통하여 이 사랑을 독자들과 함께 나누고자 하는 마음을 담은 흔적들이 책 전체에서 찾아 볼 수 있다는 점이 부각되는 또 하나의 장점일 것입니다.

아무쪼록 예수님의 은혜와 사랑이 이 책을 대하시는 모든 독자들에게 충만하시길 기도 드립니다.

대청중앙교회 담임목사 **강성근**
예장(합동)중부산노회 증경노회장

주님을 얼마나 사랑했을까? 하나님의 백성들을 얼마나 사랑했을까? 박혜영 권사님의 하나님에 대한 사랑고백이 대단합니다. 아가서를 넘어 신앙의 계곡마다 물줄기 따라 흘러 온 천하를 덮습니다.

평신도로서 강해서를 만진다는 것이 쉬운 일이 아닌데 한 구절 한 단어 물씬 풍겨나는 하나님의 사랑을 아름답게 때로는 강하게 적절히 표현하고 있습니다.

평소 하나님 사랑에 둘째가라면 서러워할 열정의 권사님, 그 열정이 하나님 사랑에서 출발하여 가족사랑, 성도 사랑, 목회자 사랑, 이웃사랑으로 번져 우리들의 가슴을 불꽃으로 활활 타오르게 합니다.

사랑의 핵폭탄을 터트린 권사님의 필력에 갈채를 보냅니다.

이 책을 보시는 분들에게 신앙의 열정, 그리고 하나님을 만나 신앙의 깊은 사랑의 교제가 충분히 회복되리라 짐작해봅니다.
권사님 사랑합니다. 축하드립니다, 축복합니다.

최문태 목사
아름다운 교회 한그루 대표 센터장

목차

솔로몬의 행적을 알지 못하면 아가서는 이해할 수 없다. 또한, 술람미 여자를 알기 위해서도 필히 솔로몬 왕을 알아야 아가서 전체를 알 수 있다. 아가서를 남녀의 사랑에 초점을 두고 어떤 신학자들이 많은 말들을 하지만 아가서는 신랑 되신 예수님과 신부 된 그리스도인들의 사랑 노래다. 십자가의 사랑을 찾고자 솔로몬의 행적을 찾으려 한다.

아가서의 저자 솔로몬 그는 누구인가? 이스라엘의 3대 왕 다윗의 아들이다. 솔로몬은 일천번제 제단을 통해 하나님의 은혜를 입은 자이다. 지혜의 왕으로 아가서, 잠언, 전도서, 시편, 다수를 기록하여 오고 가는 세대의 지혜의 왕으로 불리고 있다. 이스라엘 제일 성전을 건축하였으며 솔로몬의 지혜는 세상 모든 사람보다 지혜로워 그 이름이 지금 이 세대에도 지혜의 왕으로 불리고 있다.

솔로몬의 업적은 잠언 삼천을 말하였고 솔로몬의 노래는 일천 다섯이다(왕상 4:32.). 또 그 지혜로 초목을 논하였으며 레바논 백향목 담에 나는 우슬초까지 논하였고 짐승, 새, 기어 다니는 것, 물고기까지 논하였다. 이러한 솔로몬 왕이 아가서를 통해 남녀의 사랑을 비유로 들었다. 당신의 핏값으로 사신 그리스도의 신부를 논한 말씀이다. 왕이신 예수님께서 그리스도의 신부를 맞이 하는 조건은 무엇인가?

첫째, 예수님의 음성을 듣고 그의 말을 따르는 자다.

"여호와를 경외하는 것이 지식의 근본이어늘 미련한 자는 지혜와 훈계를 멸시하느니라" 잠 1:7

둘째, 예수님을 얼마나 사랑함이 많은 흔적들이 있느냐는 것이다.

셋째, 자기 십자가를 지고 예수님의 말씀을 따라 얼마나 많은 신앙의 흔적의 열매들이 육체 가운데 맺혔는가다.

남녀의 사랑에도 서로 남녀의 코드가 맞아야 사랑이 이루어진다. 영적인 신부는 신랑을 위해 존재한다. 아가서를 남녀의 동등한 사랑으로 본다면 예수님과 우리가 동등한 관계가 되는 것이다. 우리는 그의 만드신 피조물이며 거룩한 신부로 부르심을 입은 자다. 사랑에는 좋아하는 마음이 그 사람의 생각과 마음을 지배하게 되고 그 사랑의 전율은 기쁨으로 마음을 뜨겁게 한다.

사랑의 전율의 힘은 그 사람의 생각과 마음의 모든 것을 지배한다. 아무리 힘듦이 있다 할지라도, 방해하는 자가 있다 할지라도 신부의 마음만 변함이 없다면 그 사랑은 승리다. 우리를 변함없이 사랑하시는 신랑 되신 예수님께서 십자가의 사랑으로 확증시켜 주셨다. 십자가 사랑은 말씀의 약속대로 여자의 후손으로 이 땅에 오시고 나를 위해 말씀대로 십자가에서 죽으사 구원의 길을 열어주신 사랑이다. 또한, 보혜사 성령님을 우리에게 보내주셔서 주님의 음성을 말씀 가운데서 들려주시는 성령 하나님이시다. 말씀을 믿고 우리가 어떠한 신부로 세워질 것인가! 그것은 우리들의 믿음의 확신과 열심이다.

> "운동장에서 달음질하는 자들이 다 달아날지라도 오직 상 얻는 자는 하나인줄 너희가 알지 못하느냐 너희도 얻도록 이와 같이 달음질하라" 고전 9:24

상을 얻는 조건은 힘들고 어려움이 많지만 믿음의 신부는 끝까지 말씀의 목표를 향해 달려 상을 얻는다. 힘들고 어려움이 많다 할지라도 포기하지 말고 신앙의 목표를 향해 달리는 것이 우리의 사명이다. 이것이 그리스도의 신부의 열심이다. 아가서를 통해 "왕의 신부"의 열심을 보려 한다.

아가서를 이해하기 위해서는 앞서 솔로몬의 여자들의 관계를 성경 속에서 보아야 한다. 솔로몬 왕은 후비^{후궁}가 칠백이요 빈장^첩이 삼백이라고 열왕기상 11장 3절에 말씀한다. 아가서 6장 8절엔 "왕후가 육십이요 비빈이 팔십이요 시녀가 무수하되"라고 기록이 되어 있다.

솔로몬은 이렇게 많은 이방 여인을 얻어 자녀를 낳았다. 솔로몬 왕은 아내를 많이 얻어 자녀를 낳아 왕권은 든든하게 세워졌지만 그 왕권은 하나님께서 기뻐하시는 왕의 자리가 아니었다. 하나님께서 이방신을 섬기지 말라하셨다. 그런데 솔로몬이 이방 여인들을 사랑함으로 이방신이 이스라엘에 들어왔다. 이방 여자들을 통해 자녀를 낳아 이스라엘을 혼족으로 만들어 하나님의 거룩함을 나타내지 못해 하나님과의 관계가 깨어진 것이다. 솔로몬의 범죄의 대가는 이스라엘이 나누어지는 비참함이다.

솔로몬은 이스라엘의 12지파를 다스리는 3대 왕이었지만 나이가 많아 왕위를 승계하게 된다. 하지만 솔로몬의 죗값은 그의 아들 르호보암에게 죄의 유산을 물려주게 되었다.

"여로보암에게 이르되 너는 열 조각을 취하라 이스라엘의 하나님 여호와의 말씀이 내가 이 나라를 솔로몬의 손에서 찢어 빼앗아 열 지파를 네게 주고" 왕상 11:31

"오직 내 종 다윗을 위하고 이스라엘 모든 지파 중에서 뺀 성 예루살렘을 위하여 한 지파를 솔로몬에게 주리니" 왕상 11:32

솔로몬의 왕위를 그의 아들에게 승계하는 동시에 이스라엘 4대 왕 르호보암이 솔로몬의 죗값을 안게 된다. 솔로몬이 받아야 될 죄의 몫이 솔로몬 대에서는 허락지 아니하심은 다윗에게 솔로몬 아들을 두고 평화의 약속을 하신 것 때문이다. 그 약속으로 말미암아 솔로몬에게 죄의 대가를 허락하지 않으시고 솔로몬의 왕권을 유지해 주셨다. 솔로몬은 아버지 다윗의 믿음의 유산을 받아 평안한 왕권을 누렸지만 솔로몬은 그 아들에게는 자기 죄의 유산을 물려 주게 되는 어리석은 삶을 살았다.

솔로몬의 죄의 대가는 이스라엘 12자파 중 10지파를 빼앗기는 비참함이다(레위 지파는 계수에서 제외됨(민1:49)).

"내가 그 아들의 손에서 나라를 빼앗아 그 열 지파를 네게 줄 것이요 그 아들에게는 내가 한 지파를 주어서 내가 내 이름을 두고자 하여 택한 성 예루살렘에서 내 종 다윗에게 한 등불이 항상 내 앞에 있게 하리라" 왕상 11:35~36

이스라엘은 남유다와 북이스라엘로 갈라지게 되고 그로 말미암아 왕권전쟁은 쉬지 않고 빼앗고 빼앗기고 이스라엘의 대대손손 죄의 유전이 하나님을 거역하는 왕조시대를 만들어 죄가 죄를 낳고 죄의 홍수를 이루는 일에 앞잡이가 된 것이다. 이러한 솔로몬이 어떻게 남녀의 사랑을 여자의 육체를 벌거벗겨 낯 뜨거운 사랑을 기록해 오고 가는 세대 가운데 아가서를 우리에게 남겼는지 필자는 말씀의 깊은 곳에서 주님의 음성을 듣고자 한다.

많은 그리스도인들도 남녀의 사랑을 아가서에서 찾는 경우가 많다. 그러나 아가서는 단순히 여인들의 사랑을 노래하는 글이 아니다. 솔로몬은 천명이 넘는 여자들을 세상 가치관 속에서 얻었지만 세상 가치관으로는 아가페 사랑을 얻을 수 없고 육체의 기쁨은 잠깐 육체 가운데 머무를 뿐 모든 것이 헛되고 헛되다는 것이다.

성경은 영원한 나라를 우리에게 보여주는 예수님과 믿음의 신부를 대상으로 쓴 하나님의 말씀이다. 하나님의 거룩한 말씀 안에 인간의 남녀의 사랑romance 을 담지 않는다. 하나님은 육체를 가리켜 잠깐 보이다가 없어지는 안개와 같다고 하셨다(약 4:14).

"모든 육체는 풀이요 그 모든 아름다움은 들의 꽃 같으니 풀은 마르고 꽃은 시듦은 여호와의 기운이 그 위에 붊이라 이 백성은 실로 풀이로다 풀은 마르고 꽃은 시드나 우리 하나님의 말씀은 영영히 서리라" 사 40:6~8

솔로몬의 인생의 삶 속에서 그려낸 인간의 참 기쁨은 하나님을 경외하고 그를 섬기는 것 밖에 유익된 것이 없다는 것으로 전도서를 통해 인생의 마지막 결론을 내렸다. 하나님을 경외하는 것이 인간의 본분이라는 것이다.

또한 아가페 사랑은 말씀의 순종 안에서 거룩한 신부의 아름다움이 육체의 신비를 이루듯이 영적인 아름다운 형질이Trait character 이루어진다는 것이다.

아가서는 솔로몬 왕과 술람미 지역에 사는 포도원에서 일하는 술람미 여자를 주인공으로 삼아 남녀의 사랑의 비유를 들어 왕이신 예수님과 하나님의 백성들 교회 안에 성도들을 신부로 그린 말씀이다.

왕이신 예수님께서 그리스도의 신부로 부름 받은 우리 한 사람 한 사람을 어떤 관점에서 믿음의 신부를 보시고, 찾으시고, 기다리시는지를 말씀 가운데서 주님의 음성을 듣고자 한다.

육체의 신비

아가서의 특징은 신부의 육체를 벌거벗겨 왕이 사랑하는 여자를 설명했다는 것이다. 그 비밀은 사람의 육체 안에 그리스도의 신비가 들어 있기 때문이다. 우리는 세상에 태어나서 육체 가운데서 주님을 만나게 된다. 육체가 없으면 주님을 만날 수 없다. 육체 가운데서 주님을 찾고 육체 가운데서 주님의 음성을 듣고 믿음이 성장 되어 육체 가운데서 헌신을 하게 된다. 우리의 육체를 예수 이름으로 온전히 복종시켜 그리스도의 신부의 열매를 드러내야 한다.

예수님도 사람의 육체의 옷을 입고 이 땅에 오셨다. 또한 육체 가운데서 33년의 공생애 동안 천국 복음을 전하셨다. 육체 가운데서 우리들의 죄의 짐을 지시기 위해 그의 얼굴에 침 뱉음과 멸시 조롱 천대 벌거벗기움을 당하시고 우리의 죄의 짐을 벗겨 주셨다. 육체를 찢기심으로 우리를 묶고 있는 율법을 찢고 죄 가운데 있는 자기 백성에게 구원의 길을 내어주셨다. 육체를 말씀으로 온전히 복종시킴으로 말씀을 이루신 것이다. "다 이루었도다!"

"그가 찔림은 우리의 허물을 인함이요 그가 상함은 우리의 죄악을 인함이라 그가 징계를 받음으로 우리가 평화를 누리고 그가 채찍에 맞음으로 우리가 나음을 입었도다" 사 53:5

그렇다면 그리스도의 신부의 삶을, 어떻게 예수님을 사랑하는 흔적을, 우리 육체 가운데 채울 수 있을까? 그것은 그리스도의 향기를 우리 육체를 통해 드러내야 한다. 약한 자를 예수 이름으로 세우고 하나님의 백성을 찾아 복음을 전하고 많은 영혼들을 예수님 앞으로 인도해야 한다. 그것이 그리스도의 고난의 참여하는 믿음이다. 사도 바울은 그리스도의 고난의 참여하는 것을 자기 육체에 채운다고 했다.

"내가 이제 너희를 위하여 받는 괴로움을 기뻐하고 그리스도의 남은 고난을 그의 몸 된 교회를 위하여 내 육체에 채우노라" 골 1:24

육적인 생각 가운데서는 육체를 복종시킬 수가 없고 하나님의 비밀을 깨달을 수도 없다. 하지만 하나님의 관점에서 보면 내 육체를 내 것이라 주장할 수 없는 그리스도의 비밀이다. 즉, 인간은 하나님의 절대적인 주권 가운데서 만들어진 창조물이다. 하나님의 뜻을 이루기 위해 예수님의 영광을 위해 만들어진 피조물이다. 예수님의 영광을 위해 만들어진 피조물이 예수님을 떠나면 죽음밖에 없다. 물고기가 물을 떠나면 반드시 죽는다. 포도나무 가지가 포도나무에 붙어있지 않으면 열매를 맺지 못하고 말라서 불에 던져지는 것과 같다.

우리 육체의 시간의 소유권이 하나님께 있다. 우리는 하나님의 시간 속에서 이 땅에 살다 시간이 다하면 육신의 옷을 벗게 된다. 육체의 옷을 벗을 때 육체 가운데서 만들어진 형질Trait character 속사람이 하나님 앞에 서는 것이다. 그 속사람이 어떻게 육체 가운데서 신앙생활을 했느냐에 따라 하나님의 거룩한 신부로 나아간다.

왕이신 예수님도 육체를 복종시켜 우리를 구원하셨다. 우리가 육체를 가지고 자기의 생각으로 세상 것과 마음껏 연합하고 육체의 기쁨을 내 것이라 주장하며 육체의 쾌락을 즐긴다면 이러한 자는 분명 하나님의 진노의 잔을 받는다. 육체의 시간은 그리 길지가 않다.

"진실로 각 사람은 그림자같이 다니고 헛된 일에 분요하며 재물을 쌓으나 누가 취할는지 알지 못하나이다" 시 39:6

우리가 생각할 때는 육체에 머무는 시간이 길고 이 땅에 오래오래 살 것 같아 헛된 것에 속아 육체의 시간을 허비한다. 세상적 가치는 아무리 좋아도 영원하지가 않다. 육체의 시간 속에서 끝이 난다. 육체의 시간은 짧다. 우리는 육체의 시간을 통해 하나님의 거룩함을 채워야 한다. 성경은 많은 곳곳에서 육체를 복종시켜 하나님의 거룩함으로 살아가라고 말씀한다. 하나님의 부르심을 입은 열 처녀 중 다섯 처녀는 말씀대로 순종하여 신랑 되신 예수님을 맞이해 혼인 잔치에 들어갔지만 자기 생각으로 신앙생활을 한 미련한 다섯 처녀는 신랑 되신 예수님을 맞이하지 못하고 쫓겨나게 되었다(마 2:1-13).

육체의 복종은 말씀에 깨어 순종함으로 내 육체 가운데 채워야 한다.

"우리의 연수가 칠십이요 건강하면 팔십이라도 그 연수의 자랑은 수고와 슬픔뿐이요 신속히 가니 우리가 날아가나이다" 시 90:10

설사 100세를 산다 하더라도 죽음 이 후에는 심판 주 되신 예수님이 계시다는 것을 우리는 명심해야 한다.

나의 사랑 나의 신부야 일어나 함께 가자

『나의 사랑 나의 신부야 일어나 함께 가자』를 쓰기까지 성령 하나님의 강권하심이 함께하셨다.

아가서는 난해한 부분이 많아 읽는 것조차 얼굴이 붉어진다. 이로 인해 아가서를 멀리하는 경우가 많아 성경 중에서도 사각지대에 놓여 있다. 이러한 아가서를 평신도를 통해 풀어주신 하나님의 뜻이 있으리라 믿는다.

하나님께서는 필자의 인생 속에서 깊은 성령체험을 하게 하셨고 많은 기적과 은사를 체험하게 하셨다. 그 성령체험을 통해 말씀과 기도로 신앙의 훈련을 혹독하게 시키셨다. 그러나 이 혹독한 훈련은 필자를 믿음의 신부로 세우시기 위한 과정이었다. 마른 막대기에서도 순이 나게 하시고, 꺾어진 가지에서도 잎이 나게 하시는 하나님의 섭리는 부족한 자를 들어 하나님의 영광을 나타내시려는 뜻이 있으리라 생각한다.

『나의 사랑 나의 신부야, 일어나 함께 가자』 책을 쓰기 위해 나귀 같은 자의 입을 여셨다. 하나님의 계획은 하나님을 사랑하는 자를 통해 복음이 흘러내리게 하시는 것이다. 필자에게 하나님의 거룩한 말씀을 깨닫게 하시기 위해 15년 전 하나님의 비전을 주셨다. 내게 학자의 혀를 주셨으니(사 50:4). 두 번이나 귀를 의심할 정도로 귀에 들려왔다. 하지만 그 당시에는 이 말씀이 필자와는 상관이 없는 말씀이라 여겨 흘려버렸다. 평신도에게 학자에 혀를 주셨다는 말씀이 어떤 의미인지를 몰랐기 때문이다. 그러나 세월이 흘러 지금에 와서는 확연하게 그 말씀이 내 안에서 일어나는 것을 내 눈으로 보고 있다.

『나의 사랑 나의 신부야, 일어나 함께 가자』책을 통하여 많은 믿음의 동역자들과 하나님의 사랑을 나누기를 원하며, 하나님을 더 깊게 만나기를 기대해본다. 아가서는 하나님의 사랑을 알게 하며 하나님의 창조의 원리를 깨닫게 한다. 이러한 아가서를 잘못 이해하여 남녀의 사랑으로 보는 경우들이 많다. 아가서는 인간이 신의 성품에 참여하여 육체 가운데 예수 그리스도 사랑의 흔적을 채우는 복음서다. 믿음, 소망, 사랑 중에 사랑이 제일이라. 믿음도 사랑이 없이는 믿음이 유지될 수 없고, 소망도 사랑이 없이는 소망을 이룰 수가 없다. 믿음도 사랑으로 이루고, 소망도 사랑으로 이룬다. 그래서 사랑이 제일이다.

아가서는 인간의 사랑을 논한 것이 아니라 십자가 안에 열매를 맺는 사랑 중에 사랑 곧, 아가페 사랑이다. 이렇듯 아가서는 하나님께서 자기 백성을 찾으시고 부르시어 예수님 안에서 새롭게 거듭남으로 복음의 열매를 맺는 축복 중에 축복장이다.

이 책은 아가서 1∼8장까지 한절 한절 풀어 영성적으로 기록이 되었다. 기록된 말씀은 초신자에서부터 믿음의 동역자들에게 신앙의 유익을 줄 수 있으리라 믿는다. 또한 이 책을 통하여 성경 66권의 말씀을 더 힘 있게 깨닫고 세상을 넉넉히 이기는 승리자가 되시길 필자는 기도한다.

　참고로 성경은 개혁한글과, 영어 NIV 성경을 사용하였음을 밝힌다. 마지막으로 출판할 수 있도록 도와준 가족들에게 고마움을 글로나마 전하며 함께하는 모든 독자님들에게 하나님의 은혜와 평강이 있기를 기원한다.

　"이는 내가 사람에게서 받은 것도 아니요 배운 것도 아니요 오직 예수 그리스도의 계시로 말미암은 것이라" 갈 1:12

저자 박혜영 권사

나의 사랑
어여쁜 자야

Song of Songs
Solomon's Song of Songs

`아가서 1장 1절` **솔로몬의 아가라**(솔로몬은 지혜의 왕 평화의 왕이란 뜻이다.)

솔로몬 왕이 술람미 여자를 비유로 쓴 아가서는 평화의 왕 신랑 되신 예수님과 예수님을 향한 그리스도인들의 사랑의 노래다.

왕이신 예수님께서 그리스도인들의 한 사람 한 사람 구원 사역을 두고 십자가의 사랑으로 우리를 신부로 부르셨다. 그리스도인들은 말씀을 통해 신랑 되신 예수님을 만나야 한다. 말씀을 통해 하나님 나라의 소망을 갖지 못하는 자는 신랑 되신 예수님의 얼굴을 뵈올 수 없다. 예수님을 사랑하는 자가 말씀의 길을 가고, 그 말씀의 길을 걸어갈 때 소망이 있다. 신앙에는 바라는 것들에 대한 분명한 소망이 있어야 한다. 또한 바라는 것들은 그 믿음으로 소망을 이룬다. 소망으로 나아가는 믿음은 사랑이 없이는 완성시킬 수가 없다. 소망의 완성을 이루는 것도 사랑이며 믿음의 완성을 이루는 것도 사랑이다.

그래서 믿음, 소망, 사랑, 중에 사랑이 제일이다. 아가서에서 말하는 사랑은 믿음으로 소망을 이루는 사랑의 승리의 노래다.

나의 사랑 나의 신부야 일어나 함께 가자

아가서 1장 2절 내게 입 맞추기를 원하니 네 사랑이 포도주보다 나음 이로구나

예수님은 말씀 안에서 우리와 입 맞추기를 원하시고 기다리시는 우리의 왕이시다. 우리들의 믿음의 성장은 말씀을 벗어나서는 아무것도 아니며 세상의 헛된 것에 인생을 낭비하는 것이다. 말씀이 없이는 예배도, 기도도, 헌신도, 복음 전하는 것 그 어떤 방법으로도 예수님을 만날 수가 없다. 하나님의 부르심을 입은 하나님의 자녀라면 말씀으로 예배하고, 말씀으로 기도하고, 말씀으로 헌신과 복음 전함이 이루어져야 한다.

말씀이 무엇이기에 이렇게 중요할까? 하나님은 말씀으로 천지 창조를 하셨다. 예수님도 말씀을 따라 이 땅에 오셨다. 앞으로 세상에 임할 재림도 말씀 안에서 하나님의 약속대로 이루어진다. 말씀은 우리의 힘이고 능력이다. 말씀은 날선 검이고 말씀이 우리의 혼과 영과 관절을 쪼개기까지 하는 살아있는 능력이다.

하나님은 말씀 안에서 믿는 자와 믿지 않는 자를 구별하며 알곡과 쭉정이를 고르시고 시공간을 초월하여 지금 이 순간에도 말씀으로 일하시는 하나님이시다. 세상 끝날까지 말씀은 살아서 우리와 동행하시는 성령 하나님이시다.

"태초에 말씀이 계시니라 이 말씀이 하나님과 함께 계셨으니 이 말씀은 곧 하나님이시니라" 요 1:1

말씀이 곧 하나님이시다. 말씀을 믿는 자에게는 말씀이 살아서 운행하시지만 말씀은 믿지 않는 자에게는 일하시지 않는다.

"여호와여 주의 이름을 아는 자는 주를 의지하오리니 이는 주를 찾는 자들을 버리지 아니하심이니이다" 시 9:10

하나님은 말씀을 믿고 말씀 안에서 하나님을 찾는 자 그를 위하여 일하신다. 인생의 해답은 성경말씀 66권 안에 있다. 하나님은 말씀을 떠나서는 일하지 않으신다. 축복도 저주도 다 말씀 안에서 현재 진행형으로 우리를 부르시는 하나님이시다.

"너희가 마음의 문을 열면 나는 너로 더불어 먹고 너는 나로 더불어 먹으리라" 하는 말씀 처럼 사랑은 서로의 마음의 문을 열고 사랑을 나누어야 한다. 예수님의 신부는 어떠한 삶을 살아가야 되는지 술람미 여자를 통해 그리스도인들의 신부의 삶을 말씀하고 있다.

아가서 1장 3절 네 기름이 향기로와 아름답고 네 이름이 쏟은 향기름 같으므로 처녀들이 너를 사랑하는구나

술람미 여자의 신앙 고백이다. 예수님의 십자가의 사랑이 "향기롭다, 아름답다"라는 신앙고백이다. 예수님의 십자가의 사랑이 온 천지를 진동시키며 십자가의 보혈의 피가 땅에 "쏟는 향 기름 같으므로" 믿음의 처녀들이 예수님을 좋아한다는 신앙고백이다. 예수님의 십자가의 사랑은 그리스도인들이 사랑해야 될 진리의 길이다. 그 십자가

나의 사랑 나의 신부야 일어나 함께 가자

의 길은 우리의 생명의 길이다. 그 생명의 길은 십자가만 바라보고 따라가야 한다. 십자가의 길을 가는 자가 세상 것에 목말라하고 안타까와 세상을 향해 뒤를 돌아본다면 그는 신앙에 실패자다.

"예수께서 이르시되 손에 쟁기를 잡고 뒤를 돌아보는 자는 하나님 나라에 합당치 아니하니라 하시니라" 눅 9:62

십자가의 길을 가는 자는 세상 것을 보고 마음을 돌이키면 죽음이다. 롯의 아내가 세상 것을 놓지 못하고 뒤를 돌아보지 말라는 하나님의 말씀을 거역하여 뒤를 돌아보다 소금기둥이 되어버렸다.

"도망하여 생명을 보전하라 돌아보거나 들에 머무르거나 하지 말고 산으로 도망하여 멸망함을 면하라" 창 19:17

믿음은 십자가만 보고 따르는 것이다. 그 길은 생명을 얻는 길이다. 세상 것과 하나님의 것을 동시에 누릴 수 없다. 21세기는 롯이 살던 시대를 연상케 한다. 세계적으로 도덕이 무너지고 인간의 무질서한 시대를 우리는 맞이했다. 소돔과 고모라는 동성애로 마지막 종지부를 찍었다. 동성애는 단지 동성애로만 우리 가운데 들어오는 것이 아니다. 그 동성애는 하나님의 창조의 질서를 무너뜨리고 인간이 만든 세상을 건설하는 것이다. 이러한 시대는 가정이 무너지고 사회가 무질서해진다. 하나님은 장차 시대가 흐르면 흐를수록 사람의 악함은 더해지는 것을 알고 계신다. 형제가 형제를 미워하고 아비가 자식을 죽는데 내어주며 자식들이 부모를 대적하여 죽게 하는 시대다. 하지만, 그럼에도, 끝까지 하나님의 말씀을 붙들고 나아오는 자는 구원에 이른다.

하나님은 아담과 하와를 만들어 하나님의 창조의 질서를 세우셨다. 그런데 21세기 우리의 후손들은 세상에 태어날 때부터 동성애, 성 평등 시대를 접하고 이미 많은 나라에서 동성애를 받아들이고 학교에서 교육을 받는 시대를 접했다. 이로 말미암아 장차 이들이 만들 세상은 하나님의 진노를 일으키는 시대다. 무엇이 옳은 것인지 조차 알지 못하는 죄악을 우리는 후손들에게 물려주게 되었다. 세상의 과학은 21세기를 관통하며 바벨탑을 쌓고 있다. 과학의 창조는 인공지능과 함께 발전에 발전을 거듭하고 있다. 하나님과 같이 되려는 사람의 욕심이 바벨탑 세상을 만드는 것이다. 하나님의 심판의 불은 이미 준비되었다. 이제 언제 어느 때 그 재앙이 세상을 관통할지 아무도 모른다. 하지만 하나님의 진노의 심판은 분명히 세상을 관통한다. 무화과나무에 새순이 올라오면 여름이 가까이 오는 줄 자연스럽게 아는 것같이 말씀에 깨어 있는 자는 시대를 분별할 수 있다. 믿는 자는 깨어있어 하나님의 음성에 귀 기울여야 한다.

술람미 여자는 분명 말씀에 취하고 기도에 취하고 헌신에 취한 믿음의 신부다. 말씀으로 거듭난 신부가 아니고는 예수님의 존재성을 나타낼 수가 없다. 술라미 여자의 신앙은 담대하게 하나님의 주권을 드러내어 하나님의 권위를 세우고 있다.

우리는 얼마나 마음을 다해 예수님의 십자가의 자랑을 세상 가운데 채우며 신앙생활을 하고 있는가? 하나님의 거룩한 백성은 우리들의 육체의 시간 속에 예수님의 향기를 토해내야 한다.

우리는 십자가를 자랑하는 사명자, 십자가의 전달자이다. 술람미는 입만 열면 예수님을 자랑해 많은 영혼을 얻어 칭찬을 받았다.

"네 입술은 홍색 실 같고 네 입은 어여쁘고 너울 속에 네 뺨은 석류 한 쪽 같구나" 아 4:3

홍색 실은 예수님의 보혈의 피를 상징한다. 우리의 입술은 보혈의 피를 홍색 실을 뽑아내듯이 입을 열어 십자가의 사랑을 전해야 한다. 그 보혈의 피는 생명을 살리는 능력이다. 석류 한 쪽은 마음의 중심이 영혼들로 채워져 있음을 표현하신 것이다. 사람이 아무리 신앙이 있는 척 말을 한다 해도 그 마음에 있는 말이 입으로 흘러나온다. 거짓으로 사람에게 보이기 위한 가짜 신앙도 있다. 하지만 하나님은 우리의 중심을 보시는 하나님이시다. 열매로 그를 알 수 있다. 나쁜 나무에서 나쁜 열매가 맺히고 좋은 나무에서 좋은 열매가 맺힌다.

"선한 사람은 마음의 쌓은 선에서 선을 내고 악한 자는 그 쌓은 악에서 악을 내나니 이는 마음의 가득한 것을 입으로 말함이니라" 눅 6:45

예수님을 사랑하는 자는 석류 안에 알알이 박혀있는 알맹이들 처럼 구원받은 영혼들을 품고 있다. 그 품고 있는 영혼들이 예수 믿는 자의 얼굴을 빛이 나게 한다. 이것이 예수님을 사랑하는 신부다. 나는 무엇을 자랑하며 내 중심에 채우고 있는가? 열매 없는 무화과나무가 잎만 무성해 신앙이 있는 척 교회 안에서 아는 척 눈 가람만 하여 사람을 기쁘게 하는 자인가? 자기의 육체를 쳐서 말씀으로 복종시키지 못하여 열매 없는 신앙은 음을 분별해 내지 못하고 내는 꽹과리와 같다. 나는 무엇을 자랑하고 싶은가? 남들보다 좀 더 가진 물질을 자랑하고 싶어 마음이 요동을 치는가? 다른 자녀들보다 잘 나가는 내 자녀를 자랑하고 싶어 마음 안에 썩어질 육체의 자랑으로 마음이 달려가는가? 믿음의 미성숙이다.

> "무슨 일을 하든지 마음을 다하여 주께 하듯 하고 사람에게 하듯 하지 말라"
> 골 3:23

믿는 자는 때를 얻든지 못 얻든지 우리 안에서 예수님을 자랑하고 예수님의 증거들이 나타나야 한다. 술람미 여자의 신앙고백은 예수님의 향기가 세상의 어떤 것과도 비교할 수 없다는 고백이다. 이러한 적극적인 신앙 고백은 많은 사람들에게 믿음의 향이 전달된다. 하지만 이 향기는 하나님의 백성만이 맡을 수 있는 거룩한 향이다. 이 향은 말씀을 읽을 때, 기도를 할 때, 헌신으로 나아갈 때, 성령의 나타나심을 통해 맡을 수 있다.

성령의 나타나심은 우리 마음을 거듭나게 하고 성령의 인도하심을 받아 믿음의 향기를 품어 내게 한다. 믿음의 향기는 성령의 능력을 믿는 자에게 나타나는 자연적인 현상이다. 하나님의 백성들은 예수님의 향 기름을 맡고 벌과 나비처럼 모여들고 예수님의 향을 좋아하며 예수님을 따른다. 예수의 향기는 생명을 살리는 십자가의 생명의 양식

나의 사랑 나의 신부야 일어나 함께 가자

이기 때문에 믿음의 처녀들이 예수님을 사랑한다.

술람미 여자는 예수님을 자랑하고 소리를 높여 복음을 전했다. 우리는 어떠한 자세로 십자가의 사랑을 전하고 있는가? 벌과 나비가 꽃을 좋아하는 것처럼 예수 믿는 자는 예수님의 향기에 취해 살아가야 한다. 예수님 또한 말씀의 꿀을 얻고자 하는 자를 향해 기뻐하시며 좋아하신다. 그러므로 사랑은 이중창이라 할 수 있다.

우리가 기도할 때 주님이 들으시고 우리들의 길을 안내해 주시며 헌신할 때 잘했다 칭찬해 주시고 축복의 길로 인도하신다. 우리가 말씀으로 가까이 나아올 때 주님은 흥분하신다. 왜 그럴까! 말씀은 하나님 자신의 몸이시기 때문이다. 말씀은 모든 것을 가능케 한다. 그러므로 예수님을 사랑하는 자는 모든 것을 가능케 할 수 있다.

"내게 능력 주시는 자 안에서 내가 모든 것을 할 수 있느니라" 빌 4:13

똥파리는 똥 냄새에 민감하고 더러운 곳을 좋아한다. 세상 사람은 세상 것을 좋아하지만, 믿음의 사람들은 믿음의 소리를 내는 자들을 좋아하며 그들과의 나눔을 즐거워하며 기뻐한다. 하나님께서는 우리에게 생명의 길과 사망의 길을 두시고 선택에서는 우리의 자유의지를 허락하셨다. 하지만 하나님의 말씀으로 돌아오지 않는 자는 사망의 길이라고 분명히 말씀하신다.

"보라 내가 너희 앞에 생명의 길과 사망의 길을 두었노니" 렘 21:8

아가서 1장 4절 왕이 나를 침궁으로 이끌어들이시니 너는 나를 인도하라 우리가 너를 따라 달려가리라 우리가 너를 인하여 기뻐하며 즐거워하리니 네 사랑이 포도주에서 지남이라 처녀들이 너를 사랑함이 마땅하니라

하나님을 사랑하는 믿음의 신부를 말씀의 깊은 곳 침실까지 이끌어 들이시는 하나님이시다. 하나님을 사랑하고 인도함을 받는 자만이 말씀의 깊이와 너비와 높이와 길이를 깨닫게 되고 말씀의 신부로 세워 질 수 있다. 왕의 침궁에 다녀온 사도 바울을 소개한다.

"낙원으로 이끌려 가서 말할 수 없는 말을 들었으니 사람이 가히 이르지 못할 말이로다" 고후 12:4

고린도후서를 기록하기 14년 전에 사도 바울이 셋째 하늘에 이끌려가 천국을 보고 하나님의 계획을 듣고 한 말이다. 그럼 우리는 천국을 보지 못했는가? 말씀 안에서 분명한 천국과 지옥을 말씀한다. 우리가 믿지 못하고 마음을 다하여 하나님을 찾지 않기 때문에 하나님의 거룩한 처소를 보지 못한 것이다. 하나님의 거룩한 처소를 보았던 자들은 세상 것에 욕심을 부리지 않고 어떻게 신앙생활을 했는지는 기독교 역사를 찾아보아야 한다. 세계적으로 얼마나 많은 순교자들이 있었는가? 한국에서도 강준의 목사님은 목이 매달려 숨을 거두는 순간까지 복음을 전하며 손과 발목이 잘린 채로 발견되었다고 한다. 김대홍 집사도 교회를 떠나지 않고 지키다가 공산군들의 고문 끝에 생

나의 사랑 나의 신부야 일어나 함께 가자

매장을 당했다. 오주환 집사는 기도 중에 체포되어 돌에 맞고 죽창에 찔려 "이 못난 아들도 하나님 나라에 갑니다. 내 영혼을 받아주소서! 아멘" 하고 숨을 거두었다고 한다. 이 외에도 손양원, 주기철, 이기풍 등 얼마나 많은 순교자들이 하나님의 침궁에 이끌려 갔다 온 후에 순교를 했는가! 하나님의 비밀을 아는 자는 복음의 능력을 나타낸다. 사도 바울이 적극적으로 예수님의 왕권을 드러내었던 것은 말씀의 깊은 곳 낙원을 보았기 때문에 가능한 것이다. 술람미 여자도 왕의 침궁에 이끌려 갔다 오고 나서는 예수님을 향한 사랑을 적극적으로 표현했다. 우리도 말씀의 깊은 곳인 왕의 침궁에 이끌려 하나님의 거룩한 신비의 처소를 보아야 한다. 이것이 말씀이다. 세상은 알지 못하는 기쁨, 세상은 줄 수도 없는 하나님의 큰 능력이 말씀 안에 있다. 신앙생활은 사람을 의식하지 말고 적극적으로 예수님을 찾아야 한다.

"주님 사랑합니다." "주님 좋아합니다." "주님 어떻게 하여야 주님을 기쁘시게 할 수 있나요?" 이러한 신앙 고백을 통해 하나님의 침궁으로 인도함을 받는다. 말씀의 침궁은 세상에서 경험해보지 못한 신비의 처소다. 이러한 말씀의 침궁에 초대받아 갔다 온 자는 세상 어떤 것으로도 바꾸지 않는 오직 예수님의 이름으로만 살아간다.

말씀은 살아있어 말씀 안으로 들어온 자에게 꿀송이보다 더 단맛이 있고 세상에서 경험해보지 못한 평안함과 희망과 존귀한 자녀로 이 땅에서 다시 거듭남으로 태어난다. 그리고 신의 성품으로 신적인 거룩한 성품으로 바뀐다. 사울이 변하여 사도 바울로 바뀌는 것과 같다.

"너를 사랑함이 마땅함"이란 십자가 사랑을 표현한 것이다. 예수 믿는 자라면 예수님을 사랑하는 것이 마땅한 것이다. 혼인잔치는 기쁨이 있다. 어느 혼인집이든 신랑과 신부와 하객들이 함께 기뻐한다.

교회는 말씀 안에 예수님의 이름으로 기쁨이 있어야 한다. 서로서로를 격려해 주고 믿음의 성장을 보고 내 일같이 예수님의 이름으로 기뻐해야 한다. 이러한 교회는 믿음의 성장과 축복이 있다.

"신부를 취하는 자는 신랑이나 서서 신랑의 음성을 듣는 친구가 크게 기뻐하나니 나는 이러한 기쁨이 충만하였노라" 요 3:29

1. 믿음의 자존심
믿음은 내 자존심이 아니라 하나님의 자존심이다

아가서 1장 5절 예루살렘 여자들아 내가 비록 검으나 아름다우니 게달의 장막 같을지라도 솔로몬의 휘장과도 같구나

예수 믿는 자의 당당함을 술람미 여자를 통해 드러내고 있다. 비록 눈으로 보여 지는 것은 "게달의 장막"같이 삶이 고달프고 힘든 상황이지만 술람미 여자의 믿음의 고백은 위풍당당한 신앙고백이다. "솔로몬 왕의 휘장"이 두른 것처럼 술람미 여자의 믿음 생활은 하나님의 권위가 그녀를 감싸고 있다는 고백이다. 믿음의 눈에 보이는 하나님의 보호하심이다. 사람들에게 보여 지는 여인의 비참함에도 술람미의 마음 안에는 예수님을 만난 보화가 있기에 환경에 기죽지 않고 가난

함에도 감사가 있고 없음에도 감사하는 신앙의 부유함이 있다. 그냥 감사하는 척이 아니다. 세상에 어떤 것과도 바꿀 수 없는 인생의 최고의 가치를 발견했기 때문이다. 아마도 예수님을 사랑한 많은 그리스도인들은 체험 했으리라 생각한다. 보화를 품어본 경험이 있는 자는 말씀이 이해가 될 것 같다. 세상에 어떤 것과도 바꿀 수 없는 기쁨이다.

술람미의 신앙은 세상의 어떤 것과도 바꿀 수 없는 예수 안에서의 평안과 권위의 기쁨이 있다. 이렇게 당당한 믿음의 가치를 아는 지혜로운 신부는 어떠한 경우라도 세상 가치관 속에 살아가지 않는다. 세상의 어떤 것 과도 바꿀 수 없는 최고의 선물이 예수님을 만나는 것이다. 지혜로운 신부는 하나님 안에 살아가는 것을 더 기뻐하며 믿음의 가치관을 햇빛같이 뚜렷하게 드러낸다.

아가서 1장 6절 내가 일광에 쬐어서 거무스름할지라도 흘겨보지 말 것은 내 어미의 아들들이 나를 노하여 포도원 지기를 삼았음이라 나의 포도원은 내가 지키지 못하였구나

신앙생활의 고달픔을 나타내는 말씀이다. 환경에 굴하지 않고 믿음의 당당함을 드러내고 있는 술람미 여자다. 비록 일광을 쬐어서 피부가 그을려 아름답지 못하지만 하나님을 믿는 거룩한 신부의 길을 가며 믿음의 권위를 당당하게 드러내는 자태다. "눈으로 흘겨보고 업신여기지 말라"에서는 그녀의 신앙의 담대함이 느껴진다. 그녀는 예수를 믿고 살아간다는 이유 하나 만으로 가족들에게도 업신여김을 당

하며 힘들게 신앙생활을 했다. 힘든 육체의 노동으로 받은 핍박 속에서 술람미 여자의 안타까운 마음은 "나의 포도원을 지키지 못했다"라고 고백을 한다. 이 포도원은 예수님 안에서 하나님의 백성으로 살지 못했던 지난 시간을 후회한다. 술람미 여자는 포도원에 외딸 상속자다. 하지만 오빠들의 탐욕으로 인해 포도원을 빼앗기지 않으려고 많은 시간 동안 일광에 쬐여서 피부가 거므스름 하도록 허비했음을 후회한다. 세상 것과 바꿀 수 없는 포도원이 바로 예수님 안에 있다는 것이다. 술람미 여자가 지켜야 할 포도원은 예수님 안에서 포도나무의 가지로 살아가는 것임을 깨닫고 술람미가 지난 시간을 후회한다. 혹 세상의 유익을 찾는 것이 신앙생활보다 앞서 있다면, 그는 시간이 흐른 후에 분명 후회할 것이다. 세상이 주는 기쁨은 참 기쁨이 아니다. 거짓 기쁨에게 속지 말라고 하신다. 세상 가치관의 기쁨은 늪과 같다. 서서히 자기 육체의 무게가 영혼을 삼켜버리는 것이다.

신앙생활은 아무리 환경이 어렵고 물질로 인해 얽매이는 생활이라 할지라도 세상의 어떤 것보다 신앙생활이 우선시 되어야 한다. 사람이 살아서 하나님을 찾고 구하는 그 자체가 축복이고 기회다. 죽어서는 아무리 구해도 얻을 수가 없는 것이 생명이다. 가난과 비참함 속에서도 거지 나사로는 하나님을 선택을 했고 부자는 세상 것을 좋아하며 호화호식으로 살았다. 이 두 사람이 죽어 나사로는 믿음의 아비 아브라함의 품에 안기고 부자는 지옥에 떨어져 울며 물을 구하지 않았던가!(눅 16:19~31) 하나님께서는 생명의 길을 선택하고 말씀으로 살아가는 자의 신음소리를 들으시고 그 필요를 채워주시는 하나님이시다.

말씀으로 보아 "내 어미의 아들들이라" 표현한 바 술람미 그의 어머니가 아들들을 데리고 술람미 아버지와 재혼을 한 것 같다.

"그는 그 어미의 외딸이요 그 낳은 자의 귀중히 여기는 자로구나" 아 6:9

술람미는 어머니의 사랑을 남다르게 받는 외동딸이다. 술람미 아버지가 소개된 바 없음으로 포도원의 상속권이 술람미 여자에게 있기 때문에 이부異父 오빠들에게 미움거리가 된 것 같다. 술람미는 어머니의 신앙고백으로 얻어진 딸이다.

"너를 인하여 네 어미가 신고한, 너를 낳은 자가 애쓴 그 곳 사과나무 아래서 내가 너를 깨웠노라" 아 8:5

자식을 신앙고백으로 낳고 신앙고백으로 키운 자식은 세상을 넉넉히 이길 수 있는 힘을 하나님께로부터 공급받는다. 기도하는 자식은 결코 망하지 않는다. 보이는 환경을 두려워하지 말고 끝까지 기도하고 인내로 기다리는 믿음이어야 한다.

아가서 1장 7절 내 마음에 사랑하는 자야 너의 양 떼 먹이는 곳과 오정에 쉬게 하는 곳을 내게 고하라 내가 네 동무 양 떼 곁에서 어찌 얼굴을 가리운 자같이 되랴

술람미의 열심이 예수님을 찾는다. 양떼들이 어디에 있으며 어디

에서 쉬고 있는지 나를 보내주소서, 나를 써 주소서 하는 신앙 고백서다. 그녀는 예수님이 무엇을 좋아하시는지를 알고 있는 지혜로운 신부다. 예수님 당신의 양떼를 먹이는 곳으로 나를 인도해달라고 기도한다. 기도는 성령의 인도하심을 구해야 한다. 성령의 인도하심을 구하지 않는 기도는 인간의 생각으로 기도가 흐르게 되고 잘못된 기도의 흐름은 사탄의 음성을 듣는다. 말씀을 바르게 깨달아 바른 성령의 인도하심을 받아야 예수님과 함께 할 수 있다. 즉, 예수님의 관심이 어디 있는지 예수님의 속성을 알아야 그분을 기쁘게 할 수 있다.

술람미 여자의 신앙의 고백은 우리가 어떠한 마음으로 예수님을 찾아야 되는지를 가르쳐 주시는 말씀이다. 내 마음 안에 예수님을 사랑하는 마음이 채워져야 인생의 문제도 해결된다. 또한 예수님의 목적이 무엇인가를 말씀 가운데서 알아야 예수님과 호흡이 되는 기도를 할 수 있다. 하나님의 속성을 하나님의 말씀에서 찾지 못하면 내 마음에 깊이 하나님의 속성이 박히지 않는다. 겉핥기식 신앙은 하나님의 거룩한 속성을 알 수 없으며 하나님의 만찬에 참여할 수가 없다. 또한 하나님께서 베풀어 주신 축복의 잔을 받을 수도 없다. 이러한 축복의 말씀은 깊은 곳에서 길러내야 인생의 쉼을 얻는다. 술람미 여자의 고백은 하나님의 안에 깊은 갈급함이 있다.

"오정尙正"은 햇빛이 가장 뜨거울 때를 가리킨다. 우리는 인생이 가장 힘들 때, 인생의 쉼을 얻어야 될 때 예수님을 찾아야 한다. 하지만 많은 그리스도인들이 평안할 때는 예수님을 잘 믿는 것 같아 보인다.

나의 사랑 나의 신부야 일어나 함께 가자

그러나 힘든 어려움을 만나면 세상 방법을 먼저 찾고 예수님을 구하지 않는다. 입술로는 구하지만 하나님의 능력을 믿지 않는다. 세상의 첨단 의술이 더 힘이 있어 보인다. 하나님의 능력을 부인하는 자들이다.

"경건의 모양은 있으나 경건의 능력은 부인하는 자니 이 같은 자들에게서 네가 돌아서라" 딤후 3:5

우리는 어떤 신앙의 고백으로 하나님을 찾고 있을까! 믿음은 성숙될수록 세상 것을 찾는 것이 아니라 그의 나라 의를 구한다. 너희가 그의 나라 의를 구하라 그리하면 너의 신음하는 모든 것을 더하여 주신다고 하셨다. 술람미 여자의 영적인 열심을 말씀 가운데서 엿볼 수 있다.

내가 내 동무 양떼 곁에서 어찌 얼굴을 가리운 자 되랴. 내 동무들은 열심을 내어 복음을 전하며 살아가는데 내가 어찌 내 동무들의 열심에 가려 부끄러운 자가 되리이까. 저도 써 주십시오. 하나님 나도 써 주세요. 술람미의 안타까운 신앙 고백인 것 같다. 우리 안에 이러한 고백이 있을까? 이러한 신앙의 갈급함이 있다면 그는 분명 하나님을 기쁘시게 하는 자다. 신앙은 아름다운 선한 경쟁이 있어야 한다. 신앙은 서로의 얼굴에서 내 믿음의 얼굴을 비춰봐야 한다.

성령 충만함으로 살아가는 믿음의 사람들을 닮아가야 된다. 하나님의 능력을 부인하는 자들에게서 돌아서라고 말씀하신다. 하나님의 능력을 믿지 않는 자는 하나님을 믿지 않는 것이다. 하나님의 경건의 능력을 부인하고 인본주의로 악하고 추한 모습으로 살아가는 자들을 보고 자신을 돌이켜 말씀 가운데서 믿음을 점검해야 한다. 신앙은 믿음의 동료들을 보고 성장한다.

아가서는 단순히 술람미 여자를 소개하는 말씀이 아니다. 신앙의 지침서다. 신앙의 열매는 말씀 가운데서 그분의 영광을 위하여 믿음의 열매를 맺어야 한다. 신앙의 질투심으로 경쟁을 하는 신앙은 하나님을 기쁘시게 할 수 없다. 우리는 신앙의 점검이 필요하다. 하나님의 관심은 내 믿음의 성장과 하나님의 백성을 키우는 일에 관심이 있다.

아가서 1장 8절 여인 중에 어여쁜 자야 네가 알지 못하겠거든 양떼의 발자취를 따라 목자들의 장막 곁에서 너의 염소 새끼를 먹일지니라

예수님께서 우리를 부르는 소리다. "여인 중에 어여쁜 자야"로 불리지만 신랑 되신 예수님께서 여인을 부르심이 아니라 하나님을 사랑하고 말씀대로 살고자 하는 믿음의 신부를 부르신다. 너희들이 신앙생활 가운데서 어떻게 복음을 전해야 될지 잘 모르겠거든 "양떼의 발자취를 따라 목자의 장막 곁에서 너의 염소 새끼를 먹이라" 말씀하신다. 여기서 "염소"는 하나님께 택함을 얻지 못한 자, "양"은 택함을 입은 자이다.

신앙생활에는 사람으로부터 오는 스트레스가 많다. 믿음의 길을 방해하고 신앙의 힘을 잃게 하는 염소 새끼들이 교회 안에도 많다. 염소들의 특징은 머리로 들이박는 전문가다. 태생이 염소로 태어난 염소도 있고, 태어날 때는 양으로 태어났지만 말씀을 알지 못해 자신이 누구인지를 알지 못하고 염소들과 어울리며 염소들의 우리에서 함께

나의 사랑 나의 신부야 일어나 함께 가자

먹고 염소들의 힘을 돋구어주는 어리석은 양들도 많이 있다.

말씀 안에 비춰보지 않고서는 염소나 양이나 자신이 누구인지를 잘 알 수 없다. 하나님의 목적은 잃어버린 양을 찾는 것이 하나님의 뜻이다. 하나님께서 단순히 염소 새끼를 먹이라는 것이 아니다. 그 중에 하나님께서 사랑하는 잃어버린 어리석은 양이 있다는 말씀이다.

염소의 우리에서 하나님을 거역했던 사울이 있었다(사울이 변하여 사도 바울이 됨). 유대교파 염소들이 하나님을 거역하고 하나님의 살아 계심을 전하는 스데반 집사를 돌로 쳐 죽일 때 그들과 함께 동참했던 사람이 사울이다. 그는 악한 유대 제사장들을 옳게 여겨 하나님의 사람 스데반 집사를 율법으로 처형해버린 일을 합당하게 여겼다. 우리는 여기서 사울의 위치를 살펴보았으면 한다.

사울은 로마의 시민권자로 가말리엘 문화에서 율법의 엄한 교육을 받았다. 지파는 자신의 존재성을 높일 수 있는 베냐민 지파요 율법으로는 바리새인이고 사울의 열심으로는 성령으로 운행하시는 교회를 핍박하는 일에 선두에 선 자가 사울이다. 그렇다면 당시 배움이 적고 사람들의 말에 치우치는 사람들에게 사울의 영향력은 얼마나 힘 있게 끼쳤는가를 짐작할 수 있다. 단순히 사울 한 사람으로 보면 안 된다. 하나님의 거역하는 일에 하나님을 옳게 분별하지 못하는 자들이 사울의 학식과 태어날 때부터 로마의 귀족 출신으로 말하는 사울을 따라 범죄에 가담하게 했다는 것이다. 사울을 통해 많은 하나님의 사람들이 염소들의 우리에서 스데반 집사를 죽였다. 그것을 알고 있는 스데반 집사가 얼마나 안타까웠으면 저들의 죄를 저들에게 돌리지 말라

했을까! 자기들이 하는 일이 얼마나 잘못된 일인지 알지 못하고 염소 같이 행동을 한다는 것이다. 스데반 집사 신앙고백이다.

"주여 이 죄를 저들에게 돌리지 마옵소서" 행 7:60

예수님도 십자가에 못 박히셔서 말씀하셨다.
"아버지여 저희를 사하여 주옵소서 자기의 하는 것을 알지 못함이니이다"
눅 23:34

당시 분별력 없이 염소의 우리에서 그들의 말을 듣고 우리를 구원하러 오신 예수님을 하나님의 백성이 선두에 서서 십자가에 못 박았다. 신앙의 분별력은 말씀 안에서 찾아야 한다. 혹 자신이 염소의 자리에 있는지 아니면 하나님을 기쁘시게 하는 양의 자리에서 사명을 감당하고 있는지 자신을 돌아봐야 한다. 예수 믿는 우리는 하나님의 말씀을 알지 못하면 결국 사울이 옳게 여겼던 자리에서 하나님의 사람들을 괴롭히고 하나님의 교회를 무너뜨리는 것이다.

하나님께서는 우리를 말씀으로 부르시고 가르치시는 과정에서 우리의 신앙의 길을 막고 방해하는 염소들이 많다. 앞다리 걸고 뒷다리 거는 그런 얄미운 염소새끼를 십자가의 사랑으로 품고 말씀으로 가르치는 것이 하나님의 뜻이다. 우리의 사명은 염소들의 우리에서 분별력이 없이 머물러 있는 어리석은 양들을 하나님의 말씀으로 돌아오게 하는 것이 우리의 사명이다. "목자의 장막 곁에서 너의 염소를 먹일지니라"

나의 사랑 나의 신부야 일어나 함께 가자

아가서 1장 9절 내 사랑아 내가 너를 바로의 병거의 준마에 비하였구나

하나님은 우리를 사랑하시기에 "바로의 준마"로 사용할 수 있는 큰 믿음으로 성장되기를 기대하신다. 말은 사람이 원하는 방법으로 훈련하지만, 하나님의 백성은 하나님의 말씀의 능력을 나타낼 수 있는 단계로 훈련하신다. 이러한 훈련과정은 우리를 괴롭히는 자들을 불쌍히 여기며 섬기는 것이 잘 훈련된 큰 믿음의 소유자가 되는 지름길이다. 하나님의 능력이 나타나는 것은 두 가지 계명에 있다. 술람미가 이 두 가지 계명을 따름으로 복음의 많은 열매를 맺어 거룩한 신부가 된 것이다.

"예수께서 가라사대 네 마음을 다하고 목숨을 다하고 뜻을 다하여 주 너의 하나님을 사랑하라 하셨으니 이것이 크고 첫째 되는 계명이요 둘째는 그와 같으니 네 이웃을 네 몸과 같이 사랑하라 하셨으니 이 두 계명이 온 율법과 선지자의 강령이니라" 마 22:37-40

우리를 사랑하시기에 그런 힘듦을 감당하라고 하신 것이다. 이러한 섬김 안에 하나님의 비밀이 숨어 있다. 나에게 잘하는 자에게 베푸는 것이 사랑이 아니라, 나를 대적하는 자의 영혼을 위해 기도하고 말씀의 격려로 섬기는 것이 사랑이다.

"너희가 너희를 사랑하는 자를 사랑하면 무슨 상이 있으리요 세리도 이같이 아니하느냐" 마 5:46

나에게 잘하는 자를 사랑하고 잘 지내면 육체의 유익은 조금 있겠지만 하나님과의 관계에서는 상을 얻지 못한다. 상을 얻지 못함은 기도의 응답이 없다는 것이다. 기도의 응답은 하나님의 말씀을 따를 때 하나님과 사랑이 이루어지며 기도의 응답이 있다. 그런데 많은 사람들이 자기들이 좋아하는 사람들과 끼리끼리 좋아하며 하나님의 거룩함을 들어내지 못한다.

"나는 너희에게 이르노니 너희 원수를 사랑하며 너희를 핍박하는 자를 위하여 기도하라 이같이 한즉 하늘에 계신 너희 아버지의 아들이 되리니 이는 하나님이 그 해를 악인과 선인에게 비취게 하시며 비를 의로운 자와 불의한 자에게 내리우심이니라" 마 5:44~45

하나님의 백성을 골라내시는 하나님이시다. 잘 훈련된 말이 바로의 병거의 준마로 사용 되는 것같이 하나님의 말씀으로 잘 훈련된 믿음의 사람을 하나님이 더 크게 쓰신다.

우리는 믿음의 가치를 잘 알지 못하고 있다. 예수님을 믿으니까 교회 나가지, 믿으니까 예배 드리지, 믿으니까 기도하지, 믿으니까 전도하지, 믿으니까 목사로 전도사로 장로로 권사로 집사로 섬기지, 믿으니까... 맞다. 그러나 그 믿음의 측도는 엄청난 차이가 있다. 자기중심적 열심을 가지고 신앙생활을 하는 사람이 많다. 신앙은 내 중심이 아니라 철저하게 하나님의 말씀에 의해 내 중심을 드리는 것이다. 믿음이 연약하여 조그마한 일에도 세상 것과 바꾸는 믿음이 있고, 예수님을 사랑하는 마음보다 자기 것을 더 중요하게 여기는 믿음도 있고, 믿

나의 사랑 나의 신부야 일어나 함께 가자

음이 있는 척 하는 가짜 믿음도 있다.

하나님께서 우리를 믿음으로 훈련하시는 이유는 훈련 가운데 믿음이 성장하고, 훈련 가운데 하나님을 더 깊이 알게 되고, 하나님을 아는 믿음이 세상의 모든 것을 이길 수 있기 때문이다. 말씀의 순종함이 없이 세워진 믿음은 보장 받을 수 없다. 기도가 없는 믿음은 하나님의 능력이 나타나지 않는다. 믿음은 말씀의 순종과 기도의 힘으로 성숙해진다.

술람미 여자를 훈련하시는 과정에서 '나의 어여쁜 자야, 신앙생활에서 나약함을 보이지 말고 말씀으로 예수님 곁에서 너를 힘들게 하는 염소새끼를 말씀으로 먹이라' 말씀하신다. 여기서 믿음의 능력이 나오는 것이다.

아가서 1장 10절 **네 두 뺨은 땋은 머리털로, 네 목은 구슬꿰미로 아름답구나**

신부의 얼굴의 아름다움이 "땋은 머리털로, 목은 구슬꿰미로 아름답다" 말씀하신다. 이것은 술람미의 화려한 치장을 보고 아름답다고 표현하신 말씀이 아니다.

"사람은 외모로 보거니와 나 여호와는 중심을 보느니라" 삼상 16:7

신랑 되신 예수님께서 술람미의 신앙의 중심을 보시고 예쁘다고 하신 것이다. 하나님의 말씀이 사람의 생각을 주장하지 않으면, 사람은 머리털만큼 흐뜨러진 많은 생각들로 마음이 혼란케 되어 하루에도 수많은 생각들로 근심하게 된다. 생각으로 죄를 짓고, 생각으로 실수하여 잘못된 생각들이 하나님 앞에 거룩한 삶을 가로 막는다.

그러나 술람미 여자는 하나님의 말씀에 순종함으로 그 흐뜨러진 많은 생각들을 딿아 예수의 이름으로 자신의 얼굴을 드러냈다는 말씀이다(딿은 머리털은 술람미 자신을 말씀으로 복종시킴을 말함). 신부의 아름다움은 말씀을 순종하므로 그 얼굴이 더 아름다워진다.

"순종이 제사보다 낫고 듣는 것이 숫양의 기름보다 나으니" 삼상 15:22

말씀의 순종함은 복음의 열매를 맺는다. 술람미 여자의 순종함은 많은 영혼들을 예수님 품으로 인도하는 능력으로 나타났다. 하나님의 말씀의 순종함으로 얻어진 영혼들이 "술람미 목에 구슬꿰미 같이 아름답다" 표현하신 것이다. 무엇을 말씀함일까? 말씀으로 잘 순종하여 많은 영혼들을 육체의 시간을 드려 낳았다는 것이다. 그 순종의 열매가 술람미의 목에 생명의 장식이 되었다.

"지혜 있는 자는 궁창의 빛과 같이 빛날 것이요 많은 사람을 옳은 데로 돌아오게 한 자는 별과 같이 영원토록 비치리라" 단 12:3

우리는 얼마나 말씀을 중요하게 여기며 말씀 안에서 신앙생활을 하고 있는지 돌아보려 한다. 아가서는 말씀 전체가 왕이신 예수님이 술람미 여자를 사랑하는 것과 술람미 여자가 예수님을 사랑하고 순종

나의 사랑 나의 신부야 일어나 함께 가자

하므로 완전한 아가페 사랑을 완성시키는 말씀을 비유법을 들어 말씀 하신다.

아가서 1장 11절 우리가 너를 위하여 금사슬을 은을 박아 만들리라

'우리가'란 복수형으로 삼위일체 성부, 성자, 성령을 가르켜 하신 말씀이다. 창세기 1장 26절에서도 복수형을 사용해 성부, 성자, 성령 하나님을 가르켜 '우리'로 표현하셨다. 우리를 지으신 이가 우리의 생 명의 면류관도 만드신다. 이 면류관은 성부, 성자, 성령님의 능력을 얼마나 믿고 바르게 따랐는지를 은을 박아 확증을 시켜주시는 면류관 이다. "금사슬"은 하나님의 권위를 말씀하시지만, "은"은 인간이 얼 마나 하나님을 믿고 회개하며 그 사랑을 실천하며 살았는지를 확증시 켜주는 것이다. 은의 성분은 불순물이 닿으면 까맣게 변한다. 우리의 면류관이 변질되어지지 않기를 바란다.

2. 성령 충만은 믿음의 향기를 토해 내는 것이다

아가서 1장 12절 왕이 상에 앉았을 때에 나의 나도 기름이 향기를 토 하였구나

술람미 여자가 말씀으로 순종하여 얻어진 기쁨을 토해 내는 성령 충만함이다. 즉, 말씀 안에서 예수의 이름으로 복음의 열매를 맺어 믿

음의 향기를 토해내는 기쁨이다.

나의 나 된 것은 다 하나님의 은혜다. 사람은 좋은 배경에서 자라든 술람미 지역의 포도원지기로 자라든 하나님 앞에서는 똑같이 죄인이다. 사람은 사람의 기준에서 사람을 평가하지만 하나님은 하나님의 관점에서 사람을 보신다. 달란트 비유를 보면 알 수가 있다. 열 달란트를 받은 자나 다섯 달란트를 받은 자나 두 달란트를 받은 자나 하나님 앞에서는 작은 일에 충성하였으니 "잘하였도다"고 칭찬하셨다. 하나님의 사람이 말씀을 따라 순종하며 자기를 낮추고 하나님을 높이는 것이야말로 믿음의 향기를 토하는 것이다.

이 비밀은 사울의 자리에서 사도 바울로 바뀌어진 신앙 고백에서도 들을 수가 있다. 사도 바울은 좋은 배경을 가진 학식에 모든 것이 엘리트 중에서도 엘리트가 하나님 앞에서 만삭되지 못하여 난 자 같은 내가 이렇게 복음으로 세워질 수 있었던 것은 하나님의 은혜였다라고 고백한다. 예수 믿는 자가 이러한 비밀을 깨닫지 못한다면 성숙한 신부가 될 수 없다. 교만은 패망의 선봉이라고 하셨다.

아가서 1장 13~14절 나의 사랑하는 자는 내 품 가운데 몰약 향낭이요 나의 사랑하는 자는 내게 엔게디 포도원에 고벨화 송이로구나

술람미 여자의 신앙고백이다. 예수님을 가리켜 "내 품 가운데 몰약 향낭이요"라고 했다. "향낭"은 향을 담는 주머니며 "몰약"은 예수님의 십자가를 의미한다. 즉, 자신은 향낭 주머니가 되어 십자가를 가슴에 품었다는 신앙고백이다. 어떤 환난이 와도 주님을 거역하지 않겠

나의 사랑 나의 신부야 일어나 함께 가자

다는 절대적인 신앙이다.

동방박사가 별을 보고 예수님을 찾아와 황금과 유향과 몰약을 드렸다. 황금은 왕권을 말씀함이요, 유향은 신성과 심판을 말씀함이요, 몰약은 십자가의 죽음과 부활을 상징한다. 그런데 술람미 여자가 "몰약" 곧 예수님의 십자가의 죽음을 말하는 신앙고백을 하고 있다. 자신은 보배를 담은 향낭 주머니라 표현함은 즉, 질그릇이라는 표현이다. 십자가의 능력은 향낭 주머니나 질그릇에서 나오는 것이 아니라 그 안에 담긴 예수 그리스도의 이름이 향낭 주머니를 통해 일하시고, 질그릇을 통해 일하시는 하나님의 능력이다. 믿는 자 안에서 하나님의 능력이 나타난다.

"우리가 이 보배를 질그릇에 가졌으니 이는 능력의 심히 큰 것이 하나님께 있고 우리에게 있지 아니함을 알게 하려 함이라" **고후 4:7**

"엔게디 포도원에 고벨화 송이로구나" "고벨화"를 표현함은 십자가 사랑과 부활을 의미한다. 예수님의 십자가의 향은 세월이 가도 변함없이 지속될 것에 의미를 갖고 있다. 또한 "고벨화"향기 속에 십자가의 사랑의 향기가 전해져 많은 복음의 열매가 맺힌다는 것을 의미한다. 예수님의 십자가의 보혈은 세월이 가도 없어지지 않고 많은 영혼을 옳은 대로 인도하는 능력이 있다. "고벨화 송이" 비유는 많은 복음의 꽃이 피어 부활의 기쁨을 의미한다.

솔로몬 시대에는 엔게디 지역에서 고벨화가 자생했으며 향이 뛰어나 신부의 꽃으로 불리어 지기도 했다. "고벨화" 향기가 매우 짙어 오래 지속되는 향기라 한다.

우리나라 봉선화는 손톱 발톱에 꽃잎과 잎으로 물을 들이는데 고벨화도 물을 들린다. 그런데 특징은 향나무에서 향기가 지속해서 나오듯이 수많은 세월이 흘러도 물들인 손톱 발톱에서 향기가 없어지지 않는다는 것이 특징이다. 향나무는 나무 자체에서 향기가 나지만, 고벨화는 물들인 그 자체에서 향기가 난다. 무엇을 말씀함일까! 복음으로 접붙여지는 곳마다 복음의 향기가 없어지지 않고 복음의 향기가 지속된다는 의미를 담고 있다.

고벨화 향기는 몇 천 년 전에 죽은 미라들을 통해 지금도 증명되고 있다. 애굽에는 당시 시체의 보존을 위해 몰약을 넣고 손톱과 발톱에 고벨화로 물들여 보존한 미라에서도 향기가 난다고 한다. 술람미 여자가 예수님의 향기는 없어지지 않으며 세상 끝 날까지 복음의 능력이 나타날 것이라 말하는 신앙이다.

술람미 신부의 신앙고백은 예수님은 나의 최고봉, 예수님은 내 품 안에 몰약이요 나는 향낭이라, 술람미 마음에 예수님을 품었다는 신앙고백이다. 보화를 가슴에 품은 자는 기쁨이 있고 세상을 이길 수 있는 능력을 가지게 되는 것이다. 이러한 신앙고백으로 복음의 열매가 맺힌다.

* (향낭) "예수님을 생명같이 내 품에 품었습니다."라고 볼 수 있다.

3. 십자가의 사랑은 결코 헛되지 아니하다

아가서 1장 15절 내 사랑아 너는 어여쁘고 어여쁘다 네 눈이 비둘기 같구나

신랑 되신 예수님께서 술람미 여자의 신앙고백에 반하셨다. 술람미 자신이 향낭 주머니가 되어 예수 이름으로 살겠다는 신앙고백에 예수님이 너무나 좋으셔서 술람미를 예쁘다고 칭찬하신다. "내 사랑아 내 신부야 너는 정말 어여쁘고 어여쁘다" 말씀하신다. 너의 눈이 거짓이 없는 순결한 나의 신부다. 내가 네 안에 네가 내 안에 있다는 말씀이다. 신랑과 신부가 하나 되는 기쁨이다(비둘기는 순결을 의미). 예수님과 신부의 한 몸 일체를 이루는 신앙이다.

"너희가 내 안에 거하고 내 말이 너희 안에 거하면 무엇이든지 원하는 대로 구하라 그리하면 이루리라" 요 15:7

하나님의 능력은 하나님의 말씀 안에 온전한 순종이 이루어질 때 내 안에서 하나님의 능력이 나온다. 아하수에로 왕이 에스더가 너무나 사랑스러워 "왕후 에스더여 그대의 소원이 무엇이며 요구가 무엇이뇨? 나라의 절반이라도 그대에게 주겠노라" 하였지만 왕의 마음을 얻은 에스더는 자기의 욕심을 구하지 않고 죽음 앞에 놓인 자기 백성을 살리는 거룩함을 드러내었다(에 5:2.3). 사람도 마음이 동하고 사랑스러우면 나라의 절반이라도 주겠다 하는데 천지 만물을 주관하신 하

나님께서 우리의 구하는 것을 주시지 않겠는가.

"구하는 이마다 받을 것이요 찾는 이가 찾을 것이요 두드리는 이에게 열릴 것이니라 너희 중에 아비 된 자 누가 아들이 생선을 달라 하면 생선 대신에 뱀을 주며 알을 달라 하면 전갈을 주겠느냐 너희가 악할지라도 좋은 것을 자식에게 줄 줄 알거든 하물며 너희 천부께서 구하는 자에게 성령을 주시지 않겠느냐 하시니라" 눅 11:10~13

받지 못함은 믿지 않기 때문이다. 받지 못함은 말씀의 순종이 없기 때문이다. 받지 못함은 하나님을 기쁘시게 하지 못했기 때문이다. 믿음이 있는 자는 하나님의 얼굴을 구하고, 하나님의 능력을 구하며, 말씀에 따라 순종하며, 성령 하나님의 운행하심을 믿어 환경을 두려워하지 않는다. 기도의 응답은 믿음이 없기 때문에 말씀의 순종이 없기 때문에 얻지 못한다. 하나님과의 온전한 동행이 있다면 이 산을 들어 저리로 옮기고자 하여도 할 수 있다 하셨다. 믿음은 그런 것이다. 예수님과 동행한다는 것은 나의 삶의 전부를 얻는 축복이다.

아가서 1장 16~17절 나의 사랑하는 자야 너는 어여쁘고 화창하다 우리의 침상은 푸르고 우리 집은 백향목 들보, 잣나무 서까래로구나

사랑에는 거짓이 없어야 한다. 거짓이 없는 사랑을 어여쁘고 화창하다고 표현하셨다. "침상이 푸르다"는 생명력를 나타낸 말씀이다. "우리 집이라" 표현함은 예수님과 함께하는 신랑 신부를 의미한

나의 사랑 나의 신부야 일어나 함께 가자

다. 함께하는 집을 "백향목 들보"라고 표현했다. 백향목은 향을 머금고 있는 사시사철 푸르고 솔나무과에 속한다. 솔로몬이 성전을 짓기 위해 레바논에서 수입하여 솔로몬 성전을 지었다. 백향목은 나무가 엄청 커서 "그 그늘이 산들을 가리우고 그 가지는 하나님의 백향목 같으며 그 가지가 바다까지 뻗고 넝쿨이 강가까지 미쳤거늘"(시 80:10~11) 이라고 말씀하신다.

그런데 신랑신부가 함께하는 침방이 백향목으로 집을 지탱하는 들보가 되었다 말씀한다. 안전지대 요새이다. 세상에 어떤 환난이 온다 해도, 푹풍이 몰아친다 해도, 악한 자가 온다 해도 예수님과 함께하는 삶은 안전지대 요새다.

"두려워 말라 내가 너와 함께 함이니라 놀라지 말라 나는 네 하나님이 됨이니라 내가 너를 굳세게 하리라 참으로 너를 도와주리라 참으로 나의 의로운 오른손으로 너를 붙들리라" 사 41:10

우리가 예수님 안에 함께 있다면 두려워하거나 놀라지도 말아야 한다. 하나님의 능력의 손이 우리를 감싸고 안전하게 보호하신다. 물질의 고난에서, 병마의 두려움에서, 자녀의 근심과 걱정에서도 예수님과 함께하는 삶은 푸르고, 잣나무가 잣을 머금은 것처럼 우리들의 신앙은 예수님 안에서 복음의 열매들을 많이 나타낼 것이다. 우리는 힘들고 어려울지라도 믿음의 눈을 열어 말씀을 의지하고 예수님과 동행해야 한다. 믿음의 훈련은 말씀의 순종에서 완성된다.

"저희가 믿음으로 나라들을 이기기도 하며 의를 행하기도 하며 약속을 받기도 하며 사자들의 입을 막기도 하며 불의 세력을 멸하기도 하며 칼날을 피하기도 하며 연약한 가운데서 강하게 되기도 하며 전쟁에 용맹 되어 이방 사람들의 진을 물리치기도 하며 여자들은 자기의 죽은 자를 부활로 받기도 하며 또 어떤 이들은 더 좋은 부활을 얻고자 하여 악형을 받되 구차히 면하지 아니하였으며 또 어떤 이들은 희롱과 채찍질 뿐 아니라 결박과 옥에 갇히는 시험도 받으며 돌로 치는 것과 톱으로 켜는 것과 시험과 칼에 죽는 것을 당하고 양과 염소의 가죽을 입고 유리하며 궁핍과 환난과 학대를 받으니 이런 사람은 세상이 감당치 못하도다" 히 11:33~40

믿음은 이런 것이다. 말씀 앞에 있는 나는 믿음이 있는가? 신앙의 확신이 있는가? 세상 것보다 하나님의 것을 먼저 선택할 수 있는가? 지금의 나는 예수님을 사랑하는가? 필자는 의문을 던져 본다.

자녀, 남편, 부인, 물질, 온통 세상 가치관의 것으로 뇌리에 머물러 있다면 아무리 교회에 나와 예배를 드린다 할지라도 믿음의 성장도 되지 않고 믿음의 능력도 나타나지 않는다. 자녀, 남편, 부인, 물질을 하나님께 맡기지 못하는 것은 믿음이 없음을 스스로 확증시켜 주는 것이다. 혹 믿음의 능력을 자신에게 부어진 세상적 부유함으로 생각한다면 어리석은 자다. 믿음의 능력은 예수님을 사랑하는 마음으로 나타난다. 세상이 주는 기쁨이 아니라 하늘로부터 오는 기쁨이다. 하나님을 사랑하지 않는 자는 거룩한 신부로 하나님을 기쁘게 할 수 없다. 하나님께 부르심을 입은 자들은 하나님을 사랑하고 말씀대로 살기 위한 몸부림이 있어야 한다. 이것이 참된 예수님의 신부이다.

나의 사랑 나의 신부야 일어나 함께 가자

지금 나는 주어진 환경이 풍요로운가? 지금의 나는 자녀들이 세상에서 잘되고 있는가? 이러한 세상적 가치관은 예수 믿지 않는 자들에게도 세상적 풍요가 주어진다. 하나님의 사람은 하나님의 눈으로 보고 거룩한 백성으로 살아가야 한다. 세상 사람이 더 잘되는 것을 보고 아삽은 실족 할 뻔 했다는 신앙고백을 했다.

　　"볼지어다 이들은 악인이라 항상 평안하고 재물은 더 하도다... 나는 종일 재앙을 당하며 아침마다 징책을 보았도다... 내가 어찌면 이를 알까 하여 생각한즉 내게 심히 곤란하더니 하나님의 성소에 들어갈 때에야 저희 결국을 내가 깨달았나이다 주께서 참으로 저희를 미끄러운 곳에 두시며 파멸에 던지시니 저희가 어찌 그리 졸지에 황폐되었는가" 시 73:12~19

　　많은 사람들이 예수 믿지 않고 살면서도 자녀들도 잘되고 그들의 풍요가 넘치는 것을 볼 때 예수 믿는 자신이 초라해지고 믿음이 흔들릴 때가 있다고 본다. 하지만 세상적 풍요는 그들에게 축복이 아니라 저주가 되는 것이다. 그 풍요가 그들의 눈을 가리고 마음을 둔화시켜 죽을 때까지 하나님의 백성으로 살아가지 못하게 하는 장애물이다. 하나님의 사람이 세상적 가치관으로 하나님의 축복을 본다면 그는 어리석은 자다.

　　나라적으로 봐도 하나님을 섬기지 않고 살아가는 나라들 중에 얼마나 부강한 나라들이 많은지, 바벨론 제국 앗수르제국은 또 얼마나 부강한 나라인가! 출애굽 전 애굽도 얼마나 풍요했는가! 반면, 하나님의 백성 이스라엘은 힘든 가난 속에서 바벨론의 속국이 되기도 하고 애굽의 속국이 되어 살았다. 하지만 이것은 오직 하나님의 백성으로 살아가도록 하나님의 가치관으로 훈련하신 과정이었다.

천지 만물이 다 하나님의 것임에도 세상적 가치 풍요를 먼저 주시지 않고 광야에서 훈련하신 하나님이시다. 신앙은 세상적 가치관이 아니다. 예수 믿는 자들은 이 땅에 풍요한 삶이 아니라 하나님의 음성을 듣고 믿음의 길을 걸어가야 한다. 우리들의 힘듦은 하나님의 백성을 훈련하심이요, 우리들의 부유함은 하나님의 거룩한 일에 사용하시기 위함이다. 요셉의 국무총리 자리는 하나님의 백성을 먹이고 보살피고 하나님의 유전을 확장시켰다. 그로 인해 야곱의 족속 칠십 인이 애굽에 들어가 출애굽 당시 장정만 육십만이 넘었다. 에스더의 왕비 자리는 죽을 자리에 놓인 자기 백성을 구원하는 일에 사용하였다. 바르실래의 부유한 삶은 하나님의 왕권을 드러내는 일에 그 물질을 사용하였다.

예수 믿는 우리는 말씀의 가치관에서 세상을 볼 수 있어야 한다. 믿지 않는 자들이 얼마나 풍요를 누리고 세상의 권력 물질을 누리는가! 인간이 만든 첨단의 기술은 또 어떠한가! 그러나 하나님이 없는 나라는 모래성을 쌓은 것과 같다. 내 마음이 하나님을 사랑하고 있는지에 초점을 맞추어야 진리의 길이 보인다. "너는 마음을 다하고 성품을 다하고 힘을 다하여 네 하나님 여호와를 사랑하라"(신 6:5) 말씀하셨다. 예수님과 술람미 여자의 영적인 아가페 사랑은 말씀대로 순종하는 믿음의 가치관에서 사랑의 완숙을 나타내었다.

믿음은 돈을 주고도 실수가 없다. 인간의 권력으로도 사람의 지식

나의 사랑 나의 신부야 일어나 함께 가자

으로도 어떤 것으로도 살 수 없는 것이 믿음이다. 믿음의 차이에 따라 말씀의 능력을 체험하는 차이도 다르다. 즉, 하나님을 향한 신앙고백은 복음의 능력으로 나타난다. 생명을 품고 기도하고 연약한 동료들을 말씀의 길, 옳은 길로 인도하는 길이다.

하나님께 부르심은 받은 신부는 복음의 능력을 나타내어야 한다. 복음의 열매가 없다면 그는 열매 맺지 못하는 나무로 사명을 감당하지 못한 자다. '복음의 열매'를 전도해서 교회 데려오는 것으로 기준하면 안 된다. '복음의 열매'는 전하고 가르치고 헌신하고 섬기고 각자의 은사를 나타내는 것이다. 그리고 그에 대한 평가는 우리 마음을 아시는 하나님께서 하신다.

예수님과 함께하는 복음의 삶은 기쁨이 있고 또한 많은 영혼을 옳은 대로 인도하는 믿음의 열심이 있다. 이러한 자에게 나타나는 믿음의 현상은 침상이 푸르고 푸르다 말씀하신다. 신랑과 신부 사이에는 분명 복음의 열매가 있다. 그 사랑이 만들어낸 열매는 굽은 것이 없는 믿음의 "백향목 들보" "잣나무 서까래" 그 아래 신랑 신부의 평안한 침소다. 하나님의 말씀은 믿고 따르는 자에게 신앙의 기본적인 평안함이 주어진다.

예수님께서 부활하신 후 제자들을 찾아오셔서 "너희가 평안하냐 너희가 평안하냐" 물으시는 것은 '너희가 나와 함께 하고 말씀을 믿느냐'라는 뜻이다. 예수 믿는 우리가 하나님의 말씀이 믿어진다면 말씀 안에 살기를 기뻐하고, 어떤 환경 가운데 처해 있어도 말씀 안에서 평안하다.

눈앞의 환경은 죽을 것만 같고 희망이 없어 보이지만, 하나님을 믿는 믿음이 있다면 그 환경은 이내 감사로 바뀐다. 하나님은 우리들의 연약한 믿음 가운데서 일하시고, 우리를 위험에서 가난에서 병마에서 건지신다. 그리고 말 못하는 인생의 고민을 풀어주시고 해결해 주시며 우리를 웃게 하시는 하나님이시다.

"주께서 나의 슬픔을 변하여 춤이 되게 하시며 나의 베옷을 벗기고 기쁨으로 띠 띠우셨나이다" 시 30:11

"너희가 살고자 하느냐 죽을 것이요 죽고자 하느냐 너희가 살 것이라"하셨다. 하나님을 찾는 자는 결코 망하지 않는다. 믿음은 이런 것이다. 인간의 방법을 총동원해 살고자 한다면 결국 그 길은 죽음의 길이다. 말씀 안에 죽음을 각오하고 말씀대로 따라 간다면 생명이다. 그 믿음 안에서 모든 해결점을 받는다. 우리를 향한 하나님의 사랑은 말씀의 자리로, 기도의 자리로, 헌신의 자리로 돌아오라 말씀한다.

"돌아오고 돌아오라 술람미 여자야 돌아오고 돌아오라 우리로 너를 보게 하라" 아 6:13

The righteous will flourish like a palm tree,
they will grow like a cedar of Lebanon
의인은 종려나무 같이 번성하며 레바논의 백향목 같이 성장하리로다 _시 92:12

나의 사랑 나의 신부야 일어나 함께 가자

신랑과 신부의 합창

Song of Songs
Solomon's Song of Songs

아가서 2장 1절 나는 사론의 수선화요 골짜기의 백합화로구나
I am a rose of Sharon a lily of the valleys

"샤론"의 뜻은 평화를 상징하며, "백합화"는 순결을 의미한다.

"광야와 메마른 땅이 기뻐하며 사막이 백합화같이 피워 즐거워하며 무성하게 피어 기쁜 노래로 즐거워하며 레바논의 영광과 갈멜과 사론의 아름다움을 얻을 것이라 그것들이 여호와의 영광 곧 우리 하나님의 아름다움을 보리로다" 사 35:1.2

샤론의 아름다움은 사막이 변하여 못이 되는 부활을 말씀한다. 메마른 땅이 변하여 원천이 된다. 죽음에서 생명으로 옮겨지는 축복이다. 이것은 평화의 하나님으로 임마누엘 하나님으로 이 땅에 오신 예수님을 소개하는 것과 같다. 믿는 자에게 메마른 땅이 변하여 원천의 기쁨과 즐거움을 얻게 하신다. 말씀은 믿는 자에게는 치유의 역사와 막힌 환경이 열리고 갈멜산에 복음의 능력이 나타남 같이 우리 환경을 치유의 역사로 기쁨으로 바꾸어주신다. 이 땅에 오실 예수님을 골짜기에 핀 수선화와 백합화로 표현하셨다.

나의 사랑 나의 신부야 일어나 함께 가자

이렇게 볼품없고 힘없어 보이는 예수님을 만왕의 왕으로 알아보고 믿는 자가 누구냐? 믿는 자에게 복이 있을지어다. 말씀을 믿는 자에게 하나님의 은혜가 있다. 말씀의 비밀을 발견한 자가 하나님의 영광을 볼 수 있다. 우리는 너무나 겉핥기식으로 신앙생활을 한다. 하나님을 아는 지식이 있는 자가 말씀을 믿는다. 하나님을 아는 지식이 없으면 예수님을 알 수가 없다. 하나님을 알지 못하는 것이 인간에게 가장 큰 죄다. 사람을 의지하고 신앙생활을 하면 큰 화를 입는다.

"내 백성이 지식이 없음으로 망하는도다 네가 지식을 버렸으니 나도 너를 버려 내 제사장이 되지 못하게 할 것이요 네가 네 하나님의 율법을 잊었으니 나도 네 자녀들을 잊어버리리라" 호 4:6

하나님의 말씀을 전하는 자가 하나님의 말씀으로 바르게 성도들을 인도하지 아니하면 말씀을 듣는 자들이 바르게 하나님의 말씀을 깨닫지 못해 하나님의 백성으로 세워질 수 없다는 것이다. 소경이 소경을 인도하면 둘이 다 구덩이에 빠지고 만다(마 15:14). 그러므로 사람을 의지하지 말고 스스로 말씀을 가까이하여 하나님의 선한 분별력을 말씀을 통해 찾아야 바른 신앙의 길을 갈 수 있다. 하나님의 백성은 하나님의 말씀을 알아야 그의 소유된 백성으로 세워질 수 있다. 하나님을 알기를 좋아하지 않는다는 것은 하나님을 버리는 것과 같다. 하나님의 말씀을 믿는 자에게 하나님의 능력이 나타나고 하나님께서 하시는 능력이 보인다.

예루살렘의 시므온이라 하는 사람은 의롭고 경건하여 이스라엘의 위로를 기다리는 자다. 시므온의 그 믿음 위에 성령이 임하여 마리아와 요셉이 아기를 낳아 율법의 전례대로 예수님을 데리고 왔다. 시므온이 그 아기를 보고 성령의 감동으로 하나님의 아들 구원을 이루실 예수님을 알아보았다(눅 2:25~29). 이것이 믿음이다.

> "내 눈이 주의 구원을 보았사오니 이는 만민 앞에 예비한 것이요 이방을 비추는 빛이요 주의 백성 이스라엘의 영광이니라" 눅 2:30~32

말씀을 읽지 않고 기도하지 않고 하나님을 찾지 않고서는 하나님의 나라를 발견할 수 없다. 믿음은 말씀 안에서 발견하는 보화다. 보화를 보지 못한 자와 보화를 발견한 자의 차이는 비교할 수 없을 만큼 큰 차이가 있다. 말씀 안에 예수님을 만나지 못했다면 우리들의 믿음은 죽은 믿음이다. 말씀을 읽으면 잠이 오고 말씀에 두려움이 없고 말씀에 순종할 마음이 없다면 신앙의 점검이 필요하다.

말씀 안에 예수님을 만난 자들의 믿음의 능력이 어떻게 나타났는지 우리는 말씀을 깊이 있게 묵상해야 할 것이다.

> "우리의 전한 것을 누가 믿었느뇨 여호와의 팔이 뉘게 나타났느뇨 그는 주 앞에서 자라나기를 연한 순 같고 마른 땅에서 나온 줄기 같아서 고운 모양도 없고 풍채도 없은즉 우리의 보기에 흠모할 만한 아름다운 것이 없도다 그는 멸시를 받아서 사람에게 싫어 버린 바 되었으며 간고를 많이 겪었으며 질고를 아는 자라 마치 사람들에게 얼굴을 가리우고 보지 않음을 받는 자 같아서 멸시를 당하였고 우리도 그를 귀히 여기지 아니하였도다" 사 53:1~3

나의 사랑 나의 신부야 일어나 함께 가자

이 분이 우리를 구원하실 예수님이시다. 그런데 한 송이 수선화처럼, 백합화처럼 이 땅에 보내셔서 구원사역을 이루셨다. 누가 이분을 예수님인 줄 알고 믿는 자가 누구냐? 믿는 자에게는 하나님의 능력이 나타나는데 누가 믿어서 하나님의 능력이 나타났느냐? 마른 땅에서 나온 줄기 같아서 고운 모양도 없고 풍채도 흠모할 만한 것이 없는데 하나님의 말씀을 믿고 예수님을 알아보는 자가 누구냐 말씀하신다.

예수님을 알아보는 것은 말씀 안에서 찾지 않으면 알아 볼 수가 없다. 세상적으로는 흠모 할 것이 없고 힘이 없어 보이기 때문이다. 한 권의 책으로 엮어진 성경책이 무슨 능력이 있겠느냐는 것이다.

사람이 만든 4차 산업혁명은 빅 데이터 분석이 발달함에 따라, 인공지능 로봇공학이 무인운송, 무인항공, 무인자동차, 첨단의 세계가 사람의 생각마저도 분별해서 기능을 찾아주는 시대를 열었다. 사람의 만든 과학의 기술은 하나님 같이 능력이 있어 보인다. 그렇지만 이러한 4차 혁명이 나뭇잎 하나에도 생명을 불어 넣을 수 없는 것이 인간의 지혜다. 하나님은 말씀으로 이 세상을 창조하셨다. 하나님의 말씀을 믿고 예수님을 나의 구주로 믿어 믿음의 신부로 준비하는 자가 이 시대 속에 얼마나 될까! 많은 자들이 겉으로 보기에는 예수 믿는 자 같이 보이지만 본인의 정확한 신앙의 신분을 깨닫지 못한 채 한 평생 하나님을 온전히 믿지 못해 헛되이 인생의 시간을 보낸 분들도 많다.

신앙에는 말씀의 본질을 모르면 하나님의 거룩한 신부로 나아갈 수가 없다. 하나님의 거룩함을 깨닫는 술라미 여자는 자신이 향낭 주머니가 되어 몰약을 품었다. 질그릇이 보배를 가졌다는 신앙의 고백이다.

"우리가 이 보배를 질그릇에 가졌으니 이는 능력이 심히 큰 것이 하나님께 있고 우리에게 있지 아니함을 알게 하려 함이라" 고후 4:7

　　사람도 주제파악을 잘 해야 세상을 지혜롭게 살아가는 것이다. 신앙의 주제파악은 본인이 누구인지를 말씀 가운데서 알아야 된다. 사람은 결국 다 죽는다. 세상에서 귀하게 살았든, 천하게 살았든, 돈 많은 갑부로 살았든, 가난하고 억울하게 살았든, 성공을 했든, 이름 없는 자로 살았든, 사람은 다 죽는다는 것은 분명한 사실이다. 이 죽음을 해결할 수 있는 사람은 세상에는 없다. 죽음 앞에는 차별이 없이 육체는 똑같이 한줌의 재가 되어 흙으로 돌아간다. 그러나 사람 안에 있는 영혼은 죽지 않는다. 그 영혼을 담고 있는 육체가 이 땅에서 어떻게 살았느냐에 따라 예수님을 믿는 자는 천국으로 예수님을 믿지 않은 자는 지옥으로 간다. 사람은 살아서 활동을 할 때 육체 안에 복음의 흔적을 채우지 못하면 그는 영원한 형벌이 주어지는 지옥으로 간다.

　　천국은 영원히 살아 하나님을 찬양하는 곳이다. 지옥은 영원히 죽지 않고 고통을 받는 고통의 불 못이다. 죽음을 해결하시는 분은 오직 예수님이시다. 인간의 질그릇 안에서 예수님을 영접하지 못하면 그의 나라 영원한 하나님의 나라를 소유할 수 없다. 현실이 아무리 힘들고 어려운 처지에 있다 하더라도 예수님의 영광을 드러내는 믿음의 신부로 살아가야 한다.

술람미의 신앙은 힘들고 어려움 속에서도 예수님의 십자가를 붙들고 예수님의 부활을 들어내며 살았다. 복음의 능력은 환경을 초월하여 믿음의 향기를 드러내는 것이다. 동남풍이 불고 서북풍이 분다 할지라도 믿음의 사람은 신앙의 길을 멈추면 안 된다.

> "우리가 사방으로 우겨쌈을 당하여도 싸이지 아니하며 답답한 일을 당하여도 낙심하지 아니하며 핍박을 받아도 버린바 되지 아니하며 꺼꾸러뜨림을 당하여도 망하지 아니하고" 고후 4:8.9

신앙의 길은 보호자가 있다. 우리 눈에 보이지는 않지만 우리를 보호하시고 인도하시는 보혜사 성령 하나님이시다. 믿음의 소리를 내는 자를 붙드시고 인도하신다. 그의 능력의 손이 머리털 하나도 상치 않도록 보호하신다. 환경 가운데 두려워하고 눈에 보이는 것으로 낙심하면 믿음이 연약함이다. 낙심은 환경을 이길 수 없다. 우겨쌈을 당하고 환경이 답답하고 신앙의 길에 핍박이 있다 할지라도 믿음이 있는 자는 결코 거꾸러뜨림을 당하거나 망하지 않는다. 예수님을 바라고 신앙생활을 하고 있다면 모든 환경을 이길 수 있는 믿음이다. 보이는 환경으로 망하지 않는다.

술람미가 힘들고 어려운 가운데서 예수 이름으로 살아가는 그 믿음 자체가 향기롭다 말씀하신다. 신앙은 내 만족이 아니라 예수님께 인정받는 것이 되어야 한다. 하나님의 인정을 받는다는 것은 우리의 삶의 치료와 평안과 기쁨이 있다.

"그가 왼손으로 내 머리를 베개하고 오른 손으로 나를 안는구나" 아 2:6

하나님의 위로함에는 우리 삶의 회복이 되고, 하나님의 격려는 우리의 힘이고 능력이다.

"그 우편 손에는 장수가 있고 그 좌편 손에는 부귀가 있나니" 잠 3:16

하나님의 품 안에서의 장수와 부귀가 우리들의 삶을 기쁨으로 바꾸어 주신다. 예수님의 품에 안긴 술람미 여자는 어떠한 신앙고백에서 하나님의 품에 안기었는가? 술람미 여자는 어미의 아들들에게 붙들려 포도원지기로 오빠들의 노예처럼 살았다. 오빠들이라 함은 두 명 이상 된다는 것인데 이러한 남자들의 힘을 술람미 여자가 감당할 수 없다. 하지만 가시나무로 둘러싸여 어려운 환경 속에서도 술람미 여자의 신앙의 길은 예수님을 사랑하고 복음의 끈을 놓지 않고 신앙의 향기를 나타내는 모습이 가시나무 가운데 백합화 같았다.

우리들은 평탄한 신앙의 길을 가고 있는가? 우리들 역시 신앙의 길이 평탄치 만은 않다. 시부모님들로 인해 신앙의 길이 막히기도 하고 아니면 남편, 아내, 자녀들, 부모, 형제, 직장 가운데서 막혀있는 부분들도 많다. 하지만 어떤 어려움 가운데 있다 할지라도 하나님께서는 우리의 앉고 일어섬을 알고 계신다. 사방으로 우거쌈을 당했다 할지라도 마음을 다해 하나님을 찾고 예수 이름으로 나아가야 한다.

우리의 힘으로는 환경을 벗어날 수 없지만 하나님 안에서는 능치 못함이 없다. 하나님께 선택 받은 자는 세상의 어두움의 권세가 괴롭힌다는 것을 알아야 한다.

믿음의 길에서 평탄한 길은 없다. 어두움의 권세가 여러 방법을 통해 신앙의 길을 가지 못하도록 가로막고 방해 한다. 물질을 막기도 하고, 가난으로 자존심을 상하게 하고, 병마로 힘들게 하고, 사람들을 통해 괴롭힘과 억울함, 근심, 걱정으로 신앙의 길을 가지 못하도록 우리의 마음을 빼앗는다. 마귀는 우는 사자처럼 우리를 삼키려 한다. "하나님은 없어! 하나님은 능력이 없어!"라고 우리들의 마음을 분산시키는 사탄의 계략이다. "힘들 때 하나님을 찾아도 대답이 없었잖니, 기도를 해도 응답이 없잖니, 도대체 몇 년을 기도 했니, 이제 그만해. 하나님은 없어." 하며 우리들의 마음을 낙심하도록 도적질한다.

믿음은 기다리는 것이다. 다니엘 세 친구들이 억울한 누명을 쓰고 풀무불에 던져졌다. 하지만 그 풀무불 가운데서 응답하시는 하나님이시다. 다니엘이 사자굴에 던져졌다. 그 사자 굴에서 응답하시는 하나님이시다. 아브라함이 아들 이삭을 모리아산에서 하나님께 번제로 드리라 하셨을 때, 아들의 목에 칼을 내리치려 할 때 그때 응답하시는 하나님이시다. 하나님은 우리의 중심을 달아보신다. 인간의 꾀로 살고자 하면 죽을 것이고, 하나님을 믿고 말씀에 순종으로 "죽으면 죽으리라"하는 신앙고백은 산다는 것이다. 우리가 살고 죽는 것이 하나님의 손에 있다.

다윗의 훈련은 어떠했는가? 사무엘을 통해 기름을 부어 이스라엘의 제2대 왕으로 세워주실 거라 약속하셨지만 현실은 사울에게 쫓기고 아들에게 쫓기고 다윗의 첩들은 모든 사람들이 보는 가운데서 아들 압살롬에게 수치를 당하는 이런 비참함을 당했다. 믿음이란 가시밭에 부드러운 살결을 가진 백합화가 가시에 찔려 잎이 찢어지는 아픔 속에서도 소리 없이 그 사명을 감당 하는 것이다.

우리들의 신앙의 향기는 습지고 환경이 좋지 못한 가운데서도 맡은 바 사명을 다하는 믿음의 신부가 되어야 한다. 습진 곳에 심겨진 백합화가 가시 밭 속에서도 꽃을 피워 사명을 다 하는 것처럼 우리들 또한 어떤 환경 속에서도 믿음의 향기를 토해 내야 된다. 사람이 볼 때는 습지고 골짜기에 좋지 못한 환경 같지만 백합화의 향기를 낼 수 있는 최적의 위치가 습지가 있는 곳, 때로는 가시덤불로 우거진 그곳이 백합화가 뿌리를 내리고 향기를 품어낼 수 있는 최적의 위치다. 환경을 보고 사람들을 보면 넘어지지만 예수님을 보면 어떤 환경이라 할지라도 넘어지지 않는다.

우리가 사방으로 우겨쌈을 당하여도 결코 싸이지 않는다. 답답한 일을 당했다 할지라도 우리가 믿음을 잃지 않고 낙심하지 아니하면 우리를 위해 일하시는 하나님의 승리를 경험한다. 하나님은 자기 백성들을 애굽에 좋은 위치 풍요 속에서 믿음을 요구하지 않으시고 홍해가 가로막고 있는 죽음의 그늘에서 물이 없는 건조한 광야에서 므리바 쓴 물 앞에서 그들에게 믿음을 보여 달라고 하신다.

믿음으로 말씀을 따라가는 삶, 말씀을 따라 기도하는 삶, 말씀을 따라 헌신하는 삶. 그곳이 믿음의 꽃을 피울 수 있는 최적의 위치다. 그곳이 말씀의 순종의 땅이기 때문이다.

나의 사랑 나의 신부야 일어나 함께 가자

"저는 시냇가에 심은 나무가 시절을 좇아 과실을 맺으며 그 잎사귀가 마르지 아니함 같으니 그 행사가 다 형통하리로다 악인은 그렇지 않음이여 오직 바람의 나는 겨와 같도다" 시 1:3~4

환경을 탓하고 자기 생각으로 신앙생활을 하려고 하는 자들의 마지막 결론은 바람의 나는 겨와 같다. 알갱이가 여물지 못하고 겨 안에서 말라 붙어버린 쭉정이 신앙이다. 신앙생활을 하면서 좀 더 나은 환경에서 신앙생활을 잘 해보겠다고 많은 신앙인들이 말을 하지만, 지금 현재 처해 있는 위치가 신앙생활하기에 최적의 위치라는 것을 기억해야 한다. 생활이 힘이 들든, 병마로 힘듦과 어려움이 있든, 시간적으로 여러모로 힘이 들지라도 기도하며 하나님을 구해야 한다. 하나님은 우리가 처해 있는 현재의 위치가 가장 믿음의 가치를 들러낼 수 있는 환경으로 설정을 하셨다.

사렙다 과부는 마지막 남은 양식을 먹고 나면 더 이상 희망이 없는 자리에 놓였다. 하지만 그 마지막 남은 죽음의 공포 앞에서 하나님의 말씀을 듣고 순종 했을 때 그 결과는 하나님의 능력을 볼 수 있고 체험 할 수 있었다. 삼 년 육 개월의 가뭄 속에서 먹을 것이 떨어지지 않았다고 성경은 말씀한다. 과부가 그의 아들과 함께 죽음 앞에서 하나님께 순종함으로 믿음을 보인 것이다. 이것이 순종이고 이것이 믿음이다. 사렙다 과부가 먹을 것이 없어 죽음의 공포 그 위치가 하나님께 순종할 수 있고 영광 돌릴 수 있는 믿음의 향기를 토해내는 최적의 위치였다.

"여호와께서 엘리야로 하신 말씀같이 통의 가루가 다하지 아니하고 병의
기름이 없어지지 아니하니라" 왕상 17:16

우리는 늘 인간적인 생각으로 나의 마음을 위로한다. "하나님, 시
간이 부족해서 기도할 수 없어요. 하나님, 너무 가난해서 물질을 드릴
수 없어요. 하나님, 배운 것이 없어서, 가진 것이 없어서, 먹고 살기가
바빠서 헌신할 수 없어요. 좀 더 생활이 좋아지면 할게요. 좀 더 시간
이 주어지면 헌신할게요. 좀 더 나은 환경이 되면 더 멋지게 신앙생활
할게요." 그런데 하나님은 지금 그 위치에서 믿음을 보여 달라고 하
신다. 믿음은 돈이 아니다. 믿음은 시간이 아니다. 믿음은 마음이다.

"볼지어다 내가 문밖에 서서 두드리노니 누구든지 내 음성을 듣고 문을 열면
내가 그에게로 들어가 그로 더불어 먹고 그는 나로 더불어 먹으리라" 계 3:20

예수님께서 우리의 마음의 문을 두드리시면 우리는 주님의 음성을
듣고 마음의 문을 열고 예수님을 찾고 구하고 두드리어 예수님과 교
제하는 것이다. 상대적인 비교의식으로 하는 신앙생활을 하면 안 된
다. 하나님 앞에 우리 모습 이대로 나아가야 한다. 만일에 비교의식으
로 신앙생활을 한다면 하나님은 공평하신 하나님이 아닌 것이 된다.
세상에는 머리 좋은 사람도 있고, 머리가 나쁜 사람도 있고. 학식이
많은 사람도 있고, 배우지 못한 사람도 있다. 돈이 많은 사람도 있고,
돈이 없는 사람도 있고, 세상적으로 성공한 사람도 있고, 가난한 사람
도 있다. 건강한 육체를 가진 사람도 있고, 육체가 건강치 못한 사람

나의 사랑 나의 신부야 일어나 함께 가자

도 있다. 그런데 신앙생활에 비교의식을 갖는다면 하나님을 업신여기는 것이 된다. 자기 모습 그대로 헌신하며 하나님의 백성으로 나아가야 한다. 하나님은 천지만물이 다 하나님의 것이다.

하나님은 물질을 요구하시는 것이 아니다. 자신의 위치에서 최선을 다하라는 것이다. 믿음의 자녀답게 당당하게 믿음의 위풍을 가지고 거룩한 삶을 살아가야 한다. 무시로 하나님을 찾고 가난한 심령으로 두드리라. 그리하면 열릴 것이요. 찾으라 그리하면 찾을 것이라. 우리의 인생의 해답은 하나님께 있다.

1. 신랑을 향한 사랑고백

아가서 2장 3절 남자들 중에 나의 사랑하는 자는 수풀 가운데 사과나무 같구나 내가 그 그늘에 앉아서 심히 기뻐하였고 그 실과는 내 입에 달았구나

"수풀"은 세상에 많은 사람을 표현함이요 "사과나무"는 세상을 구원하려 오신 예수님을 표현함이요 "그 실과"는 말씀이다. "내 입에 달았구나" 표현함은 인생의 회복이 말씀 안에 있다는 것이다. 술람미가 솔로몬을 사랑하는 것처럼 예수님을 사랑하고 하나님의 말씀을 심히 기뻐하고 좋아했다는 신앙고백이다. 말씀을 가까이하여 오묘한 진리의 말씀이 깨달아져 예수님을 많이 사랑한다는 것이다. 세상에는 많은 사람들이 신앙생활을 하지만 하나님의 말씀 안에 기쁨을 맛보지

못하고 향방 없는 신앙의 길을 가는 사람이 너무나 많다. 신앙의 길은 달고 오묘한 말씀을 깨닫고 말씀을 따라 살아야 한다. 말씀의 오묘한 단맛에 취하지 않으면 올바른 신앙의 길을 갈 수가 없다. 말씀이 무슨 힘이 있겠나! 말씀이 무슨 능력이 있겠나! 하는 사람은 하나님의 거룩함에 참여할 수가 없다. 술람미 여자가 "수풀 가운데 사과나무"라 표현함은 세상 가운데 오신 예수님을 말씀한다. 세상의 온갖 죄악 속에서도 우리를 향해 구원의 등불을 비추시는 하나님이시다. 그 빛을 찾는 자는 구원의 안식을 얻는다.

사람이 나이가 먹어간다는 것은 죽음이 가까이 오고 있는 것이다. 태어난 순서대로 인생의 종말이 주어지는 것은 아니지만 우리에게 주어진 시간 속에 믿음의 기회를 잡아야 한다. 하나님의 시간은 천 년이 하루 같고 하루가 천 년 같다.

"사랑하는 자들아 주께는 하루가 천 년 같고 천 년이 하루 같은 이 한 가지를 잊지 말라 주의 약속은 어떤 이의 더디다고 생각하는 것같이 더딘 것이 아니라 오직 너희를 대하여 오래 참으사 아무도 멸망하지 않고 다 회개하기에 이르기를 원하시느니라" 벧후 3:8~9

천 년의 시간도 하나님의 손에 있고, 하루의 시간도 하나님의 손에 있다. 하나님의 손에서는 천 년도 하루 같고 하루도 천 년 같은 알파와 오메가가 처음과 나중 되신다. 세상에 완전한 시간은 하나님의 손 안에 있다. 하나님의 시간 안으로 오지 않는 인생은 해결점이 없다. 인간에게 주어진 시간은 잠깐 있다가 없어지는 안개와 그림자 같은 것

나의 사랑 나의 신부야 일어나 함께 가자

이다. 아직 기회가 있는 시간이라면 하나님께서 내게 주신 축복의 기회다. 회개하여 하나님의 거룩함에 참여하는 자가 복 있다. 믿는 자는 정신을 차리고 마음을 다해 하나님의 거룩함을 적극적인 신앙고백으로 드러내야 한다. 적극적인 신앙 고백을 토해내는 자에게 하나님의 능력이 임한다. 소극적인 신앙고백은 신랑 되신 예수님을 깊이 만날 수가 없다. 또한 믿음의 가치를 깊이 깨달을 수도 없다.

신앙은 신랑과 신부의 만남이다. 즉, 주고받는 신랑과 신부의 이중창 고백서라 볼 수 있다. 하나님을 적극적으로 찾는 자가 하나님의 사랑을 입고 믿음이 성숙한 신부로 성장한다. 환경은 힘들고 어려울지라도 내 마음이 예수님을 향하고 무시로 기도하고 예배하는 자리에 있다면 예수님은 그와 함께하신다. 예수님은 그의 신음소리를 듣고 계시며 믿음이 성숙되기를 기다리신다.

사과나무에 사과가 열렸다고 바로 따서 먹을 수가 없다. 봄과 여름이 가고 가을이 오기까지 비바람이 몰아치는 가운데서 사과는 탐스럽게 익어 사과의 맛을 낸다. 우리의 믿음도 힘듦과 어려움 속에서 괴로운 인생길에서 성숙된 믿음으로 영글어가고 하나님의 거룩한 신부로 세워진다. 우리도 하나님의 때를 기다려야 한다. 우리가 말씀을 제대로 믿지 못해 하나님의 때를 기다리지 못하고 감사가 없는 삶을 살아가는 것이다.

"나를 사랑하는 자들이 나의 사랑을 입으며 나를 간절히 찾는 자가 나를 만날 것이니라" 잠 8:17

기다리지 못하는 신앙은 인본주의의 사상으로 흘러간다. 세상에 보이는 것이 먹음직도 하고 보암직도 하기에 이러한 인간의 생각으로 사로잡히면 하나님 나라를 쟁취할 수가 없다. 믿음은 기다리는 것이다. 응답은 내 때가 아니라 하나님의 때에 이루어진다. 우리의 끝을 아시는 분이시기에 가장 적당할 때 응답해주시는 하나님이시다. 벼를 심는 때가 있고 벼를 거둘 때가 있다. 거둘 때를 기다리지 못하고 마음이 조급하여 빨리 추수를 하게 되면 그 벼 이삭은 다 쭉정이가 된다. 이렇듯 믿음의 성장도 기도의 응답도 인내하며 기다려야 한다. 응답의 때는 우리에게 가장 적당할 때 "이른 비와 늦은 비를" 내려 필요를 채우시는 하나님이시다.

"결코 거짓되지 아니하리라 비록 더딜지라도 기다리라 지체되지 않고 정녕 응하리라" 합 2:3

아가서 2장 5절 너희는 건포도로 내 힘을 돕고 사과로 나를 시원케하라 내가 사랑함으로 병이 났음이니라

"너희"라 말씀함은 믿음의 동역자들이다. "건포도"는 말려서 저장해 놓은 포도며 말림으로 당도가 높다. 신앙심이 깊은 믿음의 친구들을 불러 영적인 도움을 받고자 "사과로 나를 시원케 하라" 하며 예수 이름으로 기도를 요청하는 술람미의 신앙고백이다. 예수님을 사랑하는 마음이 현실 가운데서는 영적으로 너무나 힘이 들어 술람미도 신앙의 슬럼프에 빠진 것이다.

나의 사랑 나의 신부야 일어나 함께 가자

기도를 해도 응답이 없고 열심을 내어도 환경은 열리지 않았다. 이러한 신앙의 안타까움을 표현하는 마음이 왠지 예수님을 혼자만 짝사랑한 것 같이 느껴지는 신앙의 우울감이다. 신앙의 열심을 가지고 달려가는 믿음의 사람들이 공통적으로 겪는 신앙의 고달픔이다. 이럴 때 주위에 있는 믿음의 동역자들에게 신앙의 도움을 요청하게 되는 경우가 많다. 믿음의 사람들을 통해 주님의 음성을 듣고자 하는 갈급함이 있다. 이러한 마음은 그들에게 저장되어 있는 건포도 같은 믿음의 소리로 힘을 얻고자 하는 신앙의 나눔이다.

신앙에도 아픔이 있다. 하나님을 찾아도 대답이 없으시고 침묵하시기 때문에 믿음이 약한 사람은 예언하는 자를 찾아가기도 하고 예수 점쟁이를 찾기도 한다. 응답을 기다리지 못해 무당을 찾는 이도 있다. 믿음은 말씀을 믿고 기다려야 한다. 믿음은 기다리는 자에게 주어지는 축복이다. 믿음은 기다리는 인내가 없이는 하나님의 사람으로 거듭날 수 없다. 그렇기 때문에 하나님은 스스로 숨어 계시며 어두운 곳에서 더듬어 하나님을 찾게 하신다.

"구원자 이스라엘의 하나님이여 진실로 주는 스스로 숨어 계시는 하나님이시니이다" 사 45:15

"이는 사람으로 하나님을 혹 더듬어 찾아 발견케 하려 하심이로되 그는 우리 각 사람에게서 멀리 떠나 계시지 아니하도다" 행 17:27

예수님도 우리와 똑같은 마음으로 우리를 향해 짝사랑하시기 때문에 우리 믿음의 성장을 위해 스스로 숨어 계시며 믿음의 훈련을 하신다.

예수님은 우리가 온전히 말씀을 믿지 못하고 곁길, 헛눈짓으로 믿음이 연약해 바로 성장되지 못하는 것을 보시고 심히 마음 아파하신다. 농부의 마음은 농사를 실패하면 기쁨이 없다. 부모는 자식이 잘 되어야 기쁨이 있다. 하나님은 그의 백성이 하나님의 말씀으로 세워지는 것이 하나님께 영광이다. 하나님의 백성이 범사가 말씀 안에서 잘되고 강건한 삶을 살기를 기뻐하시고 기뻐하시는 하나님이시다.

2. 나의 위로자

아가서 2장 6절 그가 왼손으로 내 머리를 베개하고 오른손으로 나를 안는구나

말씀 안에 안긴 자의 평안이다. 하나님은 우리의 위로자이시며 평안과 안식을 주시는 우리의 아버지시다. 힘들고 아플 때 위로해주시고, 안아주시고, 격려해주시는 분이 우리의 아버지시다. 성경 말씀은 우리 아버지 품이다. 그 품 안에 장수의 축복도, 물질의 축복도, 부귀의 축복도 있다.

그런데 많은 신앙인들이 말씀은 제쳐놓고 허공을 치는 경우가 많다. 하나님의 운행하심은 말씀 가운데서 이루어진다. 그의 영으로 우리의 죽은 몸을 살리시는 능력이 곧 말씀이다. 그런데 많은 사람들이

나의 사랑 나의 신부야 일어나 함께 가자

세상 지식으로 하나님을 찾고 세상적 가치로 성경을 본다. 그러나 말씀을 깨닫지 못하면 하나님의 백성으로 세워질 수가 없다. 말씀은 하나님의 백성이 입어야 될 예복이다. 말씀의 예복을 입지 않는 자는 하나님의 거룩함에 참여할 수가 없다.

"친구여 어찌하여 예복을 입지 않고 여기 들어왔느냐 하니 저가 유구무언이어늘 임금이 사환들에게 말하되 그 수족을 결박하여 바깥 어두움에 내어 던지라 거기서 슬피 울며 이를 갊이 있으리라" 마 22:12~13

말씀이 없는 예배, 말씀이 없는 기도, 말씀이 없는 헌신은 다 유구무언이다. 예배는 그분의 이름을 영화롭게 하며 하나님의 말씀대로 살기 위해 하나님의 자녀가 예배하는 것이다. 기도는 하나님의 뜻이 이 땅에 이루어지길 원하는 우리의 신앙의 고백이다. 이러한 신앙고백은 말씀의 가르침을 따라 인도함을 받는다. 헌신은 하나님의 백성을 섬기고 복음을 전함으로 우리가 하나님과 함께 동행 한다. 이러한 비밀의 길이 말씀 안에 있다.

해 뜨는 곳에서부터 해지는 곳까지 창조하신 하나님께서 스스로 숨어 계시며 우리 인간이 하나님의 말씀을 믿고 찾아내게 하시는 하나님이시다. 말씀을 믿고 말씀 안에 예수님을 찾는 자가 그를 만나고 음성을 듣고 하나님의 비밀을 깨닫게 된다. 우리는 하나님을 떠나서는 아무것도 얻을 수가 없다.

설사 예수님이 없이 이 땅에서 장수의 복과 물질과 부귀영화를 누렸다고 할지라도 예수님이 없는 그의 걸음은 미끄러운 곳에 두시며 파멸에 던지시리니 죽음 후에는 그 부귀영화와 함께 영원한 지옥에 떨어진다. 우리의 수명은 언제 어느 때 끝이 날지 아무도 정확한 시간을 모른다. 그러나 분명한 것은 사람은 죽는다는 사실이다. 죽음 후에는 심판이 있다.

"주께서 참으로 저희를 미끄러운 곳에 두시며 파멸에 던지시니 저희가 어찌 그리 졸지에 황폐되었는가 놀람으로 전멸하였나이다" 시 73:18~19

"대저 주를 멀리하는 자는 망하리니 음녀같이 주를 떠난 자를 주께서 다 멸하셨나이다 하나님께 가까이함이 내게 복이라 내가 주 여호와를 나의 피난처로 삼아 주의 모든 행사를 전파하리이다" 시 73:27~28

아가서 2장 7절 예루살렘 여자들아 내가 노루와 들사슴으로 너희에게 부탁한다 내 사랑이 원하기 전에는 흔들지 말고 깨우지 말지니라

예루살렘은 하나님의 백성을 의미한다. 자기들만이 우월하다고 생각하는 유대교의 이스라엘 선민의식이다. 이러한 선민의식은 교회 안에서도 강하게 자리 잡고 있다. 이들은 자기들만의 종교적 사명감을 가지고 복음을 전하고자 하는 의지가 강하다. 또한 사람을 자기감정으로 평가하며 하나님의 사람들을 힘들게 한다. 이러한 자들을 향해 술람미가 입을 열어 노루같이 들사슴 같이 예수 이름으로 살고자 하는 자신을 업신여기고 신앙의 길을 가로막지 말라 한다.

우리가 신앙생활 하면서 공통적으로 겪는 것이 사람으로부터 오는

스트레스다. 같이 열심을 내어 신앙생활을 하면서도 자기 마음에 안 들면 신앙의 길을 방해하고 헐뜯고 시기한다. 신앙의 열심이 없는 사람을 시기하고 방해하는 일은 거의 없다. 마귀는 열심을 내지 않는 자는 건드리지 않는다. 신앙의 시기 질투는 열심 있는 자들에게서 나타나는 현상이다. 술람미 여자에게도 신앙생활에 방해하는 자들이 있었다. 이러한 괴롭힘은 교회 안에 믿음의 동역자들을 통해 일어난다. 모함하고, 수군거리고, 왕따 시키고 자기들의 신앙관으로 가르치려 하고, 그렇지만 믿음은 예수님만 바라고 달려가야 한다. 환경에 치우치면 그 믿음은 실패다. 술람미 여자는 믿음의 확신 있는 소리로 내 사랑이 원하기 전에는 흔들지 말고 깨우지 말라 표현한다. 사람은 말을 안 하고 참는 것만이 다가 아니다. 때에 따라서 맞는 말을 함으로 죄를 짓지 않게 하는 것도 필요하다.

우리는 여기서 예루살렘의 여자들의 입장에서 우리들의 신앙관을 돌아보려 한다. 예수 믿는 자들이 영적인 질투가 너무나 많다. 세상에 모든 것을 가능케 하시는 하나님을 바라봐야 하는데 하나님을 바라보지 않고 하나님의 은혜를 특별이 입은 자를 보고 질투를 한다는 것이다.

학생을 가르치는 스승은 자기 제자가 잘되기를 바란다. 스승이 자기 제자를 질투하는 일은 거의 없다. 자기 자신보다 제자가 더 공부를 잘해 좋은 학교를 가고 사회에서 성공하기를 바라고 공부를 가르친다. 그런데 교회 안에서는 그렇지가 않다. 부교역자가 설교를 잘하면 질투를 하는 목회자들이 혹 있따. 그래서 교인들은 부교역자가 말씀이 은혜스러워도 담임목사님의 눈치를 보며 쉬쉬한다. 과연 하나님께서 기뻐하실까!

"여인들이 뛰놀며 창화하여 가로되 사울이 죽인 자는 천천이요 다윗은 만만이로다"(삼상 18:7) 하는 소리에 사울은 시기 질투로 다윗의 생명을 빼앗으려 했다.

"사울이 이 말에 불쾌하여 심히 노하여 가로되 다윗에게는 만만을 돌리고 내게는 천천만 돌리니… 그 날 후로 사울이 다윗을 주목하였더라" 삼상 18:8~9

이러한 영적인 질투로 사울은 결국 하나님께 버림받게 된다. 그런데 번번이 교회 안에 담임목사님과 부교역자들의 영적인 갈등이 있다. 영적인 권위는 사람의 것이 아니라 하나님의 것이다. 필자는 서울에 있는 모 교회 목사님을 소개하려 한다. 이 교회는 많은 하나님의 사람을 배출시켰다. 그 이름만 들어도 다 아시는 목사님이시다. 필자는 이분이 부흥 목사님으로 어느 기도원에 오셨을 때 신앙의 기대를 가지고 집회에 참석을 했다. 첫 집회는 은혜를 입었다. 하지만 삼 년에 걸쳐 집회를 참석했지만 어느 목사님들의 설교보다 특별한 게 없었다. 필자는 생각했다. 그렇다면 어떻게 큰 교회로 성장할 수 있었는가? 그분의 목회는 다른 목회자들과 달랐다. 깨어있는 부목회자를 통해 교회를 성장시키시는 것이다. 아마도 대형 교회들의 비밀이 여기에 있지 안을까 조심스레 생각해본다. 그렇지 않고는 담임목사의 혼자의 힘으로는 대형교회로 성장하기가 어렵기 때문이다. 내가 아무리 영성이 뛰어나도 하나님의 일은 서로 협력하여 복음에 능력을 나타내

나의 사랑 나의 신부야 일어나 함께 가자

야 한다.

우리는 얼마나 부족한가? 그러나 예수님은 부족한 우리를 영적인 열심을 질투하시지 않는다. 우리가 성령 충만하여 예수님과 함께 복음의 능력을 나타내시는 것을 기뻐하시고 기뻐하신다.

"내가 진실로 진실로 너희에게 이르노니 나를 믿는 자는 나의 하는 일을 저도 할 것이요 또한 이보다 큰 것도 하리니" 요 14:12

아가서 2장 8~9절 나의 사랑하는 자의 목소리로구나 보라 그가 산에서 달리고 작은 산을 빨리 넘어오는구나 나의 사랑하는 자는 노루와도 같고 어린 사슴과도 같아서 우리 벽 뒤에 서서 창으로 들어다 보며 창살 틈으로 엿보는구나

술람미는 신랑 되신 예수님의 목소리를 알아듣고 "나의 사랑하는 자의 목소리로구나"라고 표현하였다. 많은 사람들이 예수님의 음성을 바르게 알아듣지 못해 악한 사탄에 꾀에 빠져 이단의 소굴에서 목숨을 잃는다. 예수님의 음성을 말씀 가운데서 듣는 자는 악한 사탄의 꾀에 빠지지 않는다. "양은 그 목자에 음성을 알고 목자는 양의 목소리를 안다"고(요 10:3) 하셨다. 하나님의 말씀을 바르게 분별하는 자는 예수님께서 우리를 어떻게 사랑하시는 지를 알 수 있다.

"나는 선한 목자라 선한 목자는 양들을 위하여 목숨을 버리거니와" 요 10:11

"산에서 달리고"란 예수님께서 우리를 사랑하시는 마음이 지체함이나 주저함 없이 우리를 구원하시려 달려오셔서 골고다 산상에서 십자가를 지심으로 우리를 죽음에서 생명으로 옮겨주신 예수님을 표현하였다. "작은 산을 빨리 달리고"란 그리 길지 않은 시간 안에 십자가에 죽으신 예수님께서 이 땅의 심판주로 달려오실 부활의 예수님을 표현하셨다. "우리 벽 뒤에 서서 창으로 엿보는구나"라고 표현함은 우리의 행동을 보고 계시는 성령 하나님으로 표현한 것이다. 이러한 하나님의 선한 목적이 다니엘 기도가 응답을 받듯 술람미에게도 하나님의 선하신 목적을 알게 하시고 기도의 응답을 십자가의 사랑에서 부활로, 성령 하나님으로 함축적으로 보여주셨다.

말씀 안에 있는 자에게는 하나님의 계획을 알게 하시고 주님의 음성을 들려주신다. 단, 주님의 음성을 사람의 목소리처럼 듣는 사람은 신앙의 점검이 필요하다. 하나님의 음성은 성령에 힘으로 들려오는 세미한 음성이다.

예수님을 사랑하는 자가 주님의 음성을 듣는다, 말씀 안에서 주님의 음성을 듣지 못하고 말씀을 깨닫지 못한다면 하나님의 계획하심을 알 수 없다. 인간과 인간의 사랑은 세상에서 죽음으로 끝이 나지만, 예수님과 인간의 사랑은 이 땅에서 준비하여 영원한 나라로 옮겨지는 것이다. 그러므로 하나님의 계획을 알고 세상을 살아가야 한다. 하나님의 계획을 알지 못하고 세상을 살아간다면 하나님의 거룩한 백성이 될 수 없다. 그러므로 하나님께서 그의 나라와 의를 구하라 하셨다. 우리를 기도와 말씀 가운데서 하나님의 계획을 가르치시고 그 거룩함에 참여 시키신다. 잠시 술람미의 기도의 응답을 가지고

나의 사랑 나의 신부야 일어나 함께 가자

오시는 예수님과 다니엘의 기도의 응답을 가지고 오시는 말씀을 함께 보고자 한다.

> "네가 깨달으려 하여 네 하나님 앞에 스스로 겸비케 하기로 결심하던 첫날부터 네 말이 들으신바 되었으므로 내가 네 말로 인하여 왔느니라 그런데 바사국 군이 이십일 일 동안 나를 막았으므로 내가 거기 바사국 왕들과 함께 머물러 있더니 군장 중 하나 미가엘이 와서 나를 도와주므로 이제 내가 말일에 네 백성의 당할 일을 네게 깨닫게 하러 왔노라 대저 이 이상은 오래 후의 일이니라" 단 10:12~13

하나님을 목숨 걸고 사랑하는 다니엘에게 하나님의 계획을 깨닫게 하려고 말일에 왔다는 것이다. 우리가 말씀을 깨닫는 것도 인내하며 기다려야 한다. 성경을 보면 바로 주님의 음성이 들려오고 하나님의 계획이 깨달아진다면 예수 믿지 않는 자가 세상에 있겠는가! 우리는 말씀의 소리를 듣기 위해 스스로 겸비하고 믿고 기다려야 한다. 다니엘도 말씀 가운데서 예레미야에게 임하여 고하신 바벨론의 포로생활 칠십 년 년 수를, 모세가 예언한 율법의 말씀을 묵상함으로 모든 것이 하나님의 계획안에서 되어짐을 깨달았다(단 9:11-13). 하나님의 말씀은 시대적으로 바르게 깨달아야 바른 신앙의 길을 갈 수 있다. 당시 유다 민족은 젊은 청년 예레미야를 통해 이스라엘 백성에게 악한 길에서 돌이켜 하나님의 말씀으로 돌아오라고 경고했지만 하나님의 음성을 듣지 않고 주변 국가들로부터 타락한 문화를 받아들여 어린아이들을 우상의 재물로 드리는 패역함 때문에 바벨론의 포로가 되고 예루살렘 성전이 훼파 된 것이다.

교회가 무너진다는 것은 하나님의 진노가 가까이 왔다는 것을 의미한다. 하나님의 성전이 힘을 잃어가는 것은 주의 종들이 세상문화, 우상, 다원주의를 받아들이고 있다는 것이다. 이로 말미암아 교회가 교회답지 못하게 됨으로 복음이 상실한다. B.C. 627~580년 복음의 능력을 상실한 유다민족은 하나님의 말씀을 청종치 아니함으로 모세가 예언한 율법 책에 기록된 대로 바벨론의 포로가 된 것이다. 모세는 이스라엘 백성이 하나님을 멀리하고 우상을 섬기다가 1000년 후에 이미 하나님의 백성이 바벨론의 포로가 될 것을 알고 예언하였다. 모세로부터 천 년 후에 예레미야는 이스라엘 백성에게 죄에서 돌이키라고 하였지만 유다 백성은 하나님을 거역한 결과 바벨론의 포로가 된 것이다.

포로가 된 다니엘은 하나님의 말씀을 깨달음으로 더 큰 믿음의 소유자가 되었다. 이러한 다니엘에게 하나님께서는 세상의 종말 환상을 보여주셨고 그 환상을 깨닫기 위해 기도를 했으나 응답이 지체되었다.

다니엘이 본 마지막 영적 전쟁은 21세기를 살아가는 우리와 우리 후손들이 맞이할 것이다. 말씀을 믿는다면 하나님을 더 많이 사랑하고 기도하고 하나님의 때를 기다려야 한다. 하나님께서 능력이 없으셔서 바사국에게 머물러 있었던 것이 아니다. 기도의 응답은 우리의 믿음만큼 달려오시는 하나님이시다. 하나님은 우리가 마음을 겸비할 때부터 응답을 준비하시고 찾아오시지만 끝까지 기다리지 못하고 우리가 그 믿음의 자리에서 떠나는 것이다. 술람미의 기도를 들으시고 기도의 응답을 가지고 산을 넘고 달려오시는 예수님을 생각하며 술람미의 믿음은 더 힘 있게 기도를 했다. 믿음은 바라는 것들의 실상이다. "네 믿음대로 될지어다." 믿음이 있는 자가 응답을 기다리고 믿음이 있는 자가 끝까지 믿음의 힘을 잃지 않는다.

"믿음이 없이는 기쁘시게 못하나니 하나님께 나아가는 자는 반드시 그가 계신 것과 또한 그가 자기를 찾는 자들에게 상 주시는 이심을 믿어야 할찌니라" 히 11:6

만일에 우리의 믿음의 이상을 하나님의 마음대로 주신다면 공평하신 하나님이 아니시다. 하나님은 공평하신 공의의 하나님이시다. 우리가 어떻게 환경을 이기며 신앙생활을 하고 있는지 행동을 달아보시며 지켜보신다.

"심히 교만한 말을 다시 하지 말 것이며 오만한 말을 너희 입에서 내지 말찌어다 여호와는 지식의 하나님이시라 행동을 달아 보시느니라" 삼상 2:3

육신이 병이 들 때, 또는 자녀가 아플 때, 때로는 물질이 막혀 이런저런 인간의 문제들 앞에 오직 하나님을 믿고 그분의 도움을 어떤 방식으로 구하는지를 보고 계시는 하나님이시다. 사랑하는 남녀가 양다리를 걸칠 때 상대는 정말 기분이 나쁘다. 신앙도 양다리를 걸치는 신앙은 응답을 받을 수 없다. 예수도 찾고, 부처도 찾고, 조상신도 찾고, 자신의 지혜도 쫓는 자는 아무것도 얻을 수가 없다. 하나님을 찾는 자는 생명을 걸어야 한다. 이것은 신부의 정절과 같다. 춘향이가 이 도령을 끝까지 기다려 사랑을 완성하는 것과 같이 믿음은 말씀을 믿고 구하고 기다려야 한다. 술람미의 믿음은 바라는 것의 실상을 보는 믿음이다.

"믿음은 바라는 것들의 실상이요 보지 못하는 것들의 증거니" 히 11:1

"실상"은 끈질긴 기도로 나타난다. 힘들고 어려운 환경의 벽 앞에서 말씀으로 순종하고 눈물로 예수님을 찾고 기도하는 우리의 모습을 보고 계시는 하나님이시다. 믿음을 지키는 신부를 향해 달려오시는 신랑의 기쁨과 신랑의 약속을 믿고 기다리는 신부의 사랑의 종소리다.

아가서 2장 10절 나의 사랑하는 자가 내게 말하여 이르기를 나의 사랑, 나의 어여쁜 자야 일어나서 함께 가자

믿음의 성장은 예수님과 함께 동행 하는 기쁨이 있다. 예수님과 동행이 없는 믿음은 기쁨이 없다. 믿음의 성장은 복음의 능력으로 나타난다. 복음의 능력으로 우리들의 삶은 치유가 되고 회복이 된다. 믿음의 성장이 일어나지 않으면 신앙의 수분이 없어 하나님의 능력이 나타나지 않는다. 사람의 신체의 발육 또한 영양 상태에 따라 몸이 성장되고 건강한 삶을 살아간다. 그리고 몸을 지키는 것은 면역체다. 우리의 육체도 면역체가 없으면 무너진다. 신앙도 똑같다. 신앙의 몸은 자랐는데 말씀의 깊이가 없어 속사람이 변하지 않고 육적인 것에 머물러 있다면 이것은 믿음의 성숙이 안 된 미성숙이다. 믿음의 성숙은 나

이와도 상관없고 신앙의 연륜하고도 상관이 없고 믿음의 족보하고도 상관이 없다. 오직 말씀 안에서 속사람이 변화됨으로 만들어지는 믿음이다. 말씀을 많이 읽었다고 믿음이 성숙한 것이 아니다. 율법사 바리새인들도 성경을 많이 읽고 연구했다(요 5:39). 그러나 성경은 말씀 안에서 주님의 음성을 듣고 말씀으로 거듭나야 한다. 거듭남이 없고 여전히 세상 것이 좋고 자신의 우월성을 세상 것으로 자랑만 하고 예수님의 자랑은 그 마음 안에 채워지지 않아 복음의 능력이 나오지 않는다면 그는 잘못된 신앙생활을 하는 것이다. 하나님을 사랑하는 증거는 하나님의 계명을 지키는 것이다. 이러한 삶이 복음의 능력이다.

"나는 아버지 안에 있고 아버지는 내 안에 계신 것을 네가 믿지 아니하느냐 내가 아버지 안에 있고 아버지께서 내 안에 계심을 믿으라 그렇지 못하겠거든 행하는 그 일을 인하여 나를 믿으라" 요 14:10~11

하나님과 함께하는 자는 하나님의 거룩한 일에 관심이 있다. 하나님의 뜻이 이 땅에 이루어지는 것이 영혼 구원이다. 그의 나라와 의를 구하는 것이 바로 영혼 구원이다. 예수님도 양떼 가운데 있고 술람미 여자도 백합화 가운데서 양떼를 먹인다. 예수님과 연합은 영적으로 잠자는 영혼을 깨우고 연약한 자를 일으켜 세우는 것이다.

"요한의 아들 시몬아 네가 이 사람들보다 나를 더 사랑하느냐 하시니 가로되 주여 그러하외다 내가 주를 사랑하는 줄 주께서 아시나이다 가라사대 내 어린 양을 먹이라 하시고 또 두 번째 가라사대 요한의 아들 시몬아 네가 나를 사랑하느냐 하시니 가로되 주여 그러하외다 내가 주를 사랑하는 줄 주께서 아시나이다 가라사대 내 양을 치라 하시고 세 번째 가라사대 요한의 아들 시몬아 네가 나를 사랑하느냐 하시니 주께서 세 번째 네가 나를 사랑하시느냐 하시므로 베드로가 근심하여 가로되 주여 모든 것을 아시오매 내가 주를 사랑하는 줄을 주께서 아시나이다 예수께서 가라사대 내 양을 먹이라" 요 21:15~17

예수님을 사랑하는 것은 첫째도 복음이고, 둘째도 복음이고, 셋째도 복음이다. 예수님을 사랑하는 자라면 예수 이름을 전하고, 말씀으로 가르치고, 말씀으로 먹이는 것이다. 이것이 아가서에서 말씀하는 예수님과의 사랑이며 신부의 성숙된 믿음이다.

아가서 2장 10~11절 나의 사랑하는 자가 내게 말하여 이르기를 나의 사랑, 나의 어여쁜 자야 일어나서 함께 가자 겨울도 지나고 비도 그쳤고

성령에 취하면 예수님의 십자가의 사랑이 보인다. 성령에 취하면 세상 것이 부럽지 않다. 세상의 권력, 물질, 온갖 세상적 가치가 헛되다는 것을 깨닫는다. 성령의 취한 자는 자신이 큰 보화를 품었다는 사실을 알고 기쁨이 충만하다. 그 보화를 자랑하고 싶은 욕구가 마음 안에서 흘러나온다. 이것이 성령 충만함이다. 세상은 알지 못하는 큰 기쁨을 하나님의 사람만이 느낀다. 하지만 성령에 취하지 않으면 신앙의 많은 핑계들이 많아진다. 자신에게 핑계가 많다면 복음의 능력을

나의 사랑 나의 신부야 일어나 함께 가자

상실한 자이다. 여기서 말하는 핑계는 난처할 때 둘러 대기 위해 하는 핑계를 말하는 것이 아니다. 자기의 속사람을 말하는 것이다. 우리는 각자의 위치에 복음의 능력을 드러내야 한다. 연약한 자를 손잡아주고, 힘든 가정을 예수 이름으로 돌아보고, 힘든 아이들을 예수 이름으로 격려하고, 가정 심방을 통해 예수님의 사랑을 전하고, 목사님들의 영권이 힘을 잃지 않도록 기도와 목회를 돕는 일 그리고 각자의 위치에서 복음을 전해야 한다.

벌들의 세계를 보면 새끼를 낳는 왕벌을 위주로 하여 물 떠오는 벌, 어린 새끼들을 키우는 벌, 꿀을 따오는 벌, 군사력을 가지고 벌들을 지키는 벌, 각자 주어진 일에서 최선을 다한다. 협동체계가 잘 이루어진 벌들의 집단이다. 개미들의 공동체도 비슷하다. 수많은 개미들의 세계는 각자의 위치에서 본분을 다한다. 믿음의 사람들에게도 각자에게 주어진 은사로 하나님께 영광 돌리는 것이다.

새 신자를 데려오는 자, 데려온 새 신자를 내 양처럼 보살피는 자. 우리는 각자의 위치에서 예수님과 새 신자가 잘 접붙여 질 수 있도록 사랑으로 그들을 품어야 한다. 예수님께서 우리를 얼마나 사랑하셨는지 예수님의 몸값으로 우리를 구원하셨다.

"나의 사랑 나의 어여쁜 자야 일어나 함께 가자" 너의 생각대로 살지 말고 하나님의 말씀을 듣고 말씀을 따라 살아가라는 것이다. 예수님과 동행하는 자는 주님이 말씀하시면 나아가고 주님의 뜻이 아니면 멈춰서는 것이다. 하지만 말씀을 귀담아 듣지 않는 자는 예수님과 동행이 불편하다. 자기의 마음대로 살고 싶기 때문이다. 이러한 사람은 말씀의 간섭이 부담스러워 신앙생활에서 여러 가지 핑계가 많다.

하나님은 우리의 인생의 끝을 알고 계신다. 우리가 하나님의 말씀으로 세워지지 않으면 인생의 힘든 일을 만났을 때 그 장애물 앞에서 무너진다는 것을 아시기에 신앙생활에서 이 핑계 저 핑계 대지 말고 환경을 떨치고 일어나라고 말씀하신다. 우리는 겨울이라고 핑계 대고 너무 덥다고 핑계 대고 비가 온다고 게으름을 피운다. 이제 일어나라 말씀한다. 나의 사랑하는 자야 겨울도 지났고 비도 그쳤으니까 일어나 기도의 자리로 찬양의 자리로 헌신의 자리로 함께 하자란 말씀이다. 낙심의 자리에 있든 절망의 자리에 있든 주님의 음성을 듣고 일어나라 말씀하신다. 말씀은 듣고 일어나는 자에게는 평안이 있다. 예수님은 평화의 왕이시다. 모든 묶인 것을 풀어주시는 약속의 하나님이시다. 하나님을 사랑하는 증거는 말씀 따라 사는 것이다.

3. 사명자를 찾으시는 예수님

아가서 2장 12~13절 지면에는 꽃이 피고 새의 노래할 때가 이르렀는데 반구의 소리가 우리 땅에 들리는구나 무화과나무에는 푸른 열매가 익었고 포도나무는 꽃이 피어 향기를 토하는구나 나의 사랑, 나의 어여쁜 자야 일어나서 함께 가자

"지면"흙, 물 하나님께서 만드신 세상은 생명이다. 흙에 심겨진 꽃은 뿌리를 내리고 자기 때에 꽃을 피어 향기를 토한다. 새는 철 따라 계절을 알리고 무화과의 푸른 열매가 익어 무화과나무의 사명을 다하고

포도나무에 꽃이 피어 향기를 토하는 각자에 위치에서 자연의 소리를 낸다. 그렇다면 우리는 이 자연의 소리에서 복음의 소리를 내야 한다.

"나의 어여쁜 자야 일어나서 함께 가자"

신앙의 기회를 놓치는 자는 어리석은 자다. "지면에 꽃이 피었다" 말씀함은 하나님의 말씀이 이미 이 땅에 예수님의 이름으로 많은 교회들이 세워졌음을 의미한다. 그리고 "새가 노래할 때"는 우리가 새처럼 복음의 소리로 예수님의 복음의 소리를 내며 말씀을 전해야 함을 표현한다. "반구의 소리는" 팔레스탄 산비둘기 철새로 표현된다. 우리는 철새와 같다. 복음의 소리를 낼 때에 내지 못하면 하나님의 거룩함에 참여할 수가 없다. 육체는 잠깐 있다가 없어지는 안개와 같다. 우리는 말씀 안에 깨어 하나님을 찬양하며 복음을 전해야 한다.

"우리 땅에 들리는구나"에서 "우리 땅"은 말씀의 땅을 의미한다. 그 말씀 안에서 순종하는 소리가 들린다고 하신다. 말씀 안에 순종하는 소리는 약한 자를 일으켜 세우는 능력이 있다. "무화과 나무에 푸른 열매가 익고 포도나무에 꽃을 피워 향기를 토하듯" 우리에게 주어진 복음의 사명은 하나님을 경외하며 그의 말씀을 따라 사는 것이다. 하나님의 능력은 말씀을 믿는 자에게 나타난다. "나의 어여쁜 자야" 말씀함은 나의 사랑하는 자여 예수님과 함께 복음의 능력을 나타내보자고 말씀하신다. 기회는 항상 우리를 기다려 주지 않는다. 신앙의 기회는 우리의 생명이다. 봄이 오면 얼어붙은 땅이 녹고 녹은 땅은 싹을 틔운다. 어느새 봄이 가고 여름이 되어 무화과나무가 푸른 잎을 내어 열매를 맺었는데 어느새 가을이 와서 열매가 익었다는 것이다. 무화과 나무가 열매를 내지 못하고 잎만 무성하면 주인은 그 무화과나무를 잘라버린다. 포도나무도 꽃을 피지 못하면 열매를 낼 수 없다. 주인은 포도나무를 잘라 땔감으로 태워버린다. 무엇을 말씀함일까! 사명을 감당하지 못한 자는 하나님께 버림받는다는 것이다.

나무들도 각자의 사명을 따라 꽃을 피워 향기를 토해내며 열매를 맺는다. 어린아이에게는 어린 시절이 항상 머물러 있지 않고, 청년은 청년의 때가 항상 머물러 있지 않고, 중년 또한 그 시기가 그리 길지 않아 곧 노년을 맞게 된다. 하나님께서 우리를 복음으로 헌신하는 때를 주셨는데 기회를 놓치면 어리석은 자다. 복음의 때는 우리에게 축복의 시간이다. 물질은 물질이 있을 때 사용해야 하며, 시간이 있을 때 헌신해야 하며, 권력이 있을 때 주님의 영광을 위해 사용해야 한다. 기회는 언제까지나 나와 함께하질 않는다. 사람도 부모의 자리에 있을 때 자녀를 돌아보는 것이 부모의 축복이며 자녀가 자녀의 위치에 있을 때 부모를 섬기는 것이 자녀에게 축복이 된다. 예수님과 함께 복음을 전하는 자는 복이 있다. 우리는 복음을 심고 믿음이 약한 자를 돌보는 것이 우리의 축복이다.

"나는 심었고 아볼로는 물을 주었으되 자라게 하시는 분은 하나님이시다" 말씀처럼 믿음의 성장은 하나님께서 하신다. 그저 우리는 전하고 돌아보는 일을 할 뿐이다. 그런데 우리가 하나님의 영역까지 뛰어들어 복음의 능력을 상실하는 경우가 너무나 많다. 꽃씨를 심고 물을 주지만 싹을 틔워 꽃대가 자라고 꽃을 피게 하는 것은 자연의 위치에서 꽃을 피우는 것이다. 비가 지면에 내리고 그치게 하시는 일 또한 하나님의 섭리 가운데 자연을 다스린다. 새의 소리를 내게 하시는 일도, 무화과나무에 푸른 열매를 익게 하시는 일도, 봄과 여름 가을 겨울을 바꾸시는 일도 하나님이 하신다. 모든 것이 하나님의 주권 아래서 되어진다. 우리는 하나님을 사랑하며 말씀을 따라 우리의 본분을 예수 이름으로 감당하면 되는 것이다. 세상의 모든 주권은 하나님의 것이다. 복음의 열매가 맺어지든 안 맺어지든 우리는 주님의 말씀에 순종하며 기회가 주어질 때 기회를 놓치지 말고 복음을 전해야 한다.

아가서 2장 14절 바위 틈 낭떠러지 은밀한 곳에 있는 나의 비둘기야 나로 네 얼굴을 보게 하라 네 소리를 듣게 하라 네 소리는 부드럽고 네 얼굴은 아름답구나

인간은 하나님의 창조물이므로 하나님께서는 우리의 앉고 일어섬을 다 알고 계시며 우리의 깊은 생각까지도 다 알고 계신다. 하나님은 영이시므로 사람이 말하는 혀의 소리를 다 듣고 계시며 인간의 폐부를 살피시는 하나님이시다. 하나님을 두려워하지 않고 세상을 살아가는 자들은 인생의 길이 막힐 때 스스로 자기 목숨을 끊어 하늘에 올라갈지라도 하나님은 거기 계시며, 지옥을 가겠다고 음부에 자리를 펼지라도 음부를 다스리시는 하나님이시다(시 139편 참고). 인간은 하나님을 피해 은밀한 곳에 숨어 살 수 없다. 인간의 생각으로 술람미도 낭떠러지 위험한 곳에 숨었지만 그런 술람미를 향해 손을 내미시는 하나님의 사랑이다. 하나님의 선택한 백성이 세상 것에 취해 하나님의

말씀을 떠나 새벽 날개를 치며 바다 끝에 가서 숨을지라도 하나님은 거기에 계시며 위험한 낭떠러지 그곳에서도 우리를 포기하지 않으시고 끝까지 우리를 말씀의 길로 인도하시는 분이 성령 하나님이시다.

세상에서 사람은 두 가지 분류형으로 살아간다. 하나는 창세전에 이미 선택한 하나님의 백성들이다.

> "그 기쁘신 뜻대로 우리를 예정하사 예수 그리스도로 말미암아 자기의 아들들이 되게 하셨으니" 엡 1:5

하나님의 택한 백성, 이를 표현하여 나의 비둘기라고 표현하셨다. 그렇다면 하나님의 선택된 백성은 다 하나님의 나라를 유업으로 받을 수 있는가? 그렇지 않다. 아무리 하나님의 백성으로 선택을 받았다 할지라도 예수 이름으로 거듭나지 않으면 알곡이 여물지 못해 쭉정이가 되어 가라지처럼 밖에 버려지는 것이다.

또 한 분류는 하나님의 백성을 훈련하시기 위해 세상에 심겨 놓은 가라지들이다. 가라지는 벼와 너무나 똑같이 닮아서 구분하기가 쉽지 않다. 하지만 추수 때가 되면 확연하게 구분 되어진다. 벼는 알곡을 품고 있고 가라지는 가라지 씨를 품고 있어 농부는 추수 때가 되면 가라지는 불에 태워버린다. 그냥 버려두면 그 가라지 씨앗들이 다음 해에 농사를 망치기 때문이다. 하나님께서는 당신의 나라 새 하늘과 새 땅을 준비하셨다. 그곳이 우리가 예수 이름으로 들어가야 될 가나안이다.

나의 사랑 나의 신부야 일어나 함께 가자

"우리는 진흙이요 주는 토기장이시니 우리는 다 주의 손으로 지으신 것이라" 사 64:8

"토기장이가 진흙 한 덩이로 하나는 귀히 쓸 그릇을, 하나는 천히 쓸 그릇을 만드는 권이 없겠느냐" 롬 9:21

생명을 얻지 못한 자는 하나님을 알지 못한다. 하지만 생명을 얻은 자는 하나님께서 하시는 일이 믿어지는 것이다. 그럼에도 믿음이 연약한 자는 위험한 바위 틈에 숨어 세상을 향해 기웃거리고, 우상 앞에 절하며 믿음의 양다리를 걸치고, 위험한 줄타기 신앙생활을 한다. 이러한 자는 자기의 지혜로 위험한 지뢰를 밟아 자기 수명이 다하지 못한 채 죽기도 한다. 독성이 강한 전갈에 물려 죽음의 공포를 느끼기도 하고 부모들의 잘못된 신앙으로 인해 자녀들이 낭떠러지에서 떨어져 낭패를 당하기도 한다. 순간순간 죽음의 공포를 느끼는 아찔하고 위험한 신앙생활을 하면서도 그들은 하나님의 말씀으로 온전히 돌아오지 않는다. 이것이 하나님을 온전히 믿지 못하는 악함이다. 하나님의 택한 백성은 말씀으로 돌아오지 않고는 인생의 해결점이 없다. 말씀을 믿는 자에게 주어지는 안전지대가 말씀의 요새다.

믿음의 신부는 거짓이 없는 사랑의 표현을 복음 전함으로 확증한다. 믿음이 약한 하나님의 백성이 하나님을 떠나 낭떠러지 위험한 곳에 머물러 살아가고 있다면 때를 얻든지 못 얻든지 우리는 말씀을 그들에게 전해야 한다. 하나님의 관심은 하나님을 떠나 위험 가운데 살아가는 연약한 자에게 있다. 잃어버린 양 그들이 예수님의 음성을 듣고 말씀으로 돌아와 주님을 찬양하며 기도하는 소리, 또한 그들의 믿음이 성장하여 복음을 전하는 소리를 하나님의 귀에 들리게 하라는 것이다. 이것이 하나님을 기쁘시게 하며 하나님의 거룩한 신부로 나아가는 길이다.

"누구든지 사람 앞에서 나를 시인하면 나도 하늘에 계신 내 아버지 앞에서 저를 시인할 것이요" 마 10:32

복음의 소리를 내는 자의 소리가 부드러운 신부의 음성이고 복음의 소리를 내는 자의 얼굴이 아름답다는 것이다. 하나님은 우리의 중심을 보신다.

아가서 2장 15절   우리를 위하여 여우 곧 포도원을 허는 작은 여우를 잡으라 우리의 포도원에 꽃이 피었음이라

신앙은 분별력이 매우 중요하다. 신앙의 분별력은 말씀 안에서만이 얻을 수 있다. 세상에 그럴싸한 말로 얻어지는 것이 아니다. 그런데 말씀을 가까이 하지 않고 다른 사람의 말을 듣고 분별력 없는 신앙생활을 하는 사람이 많다. 어떤 것이 말씀의 길인지 이 말을 들으면 이 말이 맞는 것 같고 저 말을 들으면 저 말도 맞는 것 같아 말씀 안에 참 기쁨을 찾지 못하고 향방 없는 신앙생활을 한다.

하나님은 우리를 말씀으로 인도하신다. 말씀의 길이 생명의 길이다. 말씀의 길을 찾지 못하면 악한 사탄은 분별력 없는 자를 공격한다. 우리는 말씀 안에서 바른 분별력을 가지고 우리의 신앙생활을 방해하는 작은 여우를 잡아야 한다. 어두움의 사탄은 자신의 모습이 노출되면 사라진다. 빛과 그림자와 같다. 그림자가 아무리 짙어도 빛이 들어오면 그 그림자는 모습을 찾은 수가 없다. 우리는 하나님의 말씀과 기도로 전신갑주를 입고 깨어 있어야 한다. 우리의 싸움은 복음의 길을 가기 위함이다.

> "우리의 씨름은 혈과 육의 대한 것이 아니요 정사와 권세와 이 어두움의 세상 주관자들과 하늘에 있는 악한 영들에게 대함이라" 엡 6:12

예수 믿는 자는 육의 소욕과 생명을 걸고 싸워야 한다. 육의 소욕을 이기지 못하고 먹음직도 하고 보암직도 한 세상 유혹을 떨쳐 버리지 못한다면 믿음으로 승리할 수가 없다. 육신의 힘은 복음을 위해 싸우는 것이다. 우선순위가 말씀의 순종과 하나님 나라의 의를 구하는 기도로 나아가는 자는 물질과 건강과 자녀들의 길을 평안으로 인도해 주신다. 범사가 잘 되는 복이다. "무얼 먹을까 무얼 마실까 염려하지 말라 이는 다 이방인들이 구하는 것이라"고 하셨다.

우리의 관심과 하나님의 관심이 다르기 때문에 기도의 응답을 받지 못한다. 하나님께서는 하나님의 뜻이 이 땅에 이루어지는 일에 관심이 있다. 그런데 우리는 육신의 편안함에 관심이 있기 때문에 하나님의 거룩한 신부로 세워지지 못한다. "너희가 먼저 그의 나라와 그의 의를 구하라 그리하면" 우리가 구하는 모든 것을 주시는 하나님이시다. 그런데 우리는 하나님을 믿지 못하고 하나님 나라의 의를 구하는 삶보다는 잘 먹고 잘 사는 육의 소욕이 더 강하다.

날마다 눈만 뜨면 씨름하는 것이 무엇인가? 남들보다 좀 더 잘 사는 것, 남들보다 더 좋은 옷을 입고 싶고 우리 자녀가 다른 사람의 자녀보다 더 잘되는 것에 목숨을 걸고 살아간다. 하나님과 원수가 되는 것은 육신의 정욕, 식욕, 성욕, 여러 가지 육체를 자극 시키는 것이다. 이러한 것은 목숨 걸고 육신을 복종시켜 기도를 해도 이루어지지 않는다. 만일에 예수님이 없이 이러한 세상에 풍요가 채워졌다면 그것은 하나님의 저주다. 육신의 정욕, 식욕, 성욕, 그 외에도 육체를 자극 시키는 먹음직도 하고 보암직도 한 세상적 풍요로는 결코 천국에 갈 수가 없다. 마음이 세상 것으로 행복하며 사는 세상 가치관의 부자는 낙타가 바늘귀로 들어가는 것보다 천국 가는 것이 더 어렵다고 말씀하셨다.

"예수께서 제자들에게 이르시되 내가 진실로 너희에게 이르노니 부자는 천국에 들어가기가 어려우니라 다시 너희에게 말하노니 약대가 바늘귀로 들어가는 것이 부자가 하나님 나라에 들어가는 것보다 쉬우니라" 마 19:23~24

세상의 가치관을 더 중요하게 여기는 자는 천국에 가지 못한다. 하나님 나라는 성령으로 거듭난 자가 시공간을 초월하여 바람처럼 바늘귀를 통과한다. 육신의 생각으로는 갈 수가 없다. 세상적 부유함을 사랑하는 자는 천국백성이 될 수 없다. 세상 것을 놓지 못하는 자는 자기욕심이 자기를 죽인 것이다. 작은 여우는 이러한 자를 공격한다. 하나님의 백성으로 나아가지 못하도록 육의 소욕이 먹음직도 하고 보암직도 하여 자기 육체를 육의 소욕 속에 복종시킨다.

우리는 하나님의 말씀의 거룩함으로 우리의 육체를 복종시켜야 한다. 세상 것으로 속지 말아야 한다. 그러기 위해서 우리는 신앙의 분별력이 있어야 한다. 세상 것에 머물게 하고 하나님의 것을 찾지 못하도록 주위를 산만하게 만드는 작은 여우를 잡아야 한다.

교회 안에서도 방심하면 안 된다. 하나님의 일을 방해하는 작은 여우가 성도들이 신앙생활을 못하도록 그럴 사한 말과 행동으로 방해하는 사탄의 계략을 펼친다. 우리는 잘 분별해야 한다.

우리가 말씀을 벗어나서는 인간의 힘으로도 지혜로도 그 어떤 것으로도 사탄의 계략을 이길 수가 없다. 우리는 신앙생활을 하면서 하나님의 것과 세상 것을 잘 분별하여 하나님의 선한 청지기로 살아가야 한다. 하나님의 것은 크고 작음에 있는 것이 아니다.

우리들의 믿음은 하나님을 향하여 달려오는 동안 자신도 모르게 성장되는 것을 알 수 있다. 믿음의 성장은 복음의 능력으로 나타난다. 포도원에 꽃이 피었다면 교회 와 각자의 믿음 안에 복음의 열매는 자연히 맺힌다. 그렇지만 신앙의 방심은 위험하다. 악한 자는 우는 사자처럼 교회를 무너뜨리려 하고 우리들의 신앙을 연합하지 못하도록 흩어 놓는다. 신앙은 말씀 안에 깨어있지 않으면 교회도 우리의 자신의 신앙도 사탄의 공격을 받는다. 말씀만이 우리를 지키는 안전지대 요새다.

아가서 2장 16절 나의 사랑하는 자는 내게 속하였고 나는 그에게 속하였구나 그가 백합화 가운데서 양 떼를 먹이는구나

술람미 여자의 믿음의 성장이다. 그녀는 예수님이 자기 마음 안에 있다는 것을 깨달았다. 예수님께서 술람미를 얼마나 많이 사랑하고 자기 자신이 예수님을 얼마나 많이 사랑하는 줄을 깨달은 신앙고백이다. 술람미 여자는 예수의 이름으로 너무 기쁘고, 세상의 어떤 것과도 바꿀 수 없는 보화로, 세상은 줄 수도 없는 기쁨과 평안이 마음 안에 자리를 잡았다. 믿음의 성장과 성령 충만이다. 이것이 하나님이 주신 기쁨이다. 한 영혼을 사랑하고 기다려주시는 예수님! 술람미는 양떼를 먹이시는 예수님을 깨닫고 입술을 열어 복음을 전한다. 사도 바울이 하나님의 속성을 알지 못했을 때는 사울에 위치에서 하나님의 일을 방해하였다. 그러나 하나님의 나라를 보고 하나님의 섭리를 깨달은 후에는 사울이 변하여 사도 바울로 많은 영혼을 하나님께로 인도했으며 성경 13편의 말씀을 성령 하나님의 지시로 우리에게 주셨다.

"네가 마음의 문을 열면 나는 너로 더불어 먹고 너는 나로 더불어 먹으리라" 우리가 하나님의 말씀을 믿고 말씀대로 마음의 문을 열고 주님과 동행을 한다면 예수님은 그러한 자를 말씀 안에서 사랑하고 축복해주신다.

하나님의 축복은 말씀을 벗어나서는 하나님의 능력이 나타나지 않는다. 말씀을 믿고 말씀을 따라 순종할 때 우리는 하나님께 속하고 순종하는 자는 말씀의 향기를 토해내며 양떼를 먹인다.

건강한 교회는 목회자가 영적으로 깨어 있다. 교인들은 그 영적인

공급을 받아 영적으로 건강하며 생각과 마음이 말씀으로 하나 되어 일치를 이룬다. 건강하지 못한 교회는 첫째 목회자가 영적으로 건강하지 못하다. 그 영성의 흐름은 교인들에게 미쳐 교인들조차 영적 분별이 없고 어리석은 신앙생활을 한다. 말라기에서 주님의 음성을 듣고자 한다.

"내 이름을 멸시하는 제사장들아 나 만군의 여호와가 너희에게 이르기를 아들은 그 아비를, 종은 그 주인을 공경하니니 내가 아비일찐대 나를 공경함이 어디 있느냐 내가 주인일찐대 나를 두려워함이 어디 있느냐 하나 너희는 이르기를 우리가 어떻게 주의 이름을 멸시하였나이까 하는도다" 말 1:6

세월이 변천되면 될수록 하나님께 드리는 예배가 인본주의로 드려지고 있다. 초대교회가 영혼을 향하는 마음이 있었다면 21세기의 교회는 돈이 우상이 되고 돈의 가치가 하나님의 영역까지 소리를 높이고 있다. 하나님께 드리는 예배는 피의 제사다. 이전 시대나 이후 세대나 변함없이 세상에 종말이 올 때까지 이 땅에서 드리는 예배는 피의 제사인 것이다.

"레위와 세운 나의 언약은 생명과 평강의 언약이라" 말 2:5

"우리는 한 아버지를 가지지 아니하였느냐 한 하나님이 지으신 바가 아니야 어찌하여 우리 각 사람이 자기 형제에게 궤사를 행하여 우리 열조의 언약을 욕되게 하느냐" 말 2:10

교회 안에 교인이 백 명이 있든, 천 명이 있든, 만 명이 있든, 십만 명이 모여 예배를 드린다 할지라도 알곡이 보이지 않고 쭉정이 신앙으로 키워졌다면 눈먼 것, 병든 것, 세상 것으로 하나님 앞에 가져온다는 것이다. 그런데 우리가 무엇을 잘못했느냐고 말한다.

술람미 여자는 하나님의 말씀으로 많은 영혼들을 깨우고 그 깨워진 영혼이 또 다른 영혼을 깨워서 하나님의 거룩함을 드러내었다. 이것이 아가페 사랑이다.

그런데 현대 교회가 말씀의 목적이 변질되어 하나님의 예배가 상실되고 인본주의로 나아가고 있다. "우리가 어떻게 주의 이름을 멸시하였나이까" 하나님께 반문함은 목회자나 성도나 잘못된 것이 없다는 것이다. 목회자는 교인들의 신앙이 잘못되었다고 말하고 교인은 목회자가 잘못되었다고 한다.

"너희가 더러운 떡을 나의 단에 드리고도 말하기를 우리가 어떻게 주를 더럽게 하였나이까 하는도다 이는 너희가 주의 상을 경멸히 여길 것이라 말함을 인함이니라 만군의 여호와가 이르노라 너희가 눈먼 희생으로 드리는 것이 어찌 악하지 아니하며 저는 것, 병든 것으로 드리는 것이 어찌 악하지 아니하냐 이제 그것을 너희 총독에게 드려 보라 그가 너를 기뻐하겠느냐 너를 가납하겠느냐, 만군의 여호와가 이르노라 너희가 내 단위에 헛되이 불사르지 못하게 하기 위하여 너희 중에 성전 문을 닫을 자가 있었으면 좋겠도다 내가 너희를 기뻐하지 아니하며 너희 손으로 드리는 것을 받지도 아니하리라, 만군의 여호와가 이르노라 너희가 또 말하기를 이 일이 얼마나 번폐스러운고 하며 코웃음하고 토색한 물건과 저는 것, 병든 것을 가져왔

나의 사랑 나의 신부야 일어나 함께 가자

느니라 너희가 이같이 헌물을 가져오니 내가 그것을 너희 손에서 받겠느냐 여호와의 말이니라" 말 1:7~8,10,13

교회 안에 헌금은 많이 가져오는데 그 헌금이 하나님의 마음과 사람의 마음이 하나 되지 못하고 물질이 풍요해질수록 예배가 인본주의로 변질되고 있다. 하나님의 관심은 물질에 있는 것이 아니다. 우리는 예수님의 피로 거듭나야 한다. 그런데 헌물을 신앙의 중심으로 가르치고 예배하고 성도들을 병들게 하고 있다. 돈이 있어야 가난하고 소외된 자들도 돌아보고 선교사님들의 파송이 이루어진다는 것을 우선시한다. 그러나 이러한 것은 교회가 마땅히 교인들의 십일조와, 절기헌금 감사헌금으로 감당하는 것이다. 목회자는 생명을 살리는 일에 목숨을 걸어야 한다. 영혼들을 살피고 한 영혼, 한 영혼을 말씀으로 접붙여 하나님을 기쁘시게 하는 피의 제사다. 우리 개인이 말씀으로 거듭나지 않고는 아무리 많은 헌신을 해도 하나님을 기쁘시게 할 수 없다.

"너희 제사장들아 이제 너희에게 이같이 명령하노라 만군의 여호와가 이르노라 너희가 만일 듣지 아니하며 마음에 두지 아니하여 내 이름을 영화롭게 하지 아니하면 내가 너희에게 저주를 내려 너희의 복을 저주하리라 내가 이미 저주하였나니 이는 너희가 그것을 마음에 두지 아니하였음이라… 똥 곧 너희 절기의 희생의 똥을 너희 얼굴에 바를 것이라 너희가 그것과 함께 제하여 버림을 당하리라… 레위와 세운 나의 언약은 생명과 평강의 언약이라… 그 입에는 진리의 법이 있고 그 입술에는 불의함이 없으며 많은 사람을 돌이켜 죄악에서 떠나게 하였느니라 대저 제사장에 입술은 지식을 지켜야 하겠고... 율법을 행할 때 사람에게 편벽되이 하였으므로 나도 너희로 모든 백성 앞에 멸시와 천대를 당하게 하였느니라" 말 2:1~9

하나님의 기름부음을 받은 목회자의 영적인 권위가 인본주의로 말씀을 전한다면 교인들은 그로 말미암아 하나님의 관계가 깨어지고 인본주의의 잘못된 신앙으로 하나님께 축복을 받지 못한다. 부모의 잘못된 사상은 자녀에게 흐르고 잘못된 스승의 가르침은 제자들에게 흐른다.

지금은 우리가 다시 한 번 하나님의 은혜를 구해야 될 때이다. '코로나'라는 전염병이 온 세상을 덮었다. 하늘 길이 막히고 바다가 막히고 이웃이 막히고 5인 이상 모이지 못하게 하므로 가족마저도 막히는 이 엄청난 재앙은 분명 하나님의 진노이다. 단순한 전염병으로 보면 안 된다는 것이다. "앗사리온에 팔려가는 참새 한 마리도 하나님이 허락하지 아니하면 땅에 떨어지지 않는다"고 하셨다. "두려워하지 말라 너희는 참새보다 귀하니라"이런 하나님이 우리의 아버지시다. 믿는 자는 하나님의 진노 가운데서도 하나님의 선하신 손길을 보고 믿음을 잃지 않아야 한다. 코로나를 예방하는 백신으로 전염병에서 풀어준다 할지라도 하나님의 사람들이 회개하고 말씀으로 돌아오지 않는다면 앞으로 더 큰 재앙이 내려질 것이다. 우리는 하나님께로 돌아와야 한다. 하나님의 거룩한 신부로 준비해야 된다.

"이스라엘 족속아 돌이키고 돌이키라 너희 악한 길에서 떠나라 어찌 죽고자 하느냐" 겔 33:11

나의 사랑 나의 신부야 일어나 함께 가자

돌아오고 돌아오라 술람미 여자야!

아가서 2장 17절 나의 사랑하는 자야 날이 기울고 그림자가 갈 때에 돌아와서 베데르산에서의 노루와 어린 사슴 같아여라

"날이 기울었다" 말씀함은 인생은 잘났든 못났든 사람은 다 죽는 다고는 의미다. 우리가 하루하루 살아간다는 것이 축복이고 기회다. 말씀에서 나타내는 날이 좋지가 않다. 사람이 행동을 할 수 없는 밤이 온다는 것이다. 인생의 그림자가 없어질 때라 인생의 날이 기울어 예수님 품에 안긴 자를 향해 "힘들고 어려운 신앙의 길을 참 잘 달려왔다 사랑스러운 자여" 하는 말씀과도 같다.

그러나 필자는 아직 기회가 있는 말씀으로 보려 한다. 말씀은 베데르산을 지명하고 노루와 어린 사슴을 언급한다. 베데르산은 예루살렘의 남서쪽에 자리 잡고 있으며 계곡이 깊고 바위가 갈라짐이 심하고 비탈진 곳이 많은 산이다. 노루는 사슴과에 속해 높은 산 계곡 험한 비탈길을 잘 오르는 능력이 있다.

무엇을 말씀함일까? 위험한 곳 비탈진 곳 인생의 험난한 곳이 너무 많아 신앙생활을 포기하는 분들이 많다. 그러나 하나님을 믿는 믿음이 있다면 넉넉히 베데르산을 넘을 수 있는 조건으로 하나님께서 우리를 만드셨다. 환경을 바라보면 내 생각의 지배를 받지만 하나님의 말씀을 바라보면 이 산을 들어 바다에 던지는 능력이 하나님께 있음을 고백할 수 있다. 앞을 가로막은 홍해바다를 바라보고 발을 동동 거리는 것이 아니라, 바다를 만드시고 바다를 다스리시는 능력의 하

나님을 바라보아야 한다. 하나님의 백성은 어떤 어려움 속에서도 하나님께 기도하면서 도움을 요청하고 죽으면 죽으리라는 믿음으로 기다리는 것이다.

회당장 중 한 사람 야이로라 하는 사람에게 12살 된 어린 외동 딸이 있다. 그 딸이 죽을 병이 들어 더 이상 희망이 없자 예수님께 살려달라고 간구했다. 예수님의 손을 딸에게 얹으사 구원을 얻어 살게 해 달라는 야이로의 기도는 그저 구원을 바라는 마음으로 딸을 살려달라고 하는 기도다. 그러나 야이로의 급한 상황에도 응답은 바로 이루어지지 않았다. "예수님과 함께 가실 새 큰 무리들이 따라가며 예수님을 둘러싸고 밀더라" 말씀한다. 야이로의 말을 들으시고 예수님께서 야이로의 집으로 가는 길이 평탄치만은 않았다. 많은 무리로 인하여 예수님의 발걸음은 계속 지체되고 그 와중에 혈류병 환자까지 끼어들어 야이로를 방해한다. 이럴 때 야이로의 마음이 얼마나 불안하고 안절부절 했을지 짐작으로 알 수 있다. 그런데 지체되는 동안 야이로의 집에서 사람들이 와서 야이로의 딸이 죽었다는 소식을 전했다. 더 이상 희망이 없는 딸의 죽음 앞에서 예수님께서는 야이로에게 믿기만 하라 말씀하신다(막 5:22-36).

"예수께서 가라사대 내 말이 네가 믿으면 하나님의 영광을 보리라" 요 11:40

말씀을 믿고 끝까지 예수님 곁을 떠나지 않았던 야이로의 믿음이 딸을 살린 것이다. 이미 야이로의 집에는 아이의 죽음으로 훤화함과 사람들의 우는 소리로 가득했다고 말씀은 전한다. 그러나 그때까지도

나의 사랑 나의 신부야 일어나 함께 가자

야이로는 예수님 곁에 있었다는 사실을 볼 수 있다. "달리다굼 소녀야 일어나라" 야이로의 믿음 안에서 일하시는 하나님이시다. 죽음을 각오한 자가 하나님의 능력을 볼 수 있다. 왜 이렇게까지 인내하며 기다려야 기도의 응답을 얻을 수 있을까? 무엇 때문일까?

"둘러선 무리를 위함이니 곧 아버지께서 나를 보내신 것을 저희로 믿게 하려 함이니이다" 요 11:42

그것은 우리의 믿음을 단련하시기 위함도 있지만 주위에 있는 자들에게도 소망을 주기 위함이다. 그리고 하나님의 능력을 통해 하나님의 자녀를 얻고 우리의 믿음을 더 큰 믿음으로 키우신다. 독수리가 새끼를 훈련하는 것과 같다. 독수리 새끼는 타고난 성품도 강하지만 강한 훈련을 통해 더 강한 독수리가 된다. 하나님께서도 하나님의 백성을 강한 용사로 훈련하신다. 하나님의 강한 용사로 훈련 받지 못한 자는 세상을 이길 수 있는 믿음의 용사가 될 수 없다. 광야에서 훈련 받지 않고 인생의 쓴맛을 경험하지 못한 하나님의 사람은 없다. 하나님의 사람은 훈련하는 방법만 다를 뿐이다. 믿음은 훈련 가운데서 성장한다.

하나님의 백성이 출애굽 할 때 많은 장애물들이 하나님의 백성을 가로 막았다. 하지만 날씨가 어둡고 추울 때는 불기둥으로, 너무 더울 때는 구름 기둥으로 인도하시고, 홍해 바다가 가로 막을 때는 바다에 길을 내시고, 물이 없어 안절부절 하면 광야에서 물을 내어주시고, 물이 써서 먹을 수 없고 목에 갈증을 호소할 때는 단 물로 바꾸어주시고, 고기를 먹고 싶다고 하면 메추라기를 몰아 육십만이 넘는 이스라엘 백성을 먹이셨다. 이와 같은 모든 능력은 모세, 아론, 여호수아의 힘으로 한 것이 아니라 오직 하나님께서 하셨다.

그런데 하나님의 능력이 나타나는 장애물 앞에서 많은 사람들은 믿음이 흔들리고 원망과 싸움이 일어난다. 믿음은 죽음을 각오해야 한다. 인생이 고달파 죽고자 하는 마음이 아니라 하나님 앞에서 자기의 육신의 삶 즉, 모든 것을 복종시켜야 한다. "너희가 살고자 하느냐 죽을 것이요 죽고자 하느냐 살 것이라"하는 말씀처럼 죽으면 죽으리라 하는 믿음에서 하나님의 능력이 나타난다.

> "주 여호와의 말씀에 나의 삶을 두고 맹세하노니 나는 악인이 죽는 것을 기뻐하지 아니하고 악인이 그 길에서 돌이켜 떠나서 사는 것을 기뻐하노라 이스라엘 족속아 돌이키고 돌이키라 너희 악한 길에서 떠나라 어찌 죽고자 하느냐 하셨다" 겔 33:11

하나님의 말씀을 믿고 자기의 인생을 다 하나님께 맡기는 자, 죽으면 죽으리라 하는 그는 분명 하나님께서 붙드시고 생명의 길로 인도하신다. 육신의 것을 하나님께 맡기지 못하고 온 마음을 다해 지키려는 그는 세상에서 잘될지는 몰라도 하나님의 형벌을 면치 못한다. 믿음은 하나님께서 걸어오시는 길이다. 우리 안에 하나님께서 일하실 수 있도록 넓은 길 튼튼한 믿음의 길을 내어 복음의 능력을 나타내어야 한다.

어떤 환경이 가로 막아도 우리의 믿음 안에서 하나님은 일하신다.

나의 사랑 나의 신부야 일어나 함께 가자

하나님은 우리에게 믿기만 하라 하신다. 하나님께서 일하시는 것을 믿음의 눈으로 보라는 것이다. 그런데 그 믿음이 입술로는 되는데 현실 앞에서는 기다리지 못하고 인간의 방법을 선택한다. 하나님을 믿지 못하기 때문에 기다리지 못한다.

하나님의 법궤를 옮기는 과정에서 소들이 뛰니까 인간의 힘으로 법궤를 붙들었던 웃사는 그 자리에서 죽었다(삼하 6:3-11). 하나님을 믿는 믿음은 말씀 안에서 순종이 이루어지며 말씀을 믿고 기다려야 한다. 환경을 보고 인간적인 방법을 선택하면 안 된다. 하나님을 믿는 그 믿음이 세상의 모든 것을 이길 수 있는 믿음이고, 그 믿음이 곧 능력이다.

"예수께서 대답하여 저희에게 이르시되 하나님을 믿으라" 막 11:22

믿음에는 사랑이 있다. 정말 하나님을 사랑한다면 믿어야 한다. 사랑하는 자를 위해 목숨을 내놓을 수 있는 것이 믿음이다. 믿음 소망 사랑은 세상에 모든 것을 이기는 능력이 된다.

Yet I am always with you;

you hold me by my right hand

내가 항상 주와 함께 하니 주께서 내 오른손을 붙드셨나이다 _시 73:23

끈질긴 신앙

하나님의 비밀을 찾아 발견하는 기쁨

Song of Songs
Solomon's Song of Songs

아가서 3장 1절 내가 밤에 침상에서 마음에 사랑하는 자를 찾았구나
찾아도 발견치 못하였구나

"침방"은 말씀과 기도다. 술람미가 마음에 사랑하는 자를 찾았다
는 것은 말씀을 사모하여 날마다 말씀을 읽고 기도로 주님의 음성 듣
기를 기뻐했다는 것이다.

"이것을 읽으면 그리스도의 비밀을 내가 깨달은 것을 너희가 알 수 있으리라"
엡 3:4

믿음을 가지고 말씀을 읽고, 믿음을 가지고 기도하면 하나님의 말
씀을 깨닫게 되고 하나님의 속성을 알게 되는 것이다. 말씀 안에서 예
수님을 찾지 않는 자는 성령 하나님을 만날 수가 없다. 예수님과의 만
남은 성령 체험이 아니다. 성령 체험과 예수님의 만남을 착각하면 안
된다. 예수님과의 만남은 말씀 안에서 인생의 답을 얻는 기쁨이다. 그
것이 신부가 신랑과 함께하는 가장 편안한 침방이다. 밤에 침상에서
신부의 마음이 신랑을 찾았다 말씀한다. 신부가 신랑을 찾는 적극적
인 사랑고백이다. 우리는 얼마나 말씀을 읽으며 주님의 음성을 듣고

나의 사랑 나의 신부야 일어나 함께 가자

자 사모했던가! 혹 성경을 읽는데만 집중하여 주님의 음성을 듣지 못한 자는 아닐까? 이러한 자는 아무리 성경을 많이 읽어도 말씀 안에서 주님의 음성을 듣고 거듭나지 못한다. 거듭나지 못한 신앙은 올바른 신앙생활이라 할 수 없다.

말씀을 봐도 무슨 뜻인지, 무슨 말씀인지를 알지 못하고 읽는 데에만 열심을 내는 분들이 많다. 성경을 몇 독을 했느냐가 중요한 것이 아니다. 말씀 안에 신랑 되신 예수님을 만났느냐가 중요하다.

말씀은 성령의 감동으로 쓰여져 있어 그 안에서 예수님을 찾지 못하면 진리의 말씀을 깨달을 수가 없다. 말씀은 비유법을 들어 성령의 감동으로 쓰여 졌다. 믿음으로 말씀을 읽고, 믿음을 가지고 예수님을 찾고, 예수님을 사랑하는 신앙고백에서 말씀을 깨닫는 눈이 열린다.

"너희가 전심으로 나를 찾고 찾으면 나를 만나리라" 렘 29:13

말씀 안에 계시는 예수님의 음성을 쉽게 들을 수 있고 기도한 대로 응답이 빨리 열린다면 아마도 예수 믿지 않는 사람은 세상에 없을 것 같다. 예수님은 쉽게 말씀 안에서 보여지지가 않는다. 학식이 있다고, 세상의 지혜를 가졌다고, 세상적으로 아무리 박식해도 인간의 힘으로는 말씀을 깨달을 수가 없다.

니고데모는 당시 관원이며 바리새인이었다. 그는 율법을 공부하고 외우고 학식이 있었다. 그런데 하나님 안에 거듭남이 무슨 뜻인지를 몰라 예수님을 찾아와 거듭남이 무엇이냐고 물었다. 한 번 죽어 어미의 뱃속에서 다시 태어나야 거듭나는 것이냐고 질문한다.

사도 바울 또한 말씀 안에서 주님의 음성을 듣기 전에는 율법의 소리를 높여 예수 믿는 성령으로 거듭난 사람들을 핍박했다. 이러한 사도 바울이 말씀의 거듭남으로 사울에서 사도 바울로 복음서를 기록하였다. 그 복음서는 지금도 살아서 우리를 예수님과 접붙이고 있다. 사도 바울이 처음부터 말씀을 기록하고자, 전하고자, 말씀을 읽고 기도한 것이 아니다. 거듭남이 없이는 하나님을 기쁘시게 할 수 없다.

"이는 내가 사람에게서 받은 것도 아니요 배운 것도 아니요 오직 예수 그리스도의 계시로 말미암은 것이라" 갈 1:12

성경은 살아있는 하나님의 말씀이다. 말씀을 읽을 때는 자기 생각을 내려놓아야 한다. 말씀을 읽는 자가 주님의 음성을 듣는 것에 귀를 기울이지 않고 이 말씀으로 설교해야지, 이 말씀으로 아이들에게 가르쳐야지, 이 말씀으로 누구누구에게 전해야지, 말씀을 많이 읽어 말씀을 많이 알아야지 하는 신앙은 주님의 음성을 들을 수가 없다. 말씀은 누구를 가르치는 것이 아니라 내가 듣고 내가 거듭나는 것이다. 내가 거듭남으로 말씀을 전하고 가르치는 것이다.

생명의 말씀을 읽을 때 주님의 음성을 듣고자 하는 안타까운 마음과 예수님을 사랑하는 마음을 품고 찾을 때 주님의 음성을 들을 수 있다.

"베뢰아 사람은 데살로니가에 있는 사람보다 더 신사적이어서 간절한 마음으로 말씀을 받고 이것이 그러한가 하여 날마다 성경을 상고하므로 그 중에 믿는 사람이 많고" 행 17:11

나의 사랑 나의 신부야 일어나 함께 가자

믿음은 끝까지 기다리고 찾아야 한다. 때로는 기도를 해도 응답이 없고 환경은 더 기울어져가고 불안한 마음도 든다. 혼자 예수님을 짝사랑하는 것 같아 눈물이 나고 다른 믿음의 동역자들과 믿음의 안타까움을 나누며 기도한다. 그러면서도 신앙의 끈을 놓지 못하는 것은 마음 안에 확신 있는 믿음 때문이다. 확신이 없는 믿음은 언제든지 상황에 따라 신앙의 길을 떠난다. 이들은 처음부터 하나님을 기대하지 않은 자들이다.

하나님의 자녀라면 환경이 힘들고 어려울지라도 그럼에도 기다려야 한다. 말씀의 침방에서 예수님이 보이지 않을 때 그 영적인 쓸쓸함은 신앙의 자존감을 낮아지게도 한다. 아마도 한번쯤은 많은 분들이 영적인 우울감을 느끼셨으리라 생각한다. 어둠 속에서 예수님을 찾고, 우울한 가운데서 예수님을 찾고, 안타까운 현실 가운데서 믿음을 놓지 않고 끝까지 주님을 찾는 자를 만나주시는 하나님이시다. 그럴 때 달콤한 꿀맛 같은 주님의 음성을 듣는다. 그 말씀의 품이 얼마나 포근하고 기쁨이 있는지 말씀에서 눈을 떼지 않고 시간만 나면 말씀을 읽어 영적인 공급을 받는다. 이러한 신부를 말씀 안에서 어떻게 품어 주시는가.

"그가 왼손으로 내 머리에 베개하고 오른손으로 나를 안는구나" 아 2:6

신랑이 신부를 품어 왼손으로 베개 해주시고 오른손으로 안아 주시는 포근함은 세상의 그 어떤 것 하고도 바꿀 수 없는 행복이다.

신랑의 품의 안긴 신부의 평안이다. 주님의 왼손에는 부귀가 있고 오른 손에는 장수가 있다고 하셨다(잠 3:16). 예수님을 찾는 자, 예수님을 사랑하는 자, 예수님의 말씀을 전하는 자는 결코 헛되지 않는다. 더딜지라도 찾고 더딜지라도 기다리는 믿음은 세상 것과 바꿀 수 없는 보화를 얻을 것이다.

술람미가 어떻게 신랑의 품에 안기었는가를 통해서 우리는 각자의 위치에서 얼마나 예수님을 사랑하고 얼마나 그분의 영광을 나타내었으며 얼마나 부끄럽지 않은 신앙생활을 했는지 스스로를 돌아보아야 한다.

말씀을 떠나서는 인생의 해답이 없다. 세상에는 영원한 기쁨이 없다. 세상의 기쁨은 잠깐 있다가 없어지는 안개와 같다. 신랑 되신 예수님께서 영원한 기쁨이 주어지는 말씀으로 돌아오고 돌아오라고 말씀하신다. 말씀이 믿어지지 않는다면 자연을 보고 하나님을 믿으라는 것이다. 자연을 다스리시는 분이 우리 하나님이시다. 하나님을 몰라서 믿지 않았다고 핑계치 못한다.

"창세로부터 그의 보이지 아니하는 것들 곧 그의 영원하신 능력과 신성이 그 만드신 만물에 분명히 보여 알게 되나니 그러므로 핑계치 못할찌니라" 롬1:20

성부 하나님으로 세상을 창조하시고 성자 예수님으로 인간을 죄에서 십자가의 사랑으로 구원하시고 부활의 길을 내어주셨다. 또한 성령 하나님으로 우리 눈에는 보이지 않지만 말씀가운데서 운행하시며

나의 사랑 나의 신부야 일어나 함께 가자

시공간을 초월하여 우리를 부르시고 기다리시는 신실하신 삼위일체 하나님이시다. 신앙의 훈련 가운데 우리를 살피시고 행동을 달아보시며 우리의 믿음을 테스트하는 하나님이시다. 우리는 욥기서에서 신앙의 테스트하시는 하나님을 만날 수 있다.

욥의 자녀들이 다 죽고 물질은 다 빼앗기고 욥의 건강은 만신창이가 되었다. 주위에 있는 사람들의 비웃음은 욥을 힘들게 하고 괴롭게 했다. 함께 신앙생활 했던 친구들조차도 욥의 신앙이 잘못되었다고 죄 없이 망하는 사람이 어디 있느냐며 너의 죄를 돌아보라고 한다. 욥의 악함을 친구들이 보았다고 거짓 증언까지 하였다. 욥의 입장에서 보면 얼마나 억울했을까! 하나님의 말씀대로 살려고 자녀들의 신앙까지도 흔들리지 않도록 신경 쓰며 살았는데 하루아침에 모든 것을 다 빼앗기고 죽음의 덫에 걸렸다. 동방에서 제일가는 부자였지만 이제는 자기가 부리는 종도 욥을 무시했다. 그의 친구들도 욥이 잘 살 때 얼마나 도움을 받았을 텐데 욥을 비난한다. 욥의 신앙은 그의 신앙고백에서 우리는 믿음의 길을 찾아야 한다.

"주신 자도 여호와시요 취하신 자도 여호와시오니 여호와의 이름이 찬송을 받으실찌니이다 하고 이 모든 일에 욥이 범죄 하지 아니하고 하나님을 향하여 어리석게 원망하지 아니하니라" 욥 1:21.22

사람은 하나님의 피조물이다. 피조물은 하나님을 떠나서는 살 수 없다. 피조물이 하나님을 향하여 원망한다는 것은 어리석은 것이다.

신앙의 고백은 힘들고 어려움 속에서 하나님을 찬양하며 믿음의 꽃을 피워야 한다. 얼마나 긴 여정 속에 욥의 믿음을 테스트하셨는지 욥기서 전체에서 찾아볼 수 있다.

욥은 37장에 와서야 하나님의 음성을 듣는다. 믿음에는 말씀을 믿고 기다리는 것이 매우 중요하다. 우리가 기도한 대로 모든 것이 열린다면 신앙생활이 얼마나 재미가 있을까! 하지만 신앙은 끝까지 포기하지 않는 자에게 주어지는 축복이다. 술람미 여자도 주님의 음성을 듣고 문을 열었지만 예수님이 보이지 않는 영적 암흑기가 있었다.

"내가 나의 사랑하는 자 위하여 문을 열었으나 그가 벌써 물러갔네… 내가 그를 찾아도 못 만났고 불러도 응답이 없구나" 아 5:6

하나님께서는 술람미의 믿음을 테스트하셨다. 주님의 음성을 듣고 마음에 문을 열었는데 예수님이 보이지 않았다. 술람미의 믿음을 테스트하시는 하나님께서 우리의 믿음도 테스트하심을 알아야 한다. 믿음은 보이지 않는 예수님을 말씀 안에서 보는 것 같이 기다리며 힘든 신앙의 자리를 지켜 나아가는 것이다. 기다림이 없이 하나님의 거룩함에 참여할 수가 없다. 믿음은 당장 얻어지는 것이 아니다. 말씀을 읽어도 주님의 음성이 들리지 않고, 열심히 헌신을 해도 주님의 음성이 들리지 않고, 기도를 해도 현실은 여전히 막막할 때 많은 사람들이 신앙의 힘을 잃고 미지근한 신앙을 유지하는 사람들이 많다. 하나님은 우리의 신앙의 행동을 달아보신다. 우리들의 신음 소리까지도 듣고 계시며 행동 하나하나 보고 계시는 성령 하나님이시다. 술람미 여

나의 사랑 나의 신부야 일어나 함께 가자

자가 적극적으로 예수님을 찾는 신앙의 모습에서 우리는 신앙의 도전을 받아야 한다(아 5:6~8).

신앙은 죽느냐 사느냐 하는 생명이다. 아브라함의 신앙의 훈련은 어디까지 믿음의 테스트를 하였는지 우리는 익히 알고 있다. 하나님의 약속으로 100세에 얻은 아들 이삭을 다시 하나님께 번제로 드리라 하셨다. 사람의 상식으로는 이해할 수 없다. 하지만 이 이해할 수 없는 것을 내려놓고 말씀을 순종하는 것이 믿음이다. 사람이 이해할 수 있게 천지 창조를 한 것이 아니다. 절대적인 하나님의 주권이다. 우리는 어디까지 하나님의 말씀에 순종할 수 있을까! 믿음은 절대적인 하나님의 권위에 순종해야 한다.

그런데 우리는 순종할 수 있는 믿음의 선이 있다. 여기까지는 순종할 수 있지만 거기까지는 할 수 없어 하는 신앙이다. 이것은 미성숙 단계다. 믿음은 100% 순종하는 것이다. 그것이 믿음이다. 순교자는 그냥 어쩌다 순교자가 되는 것이 아니다. 자기 생명을 내려놓은 자는 자기 가진 모든 것을 내려놓을 수 있다. 우리는 여기서 믿음의 순종을 잘못 이해하면 안 된다. 내려놓으라 하여 당장 가진 재산을 다 하나님께 드리고 자녀들을 하나님께 맡기며 자기 마음이 가는 대로 서원하라는 것이 아니다. 믿음의 조상 아브라함은 은 금이 풍부한 부자였다. 하나님의 자녀가 이 땅에서 가난하게 사는 것을 기뻐하시지 않는다. 주님께서 말씀하시면 순종할 수 있는지를 말씀하시는 것이다. 우리가 하나님의 절대 주권을 믿는다면 다 내놓을 수밖에 없다.

아나니아와 삽비라는 불순종으로 저주를 받았다. 땅이 팔리면 하나님께 드리겠다고 약속했지만 땅이 팔리자 땅값의 얼마를 숨겼기 때문이다. 과연 우리의 믿음은 아나니아와 삽비라보다 더 나은 신앙인가? 신앙은 절대 주권 앞에서 순종하느냐 안 하느냐의 차이다. 아브라함은 하나님의 절대 주권에 순종하여 절망에서 희망으로 죽음에서 생명으로 바꾸어주시는 하나님의 은혜를 입었다.

많은 사람들이 예수 믿고 하나님을 절대 주권으로 믿는다고 하지만 그 속마음은 다르다. 내 것과 하나님의 것을 구분하는 신앙인들이 많다. 여기까지는 순종할 수 있지만 이 부분은 할 수 없다는 신앙이다. 신앙은 완전 정복을 당하는 것이다. 신랑은 신부의 마음을 얻고 신부는 신랑의 마음을 얻는 것이다. 이러한 자에게 하나님의 능력이 나타난다.

아브라함은 끝까지 하나님의 절대 주권을 믿는 믿음으로 하나님의 은혜를 입었다. "그 아들에게 손대지 말라" 하시며 "네가 이제야 나를 사랑하는 줄 알겠다" 하셨다. 하나님을 절대 통치자, 절대 주권자로 믿어지기까지 우리의 믿음을 흔들어서 알곡과 쭉정이를 고르시는 하나님이시다. "그런즉 선 줄로 생각하는 자는 넘어질까 조심하라고 하셨다"(고전 10:12). 자신이 신앙생활을 잘하고 있다고 생각하는 자체가 교만이다.

"교만은 패망의 선봉이요 거만한 마음은 넘어짐의 앞잡이니라" 잠 16:18

과일나무는 때에 맞게 가지치기를 해야 좋은 열매를 맺을 수 있다. 주인은 가지치기를 할 때 하늘을 향해 뻗친 가지를 잘라버린다고 한

나의 사랑 나의 신부야 일어나 함께 가자

다. 이유는 가지가 하늘을 향해 뻗치면 과일이 열려도 뜨거운 햇빛으로 상처를 입어 좋은 열매가 될 수 없기 때문이다. 교만도 이와 같다. 하나님께서 가장 싫어하는 자는 하나님 앞에서 머리를 들고 잘난척하는 자이다. 교만한 자는 하나님의 훈련을 받을 수 없다. 하나님의 훈련을 받는다는 자체가 우리에게 축복이다.

우리들의 신앙생활 가운데 하나님의 간섭이 있다. 하나님께서는 우리들의 믿음을 계속적으로 테스트하시며 믿음을 성장시키신다. 국가 대표 선수가 금메달을 받아 기뻐하는 모습만 본다면 금메달의 가치를 알 수가 없다. 하지만 그들이 그동안 얼마나 많은 훈련을 하고 또 얼마나 힘들게 참아 견디어 내었겠는가! 금메달을 바라고 바라는 그 믿음으로 그 힘듦을 견디었다는 것이다. 믿음은 이런 것이다.

"믿음이 없이는 기쁘시게 못 하나니 하나님께 나아가는 자는 반드시 그가 계신 것과 또한 그가 자기를 찾는 자들에게 상주시는 이심을 믿어야 할지니라" 히 11:6

천국 문이 진주로 되어 있다. 그 진주 문을 누가 열고 들어갈 것인가! 그 열두 문은 열두 진주니 문마다 한 진주요(계 21:21) 진주는 조개 안에서 모래알이 진주로 만들어지기까지 조개는 아픔을 감당해야 한다. 사람이 하나님의 거룩한 백성으로 거듭나기 위해서는 우리의 육체가 영적인 소망을 바라고, 믿음의 눈물을 육체 가운데 채워야 한다. 이것이 아로새긴 상아에 청옥을 박힌 듯 예수 믿는 흔적들이다.

이에 내가 일어나서 성중으로 돌아다니며 마음에 사랑하는 자를 거리에서나 큰길에서나 찾으리라 하고 찾으나 만나지 못하였구나

신앙은 멈춰 있는 것이 아니다. 물은 흐르지 않고 고여있으면 썩어 악취를 낸다. 신앙도 멈춰있게 되면 영적 죽음의 냄새를 풍기는 것이다. 살아있는 물이 생명을 품듯 열심히 신앙생활 하는 자가 죽어가는 생명을 말씀으로 인도할 수 있다. 술람미의 신앙은 일어나서 열심을 내어 성 중으로 돌아다니며 복음을 전하면서 예수님을 찾았다. 그녀는 거리에서도 전도를 하고 사람들이 많이 다니는 큰 길에서도 복음을 전하며 신랑 되신 예수님을 찾았지만 자신의 처해 있는 아픔은 여전히 예수님이 오셔서 해결해 주지 않았다. 그녀는 그 아픔을 품으면서도 예수님을 향한 마음을 포기하지 않고 복음을 전했다. 너무나 힘들 때는 성중에 행순 하는 자들을 만나서 신앙의 힘듦을 나누었다. 필자 역시 신앙의 아픔을 믿음의 동역자들을 통해 상담함으로 주님의 음성을 간접적으로 들을 때가 많이 있었다. 믿음은 신앙의 암흑기를 통해 더 성숙해진다. 믿음의 선진들 역시 신앙의 암흑기가 있었고 그 암흑기를 통해 믿음이 성장한다. "눈물 젖은 빵을 먹어보지 않는 사람과 인생을 논하지 말라"고 한 것처럼 사람도 인생의 어려움을 통해 더욱 성숙해지고 삶을 살아가는 법을 배운다. 하물며 영적인 암흑기를 겪지 않고 어떻게 하나님의 속성을 알며 그의 거룩한 백성으로 세워질 수 있겠는가! 하나님의 백성은 신앙의 암흑기를 필히 통과해야 한다.

아가서 3장 3절 성중에 행순하는 자들을 만나서 묻기를 내 마음에 사랑하는 자를 너희가 보았느냐 하고

술람미 역시 처음부터 큰 믿음의 소유자가 된 것이 아니다. 하나님의 말씀의 깊이를 알지 못하는 시기에는 신앙 간증을 통해 힘을 얻는다. 술람미 역시 신앙 간증을 듣고 싶어 하는 단계이다. 이 단계는 다른 사람들의 예수님을 만난 신앙 간증이 얼마나 달콤하고 힘이 되는지 모른다. 필자 역시 많은 신앙 간증을 통해 힘을 얻었다. 녹음테이프를 통해서도 듣고, 간증집회에 가서 은혜도 받고 하였다. 그러나 계속해서 여기에만 머물러 있다면 신앙이 성장되지 못한다. 신앙의 성장은 간증집회 단계를 넘어 말씀 안에서 주님의 음성을 들어야 한다. 하나님께서는 우리를 어린아이와 같이 단계별로 훈련하신다. 어린아이가 뒤집기를 하고, 앉고, 일어서고, 걷게 하시고, 달리게 하시는 것과 같다.

성중에 행순하는 자들은 예수님을 먼저 믿었지만 말씀 안으로 온전히 들어오지 못한 자들이다. 하지만 이러한 자들에게서도 신앙 간증이 있고 또 그 간증들이 우리의 믿음의 활력소를 넣어주고 힘을 실어준다. 술람미 역시 성중에 행순하는 자들에게 예수님을 만난 간증을 듣고 싶어 한다.

믿음은 이런 것이다. 응답이 없다고 신앙의 힘을 잃어서는 안 된다. 그럼에도 불구하고 말씀을 가까이하여 기도하고 복음을 전함으로 예수님을 찾아야 한다. 왜 그래야만 할까? 예수님은 우리들의 행동을 달아보시며 힘들고 어려움 속에서 우리들을 더 강한 믿음의 용사로

성장시키시기 때문이다. 훈련되지 않는 믿음은 강한 믿음의 용사로 세워질 수가 없다.

아가서 3장 4절 그들을 떠나자마자 마음에 사랑하는 자를 만나서 그를 붙잡고 내 어미 집으로, 나를 잉태한 자의 방으로 가기까지 놓지 아니하였노라

술람미가 기도의 응답이 없어 신앙 상담을 하고 돌아서자마자 마음의 평안한 응답이 왔다는 말씀이다. 우리가 너무나 많이 체험한 신앙의 고백인 것 같다. 우리에게 응답이 더딘 것 같고 힘이 들지만 먼 훗날 되돌아서보면 그 시간들이 그리 길지가 않았다. 우리가 급한 일을 만난다든지 안절부절 할 때는 하루의 시간이 얼마나 길고 피가 마르는 것같이 느껴진다. 하루가 천 년 같은 느낌이 든다. 그러나 평안할 때는 하루가 금방 흘러간다. 믿음이 있다면 평안이 우리를 붙들어 주고 감사로 넉넉히 기다리며 행복한 신앙생활을 할 수 있다.

술람미 여자의 끈질긴 신앙의 열심은 술람미 신부를 만들어낸 믿음의 모델이다. 신랑 예수님을 만나서 예수님과 함께할 수 있는 "내 어미 집으로 나를 잉태한 방 말씀의 방으로 가기까지 놓지 않겠다."는 신앙의 고백이다(말씀은 내 어미 집이고, 나를 잉태한 방도 말씀이다). 나의 존재성은 말씀 안에서만 알 수 있다. 나의 영적인 족보는 말씀 안에 있다. 신앙의 본질을 말씀 안에서 찾지 못하면 하나님의 거룩함에 참여할 수가 없다.

나의 사랑 나의 신부야 일어나 함께 가자

야곱은 얍복 강가에서 하나님의 천사와 씨름하는 그 끈질긴 기도로 야곱이 이스라엘로 바꾸어지는 축복을 받았다. 야곱은 쌍둥이 형에서의 장자의 축복을 빼앗았기 때문에 그 두려움으로 20년 동안을 형을 피해 외삼촌 라반의 집에서 살았다. 외로움과 힘듦 속에서 많은 물질과 아내와 자녀들을 얻어 고향으로 돌아가고 싶지만 형 에서가 두려웠다. 야곱은 인간적인 방법을 통해 형 에서의 마음을 얻고자 많은 짐승들을 선물로 보내었지만 들려오는 소리는 에서가 사백 인을 거느리고 야곱을 죽이려 오고 있다는 소식이었다. 이것은 그를 죽음의 공포로 밀어 넣었다.

야곱은 얍복 강가에서 죽음의 공포 가운데 죽으면 죽으리라는 기도를 한다. 야곱은 생명을 걸고 자기에게 축복해 주시지 않으면 씨름하는 천사를 놓지 않겠다는 믿음이다. 그 기도를 술람미도 "내 어미 집으로 나를 낳은 방으로 가기까지 놓지 않겠다."라고 하고 있다. 술람미는 하나님을 떠나지 않겠다는 기도가 술람미를 왕의 신부로 만들었다. 야곱은 죽어도 하나님 안에서 죽고 살아도 하나님 안에서 살겠다는 기도로 이스라엘이라는 축복을 받았다. 하나님은 야곱을 통해 세상 끝 날까지 야곱의 후손에게 복을 주시고 그 백성을 하나님의 백성으로 삼겠다고 축복하셨다. 고난이 축복이 되었다. 모든 믿음의 선조들이 고난을 통해 믿음이 성장하여 믿음의 용장들이 되었다. 신앙에는 외로움이 따르고 때로는 왕따를 당하기도 하고 힘든 고난의 길 죽음의 그늘이 겹치기도 한다.

술람미 여자도 힘들고 아픔 가운데서 사랑하는 예수님을 만나 그분을 붙잡고 자기가 누구인지 자기 자신의 존재성을 알기까지 놓지 않겠다는 신앙고백을 했다. 많은 사람들이 신앙생활을 하면서도 자신이 어디서 왔으며 어디로 가는지를 알지 못하고 세상 것으로 행복해하며 인생에서 허공을 치는 신앙의 길을 간다. 세상에서 아무리 많은 물질을 취하고 인생이 성공을 했다 할지라도 하나님 없이 얻어지는 기쁨은 모든 것이 헛되고 헛되며 헛되고 헛되니 모든 것이 헛되다. 이것이 솔로몬의 신앙고백이다.

"그런즉 너희가 어떻게 행할 것을 자세히 주의하여 지혜 없는 자같이 말고 오직 지혜 있는 자같이 하여 세월을 아끼라 때가 악하니라" 엡 5:15

솔로몬 왕은 하나님을 알았지만 본인의 존재성을 깊이 깨닫지 못한 채 하나님께서 주신 복을 자신의 영광을 위해 사용했다. 그는 자기의 부와 영광을 위해 많은 이방 여인들을 아내로 맞아 자기의 본질을 잃어버리고 하나님의 거룩함을 드러내지 못했다. 그 결과 이스라엘10지파를 빼앗기게 되는 아픔을 낳았다.

우리의 본질을 말씀 안에서 깨닫지 못한다면 하나님의 거룩한 백성으로 세워질 수가 없다. 우리의 본질은 말씀 안에서 만이 해결될 수 있다.

야곱은 차자로 태어나 장자의 축복을 받을 수 없었지만 하나님을 사모하는 그 끈질긴 열심으로 하나님께 장자의 명분을 얻어내었다. 하지만 그의 믿음의 성장은 혹독했음을 말씀은 전하고 있다. 신앙의

나의 사랑 나의 신부야 일어나 함께 가자

길을 홀로 걸어가야 하는 외로운 천로역정이다. 들짐승들이 있는 산에서 죽음의 공포를 느끼기도 했고, 홀홀 단신의 외로움 가운데서 외삼촌에게 이용당하기도 했지만 하나님께서 야곱을 어떻게 축복하셨는지 말씀 가운데서 보아야 한다. 형 에서 앞에서 더 이상 피할 수 없을 때 생명을 걸었던 야곱의 기도가 우리들의 기도가 되길 바란다. 또한 하나님께서 내게 축복하지 않으시면 내가 당신을 놓지 않겠다는 술람미의 신앙고백이 우리들의 신앙의 고백이 되길 바란다. 하나님의 사람은 끈질긴 기도 없이 하나님의 사람이 될 수 없다. 우리 앞에 막힌 환경과 인생의 죽음 앞에서 인생의 쓴 물 앞에서 하나님을 믿고 찾는다면 그 막힌 환경이 열리고 죽음 앞에서 생명을 얻고 인생의 쓴 물이 단물로 바꾸어지는 능력을 체험할 수 있다. 하나님과의 만남의 과정은 우리가 어디에 있든 무엇을 하든 말씀 안에서 만남이 주어지고 믿음의 역사가 일어난다.

우리의 믿음의 성장은 순종할 수 있는 기회가 주어질 때 축복이 되어 진다. 헌신할 수 있을 때, 물질로 섬길 수 있을 때, 전도할 수 있을 때, 신앙의 본분을 다하는 믿음이 말씀 안에서 주님의 음성을 들을 수 있는 기회이다. 말씀의 집에서 말씀의 태에서(내 어미 집, 나를 잉태한 방) 나의 존재를 알 수 있고 하나님의 말씀 가운데서 인생의 해답을 찾을 수 있다. 우리들의 믿음의 성장에는 끈질긴 기도가 필요하다. 그렇지 않으면 악한 사탄은 우리들의 발목을 붙들고 하나님의 영광에 자리로 나가는 것을 방해한다.

아가서 3장 5절 예루살렘 여자들아 내가 노루와 들사슴으로 너희에게 부탁한다 사랑하는 자가 원하기 전에는 흔들지 말고 깨우지 말지니라

술람미의 끈질긴 기도가 확신 있는 믿음으로 성장한 모습이다. 한마디로 신앙생활을 방해하지 말라는 것이다. 이 믿음의 단계는 말씀으로 힘을 얻었다는 것이다.

비록 보기에는 연약해 보이지만 노루와 들사슴처럼 말씀으로 잘 훈련되어 있으니 나의 사랑하는 자가 너희들에게 흔들라는 마음을 주는 것이 아닌 이상 나의 신앙생활을 방해하지 말라는 것이다.

교회 안에도 하나님의 사람을 인간적인 눈으로 보고 늘 자기중심적으로 가르치려 하는 자들이 있다. 이러한 사람은 하나님의 사람을 힘들게 한다. 하나님은 자기 백성을 혹독한 환경 속에서 훈련하신다. 출애굽 당시 하나님의 백성을 애굽의 풍요한 환경 속에서 훈련시키지 않으셨다. 가나안이라는 희망을 주시고 그 가나안에 희망을 품은 하나님의 백성을 광야에서 훈련하셨다. 우리들의 신앙의 훈련도 방법만 다를 뿐이지 광야의 훈련이다. 힘든 환경을 믿음으로 넘어야 하고, 죽음의 공포도 믿음으로 넘어야 한다. 우리가 어떤 환경에 있든 하나님께서 보호하신다. 훈련되지 않은 신앙인은 하나님의 온전한 백성이 될 수 없다.

독수리는 자기 새끼를 높은 곳에 끌고 올라가 땅을 향해 내동댕이친다. 독수리 어미가 자기 새끼를 강한 새로 훈련과정이다. 내동댕이를 친다고 해서 아기 새를 죽이는 것이 아니라 땅바닥에 닿기 전 어미

나의 사랑 나의 신부야 일어나 함께 가자

는 순식간에 아기 새를 낚아챈다. 이렇게 계속해서 독수리 새끼가 혼자 비행할 수 있을 때까지 강한 훈련을 한다. 그런데 옆에서 보고 있던 새들이 새끼 새에게 "너희 어미는 잘못 되었어"라고 독수리 어미 새를 모함한다면 얼마나 어리석은 새들이겠는가! 하나님의 사람도 똑같다. 하나님께서 자신의 백성을 가난과 고통, 여러 가지 힘든 환경을 통해 믿음의 강한 용사로 훈련하시는데 믿음이 없는 자들이 훈련받는 하나님의 사람에게 엉뚱한 소리로 훈계한다면 이 얼마나 어리석고 미련한 자이겠는가!

술람미는 노루와 들사슴을 비유로 들어 자기의 확신 있는 믿음을 드러내고 있다. 노루와 들사슴은 산속의 깊은 계곡 바위 틈 위험한 곳에서 살아가지만 신체의 구조가 비탈진 환경을 넉넉히 이길 수 있다. 우리들 역시 믿음의 확신이 있다면 하나님께서는 우리를 위험에서 보호하신다.

"두려워 말라 놀라지 말라 내가 너와 함께 함이니라"하는 하나님의 말씀을 믿고 하나님을 따르는 자의 삶은 곧 평안이다. 믿음의 성장 가운데 있는 믿음의 신부를 업신여기고 시기 질투로 왕따 시키고 모함하는 것은 성령을 방해하는 것이다. 믿는 자들은 하나님의 것을 잘 분별할 줄 알아야 한다.

"너를 축복하는 자에게는 내가 복을 내리고 너를 저주하는 자에게는 내가 저주하리니 땅의 모든 족속이 너를 인하여 복을 얻을 것이니라" 창 12:3

아브라함의 믿음은 세상 끝 날까지 유전이 된다. 그 믿음의 유전은 하나님의 사람들을 통해서 이 땅에서 하나님의 선한 뜻을 이루시고자 하시는 하나님의 뜻이다. 그러므로 우리는 믿음으로 살아가는 사람들과 마음을 같이하여 하나님의 선한 뜻을 이루어야 한다. 하나님의 사람과 기도로 마음을 같이하는 자에게는 복을 내리시는 하나님이시다. 그러나 하나님의 사람을 시기하고 질투하여 수군거리고 복음의 길을 막는 것은 사람을 질투하는 것이 아니라 성령 하나님을 방해하는 것이므로 저주를 받는다.

1. 술람미를 보호하시는 하나님 나의 힘이 되신 여호와

아가서 3장 6절 연기 기둥과도 같고 몰약과 유황과 장사의 여러 가지 향품으로 향기롭게도 하고 거친 들에서 오는 자가 누구인고

"연기 기둥과도 같고"는 "곧 피와 불과 연기 기둥이라 (욜 2:30)"에서도 나오듯 세상의 심판을 의미하고, "장사의 여러 가지 향품으로"는 각자에게 주신 달란트를 표현한다(마 25:15). 또한 "향기롭게도 하고"는 복음의 열매들이 주님의 마음을 기쁘시게 했다는 의미이며, "몰약"과 "유황"은 십자가의 사랑에서 세상을 심판하실 재림 예수를 동시에 보고 신앙의 길을 가는 술람미의 믿음을 표현하였다. 그리고 "거친 들에서 오는 자가 누구인고"에서 "거친 들"은 세상을 의미하며 그 세상 가운데서 말씀의 길, 좁은 길을 달려오는 술람미의 모습을 표현했다.

나의 사랑 나의 신부야 일어나 함께 가자

"좁은 문으로 들어가라 멸망으로 인도하는 문은 크고 그 길이 넓어 그리로 들어가는 자가 많고 생명으로 인도하는 문은 좁고 길이 협착하여 찾는 이가 적음이니라" 마 7:13~14

우리는 술람미가 걸어간 십자가의 길을 가야 한다. 신앙은 세상을 창조하신 하나님과 세상을 심판하실 하나님을 동시에 보아야 한다. 그런데 현대인들의 신앙은 예수님의 십자가는 바라보는데 세상의 종말은 생각하지 않고 노아 홍수 때처럼 먹고 마시며 세상에 취해 흥청 망청 인생을 살다 홀연히 인생의 종말을 맞는다.

"주의 날이 밤에 도적같이 이를 줄을 너희 자신이 자세히 앎이라 저희가 평안하다, 안전하다 할 그 때에 잉태된 여자에게 해산 고통이 이름과 같이 멸망이 홀연히 저희에게 이르리니 결단코 피하지 못하리라" 살전 5:2~3

우리들 또한 하나님을 사랑이라 생각하여 세상의 종말은 생각하지 않고 신앙생활을 한다면 세상 사람이나 다를 바 없다. 사람이 세상에 태어나면 언젠가는 죽는다는 것은 분명한 사실이다. 술람미는 세상의 심판이 있음을 알고 말씀 안에서 몰약과 유황과 향품을 준비했다. "몰약"은 예수님의 십자가의 죽음과 부활의 승리를 표현함이요 "유황"은 하나님의 신성과 심판을 나타낸 말씀이다.

"여호와께서 하늘 곧 여호와께로서 유황과 불을 비같이 소돔과 고모라에 내리사" 창 19:24

불로 세상을 심판하실 하나님이시다. 예수님의 사랑을 입은 자가 심판주로 오실 예수님을 보지 못하고 십자가의 사랑에만 머물러있다면 복음의 능력이 나타나지 않는다. 인간의 사랑은 사랑으로 끝이 나지만 예수님의 사랑은 심판주 예수님을 통해 부활하신 예수님을 만나는 것이다. 복음에는 하나님의 왕권이 있다. 십자가의 사랑을 입은 자는 세상을 심판하실 하나님의 왕권을 전해야 한다.

"예루살렘의 딸들아 나를 위하여 울지 말고 너희 자녀를 위하여 울라"

눅 23:28

십자가의 아픔에만 머물러 있지 말고 우리 후손들에게 세상에 다시 오실 재림 예수를 전하라는 것이다. 세례 요한도 "회개하라 천국이 가까이 왔느니라"고 외쳤고, 예수님의 제자들도 십자가의 사랑과 세상에 임할 재림 예수를 전했다. 사도 바울 역시 십자가 사랑에서 세상을 심판하실 재림 예수를 전했다. 아가페 사랑은 십자가 사랑에서 재림 예수를 만나는 것이다. 술람미는 재림 예수님을 보고 신앙생활을 했다. "장사의 여러 가지 향품"은 신앙의 달란트 비유다. 얼마나 말씀으로 순종하여 하나님의 능력을 나타내었는가 하는 것이다. "거친 들에서 달려오는 자가 누구냐" 세상의 힘들고 어려움 속에서 십자가의 길을 오는 자가 누구냐 믿음의 열매를 가지고 말씀으로 더 가까이 나오는 술람미를 바라보시는 주님의 음성이다.

우리의 신분은 예수 그리스도의 이름으로 왕권을 가지고 있다. 왕의 신부는 자신의 머리에 남편의 왕권이 있음을 알아야 한다. 그 왕권

나의 사랑 나의 신부야 일어나 함께 가자

이 세상의 모든 것을 이길 수 있는 힘이다. 우리가 악한 사탄과 싸울 때 예수 이름으로 싸운다. 왜 예수 이름으로만 싸우는가? 성경에는 믿음의 승리자들이 많다. 모세, 다니엘, 사무엘, 다윗. 사도 바울…. 하지만 이러한 이름은 믿음의 용사일 뿐이다. 그 이름에는 힘이 없다. 우리의 힘은 오직 예수님이시다. 영적인 싸움은 오직 예수 이름으로만 싸운다. 십자가에서 우리를 위해 싸워주신 왕, 우리는 그의 신부다. 신부의 머리에는 예수님의 왕권이 있다. 예수 이름이 아니고는 세상에 어떤 것도 이길 수 없다. 예수님의 이름 앞에 세상의 모든 어두움의 권세가 무릎을 꿇는다. 예수님은 세상의 모든 것을 십자가의 승리로 부활의 길을 내어주신 승리의 하나님이시다.

아가서 3장 7~8절 이는 솔로몬의 연이라 이스라엘 용사 중 육십 인이 옹위하였는데 다 칼을 잡고 싸움에 익숙한 사람들이라 밤에 두려움을 인하여 각기 허리에 칼을 찼느니라

"연이란" 두 가지로 표현되는 말이다. 가마와 깃발이다. 깃발은 가마 안에 누가 타고 있는지 그 신분을 알린다. 술람미는 솔로몬 왕의 신부이므로 솔로몬의 왕의 권위가 술람미가 타고 있는 가마를 보호한다. 우리는 왕의 신부다. 믿음의 깃발은 우리의 신분을 알리고 우리의 신분은 성령 하나님께서 보호하신다. 이러한 비밀을 깨달은 자는 믿음의 품위가 있고, 믿음의 확신이 있고, 믿음의 당당함이 있다. 하지만 하나님의 신부라는 권위를 알지 못하는 자는 현재 눈에 보이는 자신의 초라함으로 사람들 앞에서 기가 죽어 하나님의 권위를 드러내지

못한다. 우리는 왕의 신부다. 솔로몬 왕이 사랑하는 술람미를 보호하는 것을 믿음의 눈으로 보아야 한다.

믿음의 승리는 믿음이 있는 자에게 주어지는 선물이다. 믿음과 순종함, 신앙의 열심이 없이는 성령 하나님께서 일하실 수가 없다. 우리의 믿음 안에서 일하시는 하나님을 볼 수 있어야 한다. 술람미가 타고 있는 가마를 지키는 것은 왕의 권위다. 즉, 술람미가 타고 있는 가마가 솔로몬 왕의 가마라는 것이다. 우리는 말씀의 가마를 타고 있고 그 가마는 하나님의 권위로 지키신다. 말씀의 가마를 탄 신부를 보호하는 호위병이 허리에 칼을 차고 믿음의 싸움을 하는 신부를 지킨다. 믿는 자에게는 말씀이 날선 검이고 힘이고 능력이다. 말씀은 바라는 것들의 실상이다. 눈에 보이지 않지만 말씀 안에서 우리보다 앞서 일하시는 하나님이시다.

"너희는 가만히 있어 내가 하나님 됨을 알찌어다 내가 열방과 세계 중에서 높임을 받으리라" 시 46:10

하나님은 우리의 믿음 안에서 당신의 이름을 걸고 일하신다. "용사가 육십 인이 옹위하였고 허리에 칼을 잡고"에서 처럼 술람미를 보호하시는 하나님께서 우리도 보호하신다. 솔로몬의 왕권이 술람미를 보호함과 같이 하나님의 왕권이 우리를 둘러싸고 있음을 말씀 안에서 믿음의 눈으로 보아야 한다. 하나님의 용사가 엘리사를 보호하는 것도 말씀에서 볼 수 있다.

나의 사랑 나의 신부야 일어나 함께 가자

"여호와여 원컨대 저의 눈을 열어서 보게 하옵소서 하니 여호와께서 그 사환에 눈을 여시매 저가 보니 불말과 불병거가 산에 가득하여 엘리사를 둘렀더라" 왕하 6:17

이것이 믿는 자를 보호하시는 하나님의 능력이다.

"일을 행하는 여호와, 그것을 지어 성취하시는 여호와, 그 이름을 여호와라 하는 자가 이같이 이르노라 너는 내게 부르짖으라 내가 네게 응답하겠고 네가 알지 못하는 크고 비밀한 일을 네게 보이리라" 렘 33:2.3

말씀을 믿는 자가 하나님을 찾는다. 하나님을 찾고 구하는 자를 통해 하나님의 능력이 나타난다. 내 경험이나 지혜나 꾀는 환경을 이길 수 있는 힘이 없다. 믿는 자에게는 하나님의 능력이 따른다. 세상을 이기는 힘은 우리의 지혜로 권력으로 돈으로 되는 것이 아니다. 현실에서 우리의 힘으로, 노력으로, 권력으로, 돈의 힘으로 해결 되어질 것 같지만 하나님이 없이 세워지는 것은 시간의 흐름 속에서 실패로 무너진다. 모래 위에 세운 집은 아무리 잘 지어도 바람이 불고 창수가 나면 그 집은 산산이 부서진다.

하나님이 없이 주어지는 성공은 시간을 길게 두고 봐야 그 주어진 일이 성공인지 실패인지를 알 수 있다. 하나님이 없는 성공과 행복은 결국 패망에 이르는 것이다. 너희는 가만히 서서 하나님께서 하는 일을 보라고 하신다. 믿음이 있는 자에게는 영영히 우리의 하나님이 되시며 우리가 죽을 때까지 우리의 발걸음을 인도하시고 보호해 주시는 하나님이시다(시 48:14).

"믿음은 바라는 것들의 실상이요 보지 못하는 것들의 증거니 선진들이 이로
써 증거를 얻었느니라 믿음으로 모든 세계가 하나님의 말씀으로 지어진 줄
을 우리가 아나니 보이는 것은 나타난 것으로 말미암아 된 것이 아니니라"
히 11:1~3

믿음은 사람의 눈에 보이는 성공과 실패를 보고 따르는 것이 아니
다. 사람이 보는 것은 그 성공이 실패가 될지 모르기 때문이다. 어떤
사람에게는 성공이 될 수도 있지만 또 다른 어떤 사람에게는 그 성공
이 실패가 된다. 하나님은 우리의 체질을 아시고 우리의 앞길을 아시
므로 우리에게 가장 좋은 것으로 주신다.

믿음은 하나님의 말씀을 믿고 죽음과 실패를 각오하고 따르는 것
이다. 하나님께서 말씀을 따르는 자는 실패가 없다고 하셨다. 약속의
말씀을 믿고 죽으면 죽으리라는 신앙고백으로 따르는 자는 산다. 우
리 앞에 홍해가 막혀 있어 "이제 죽었구나! 이제 망했구나! 더 이상
희망이 없구나!" 하는 환경에 처해 있다면 예수 안에서 말씀을 붙들
고 기도로, 예수 이름으로 죽기를 각오하라. 이러한 사람은 분명 새
삶을 얻는다.

우리가 어떤 힘든 상황에 있다 할지라도 하나님께 향한 믿음이 있
다면 하나님이 우리를 위해 싸우시고 환경을 넉넉히 이길 수 있는 능
력을 주신다. 아무것도 염려하지 말고 모든 일에 기도와 간구로 하나
님께 아뢰라. 크신 하나님과 함께하는 믿음이 환경을 넉넉히 이기는

나의 사랑 나의 신부야 일어나 함께 가자

승리다. 술람미 여자가 세상의 거친 들에서 힘들고 어려움을 당하였지만 예수님을 향해 걸어 간 믿음의 길은(천로역정) 고난 가운데서 믿음의 꽃을 피워내는 아름다운 SONG OF SONGS 이다.

2. 하나님의 권위

아가서 3장 9~11절 솔로몬 왕이 레바론 나무로 자기의 연을 만들었는데 그 기둥은 은이요 바닥은 금이요 자리는 자색 담이라 그 안에는 예루살렘 여자들의 사랑이 입혔구나 시온의 여자들아 나와서 솔로몬 왕을 보라 혼인 날 마음이 기쁠 때에 그 모친의 씌운 면류관이 그 머리에 있구나

솔로몬 왕이 "레바논 나무"로 왕이 탈 가마를 직접 만들었다고 표현함은 스스로 계시는 하나님을 말씀함이다.

"하나님이 모세에게 이르시되 나는 스스로 있는 자니라 또 이르시되 너는 이스라엘 자손에게 이같이 이르기를 스스로 있는 자가 나를 너희에게 보내셨다 하라" 출 3:14

하나님의 왕권은 하나님께서 스스로 가지고 계신다. 그 왕권 안에 우리를 부르시어 하나님의 백성을 삼으셨다. 그 왕권을 받은 우리의 본분은 하나님의 권위를 세상에 당당히 드러내어 하나님의 백성을 찾

아 복음을 전하는 것이 우리의 본분이다. 이러한 왕권을 술람미 여자를 통해 외치고 있다는 것이 주목이 된다. 예수님의 왕권이 술람미 여자를 통해 외쳐지듯이 믿음의 신부들이 복음을 나타내야 한다.

"시온의 여자들아 나와서 솔로몬 왕을 보라는 것이다. 혼인날 그 모친이 씌운 면류관이 솔로몬의 머리에 있구나"하는 것은 무엇을 우리에게 말씀함일까? 왕의 권위를 시온의 여자들이 나타내는 것을 말씀한다. 솔로몬을 왕위에 오르게 한 것은 솔로몬을 낳은 어머니 밧세바의 믿음이 한 것이다. 다윗이 늙어 기력이 떨어져 솔로몬의 왕권이 희미해지고 앞이 보이지 않는 상황이지만 하나님의 약속의 말씀을 의지하여 다윗에게 하나님의 약속을 다시 기억나게 불어넣었다. 이것은 죽음을 각오하지 않고는 할 수 없는 것이다. 이것이 믿음이다. 이미 솔로몬의 이복 형 학깃의 아들 아도니아가 스스로 왕의 자리에 올라 축제를 하고 있는 상황이기에 여기서 솔로몬이 나타나면 밧세바도 솔로몬도 죽음을 면치 못한다. 하지만 밧세바가 말씀을 의지하여 생명을 걸고 하나님의 약속을 구했던 신앙의 열매는 아들 솔로몬의 머리에 씌운 왕권이 되었다. 무엇을 말씀함일까? 하나님의 사람은 예수님의 왕권을 찾아 예수님께 올려드리라는 것이다. 예수님의 왕권은 스스로 가지고 계시지만 그 왕권을 높이는 일을 우리의 믿음으로 올려드리는 것이다.

"우리 주 하나님이여 영광과 존귀와 능력을 받으시는 것이 합당하오니 주께서 만물을 지은신지라 만물이 주의 뜻대로 있었고 또 지으심을 받았나이다" 계 4:11

나의 사랑 나의 신부야 일어나 함께 가자

우리는 하나님께 지은 받은 피조물이므로 마땅히 하나님을 경배하고 찬양해야 한다. 이러한 하나님의 권위는 각자의 믿음의 분량만큼 나타낸다. 시온의 성도들이 이 땅에서 얼마나 예수님의 왕권을 드러내느냐에 따라 하나님 나라가 확장되고 확장되는 것이다.

우리는 무어라 외쳐야 될까? 모든 주권은 하나님께 있다고 외쳐야 한다. 창조주 하나님께서 우리를 사랑하셔서 죄에서 우리를 구원하시기 위해 하나님의 독생자를 우리에게 보내 주셨다. 예수님은 하나님의 아들로 세상을 구원하시고 세상을 심판하실 하나님이시다. 그분의 왕권은 하나님의 우편에 앉으셔서 세상을 통치하신다. 우리는 그분을 떠나서는 영원한 나라를 소유할 수 없다. 하나님은 이를 믿는 자에게 성령 하나님으로 우리 가운데 운행하시는 하나님이시다. 우리가 믿는 예수님은 성부 하나님으로, 성자 예수님으로, 성령의 하나님으로 삼위일체 하나님이시다.

예수님의 은혜를 아는 자는 성령 하나님으로 일하시는 삼위일체 하나님을 선전해야 한다. 그러나 하나님의 거룩함을 드러내지 않는 벙어리 성도들이 너무나 많다. 교회에 나와 예배를 드리면서도 그 입술로 하나님의 신분을 드러내지 않는다면 그 마음 안에 하나님의 능력을 인정하지 않는 자이다. 술람미 여자는 적극적으로 솔로몬의 왕권을 하나하나 드러내고 있다.

여기서 솔로몬의 왕권은 하나님의 권위가 있는 영원한 나라를 비유로 말씀하는 것이다. 하나님의 권위는 하나님의 백성 예루살렘 여자들이 하나님을 사랑함으로 높여야 한다.

왕의 수치는 백성이 작은 것이요, 백성이 약한 것이다. 왕의 권위가 세워지려면 백성이 많아지고 백성이 부강해야 한다. 우리는 하나님의 권위를 얼마나 높이며 살았는가! 하나님의 위대하심을 얼마나 자랑했으며 순종과 헌신을 드러내었는가! 우리는 하나님의 권위가 세상에 많은 하나님의 백성을 말씀으로 덮을 수 있도록 예수 이름을 자랑하며 복음을 전해야 한다. 우리의 믿음만큼 하나님의 권위를 드러낼 것이다. 많이 일하는 자는 많은 삯을 받는 것이고 작게 일하는 자는 작게 받는 것이다. 하나님께서는 일하지 않는 자는 먹지도 말라고 하셨다. 무엇을 말씀함일까! 하나님의 권위를 들어내지 않는 자는 부끄러움을 입는다는 것이다.

"그 기둥은 은이요"하는 말씀은 하나님의 구속사역을 의미하며 "은 기둥"은 노폐물을 제거하는 죄 씻음을 말씀한다. 은의 성분은 독성이 있는 것에 닿으면 새까맣게 변한다. 조선 시대부터 왕궁에서 독극물을 찾아내는데 은수저를 사용했다. 말씀의 거울에 비춰 거짓이 있는 신앙은 하나님의 나라를 소유할 수 없다.

"바닥은 금이요"는 하나님의 거룩한 성 하나님의 속성을 말씀하신다. 어떤 불순물도 허용되지 않는 금은 하나님의 왕권을 말씀한다. 하나님의 나라의 구속 사역은 죄 씻음을 받지 않고는 하나님 나라에 들어갈 수가 없다.

"자리는 자색 담이라"는 그리스도의 왕권을 가진 믿음의 신부들을 말씀한다. 예수님의 왕권은 하나님의 백성 예루살렘 신부들과 함께하는 하나님의 통치다. 솔로몬의 왕권을 보고 이스라엘 백성이 기뻐하는 것처럼 하나님의 백성이라면 하나님의 통치권 앞에 절대적 기쁨을 드러내야 한다. 술람미 여자는 열정적으로 하나님을 사랑하고 그 권

나의 사랑 나의 신부야 일어나 함께 가자

위를 담대하게 드러내며, 신앙을 지키려는 그 믿음의 열심을 솔로몬의 왕후들이 부러워했다.

세상에서 왕비로 세상의 권위를 누리고 살아가지만, 술람미 여자가 선택한 사랑의 길은 세상의 어떤 것 하고도 비길 수 없는 아름다운 멋진 사랑이라는 것이다.

"왕후와 비빈들도 칭찬하는구나" 아 7:9

술람미 여자의 신앙은 확실한 믿음을 보여주는 신앙이다. 우리들의 신앙관이 얼마나 예수님을 사랑하고 얼마나 말씀 가운데서 하나님의 영광을 드러내고 있는지 스스로의 믿음을 점검할 때다. 믿음의 신부들은 하나님의 나라를 확장시키기 위하여 예수님이 우리들의 구원자임을 드러내며, 하나님의 선한 뜻이 이루어지기를 바라고, 우리 한 사람 한 사람이 하나님의 권위를 이 땅에서 힘 있게 드러내야 한다. 거룩한 백성의 삶은 어디를 가든지 무엇을 하든지 하나님의 영광을 드러내는 사명자다. 우리가 머무는 곳마다 때를 얻든지 못 얻든지 복음을 외치며 사명을 감당하는 것이 우리의 본분이다. 풀 같이 태워질 육신을 붙들고 살아가는 인생을 향해 복음을 외쳐 하나님의 백성들을 깨워야 한다. 하나님의 경륜 속에 세월이 가면 사람은 다 늙고, 죽는다고 외쳐야 한다. 인생의 아름다움에 취해 있는 자에게 인생의 꽃은 시든다고 전해야 한다. 오직 하나님의 말씀만이 영영히 세워진다고 전해야 한다. 눈먼 자, 어리석은 자, 미련한 자를 깨어 하나님의 말씀으로 복음의 열매를 맺는 것이 우리의 사명이다.

하나님을 의지하고 하나님을 바라고 말씀의 자리로 돌아오는 믿음의 신부를 하나님께서는 기뻐하신다. 어떤 환경에 처해 있다 할지라도 하나님을 향한 마음을 가지고 예배의 자리로, 기도의 자리로, 헌신의 자리로 나아오는 자를 하나님은 기뻐하시며 축복해주신다.

My heart O God, is steadfast my heart is steadfast I will sing and make music
하나님이여 내 마음이 확정되었고 내 마음이 확정되었사오니 내가 노래하고 내가 찬송하리이다 _시 57:7

나의 사랑 나의 신부야 일어나 함께 가자

믿음의 열매

Song of Songs
Solomon's Song of Songs

[아가서 4장 1절] 내 사랑 너는 어여쁘고도 어여쁘다 너울 속에 있는 네 눈이 비둘기 같고 네 머리털은 길르앗 산 기슭에 누운 무리 염소 같구나

　신랑 되신 예수님을 사랑하며 겸손한 신부가 되어 많은 영혼을 품고 있는 술람미가 어여쁘고 어여쁘다고 하신다. 믿음의 신부를 그린 말씀이다. 누가 술람미 같이 하나님의 마음을 알아 그분의 원하는 삶으로 살아갈 것인가? 신앙생활은 내 만족으로 하는 것이 아니다. 우리를 십자가의 사랑으로 품어주신 그분의 신부로 거듭나는 삶을 살아가야 한다. 우리의 신랑 되신 예수님이 원하시는 것이 무엇일까? 우리가 말씀으로 생각과 마음을 씻어 하나님의 거룩한 신부로 거듭나기를 원하신다. 하나님의 말씀으로 거듭난 자는 말씀을 떠난 고멜 같은 자를 찾아 그들을 품고, 말씀으로 가르치고, 그들을 위해 기도하며 그들을 예수님의 품으로 접붙이는 신앙생활을 해야 한다. 그들이 다시 예수님의 품으로 돌아와 십자가를 사랑하기까지 복음의 능력을 불어넣는 것이다.

　예수님을 사랑하는 증거는 말씀 안에서 생명을 살리는 복음의 삶

을 살아가는 것이다. "너울"은 말씀이다. 믿음의 신부는 말씀 안에 겸손하고 순결한 신부의 모습으로 신랑 되신 예수님을 기다리는 것이다. 너울 속에 있는 신부는 신랑 되신 예수님이 오셔서 너울을 벗겨주시기까지 너울을 벗지 않고 인내하며 기다리는 겸손한 신부가 되어야 한다. 너울을 쓰고 몸가짐을 함부로 하는 신부는 음란한 고멜과 같다. 호세아 신랑이 고멜을 찾아 신부로 맞아 너울을 씌어주었지만 고멜은 너울을 벗고 호세아 신랑 한 사람으로 만족하지 못하고 다른 남자들과 음란한 자녀를 낳았다. 무엇을 말씀함일까? 하나님의 선택한 고멜이 하나님의 말씀을 떠나 많은 영혼들을 실족시켰다는 것이다.

우리는 말씀의 거울로 우리의 모습을 들여다 보아야 한다. 술람미처럼 예수님을 사랑하고 믿음의 신부의 모습으로 살아가고 있는지 아니면 고멜처럼 예수님께 만족을 하지 못하고 세상에 풍요를 사랑하며 음란하여 그 음란한 가운데서 많은 영혼을 실족하게 하고 살아가고 있지는 않은지 우리들의 일상을 돌아보아야 한다. 말씀이 없는 자, 기도하지 않는 자, 그는 말씀과 기도를 떠난 고멜처럼 살아가고 있다는 증거다. 즉, 살아있으나 영적으로는 죽어가고 있다는 것이다. 신앙의 필수 과목이 말씀과 기도다. 고멜이 음란한 자녀를 낳았다는 것은 고멜을 통해 얻어진 복음의 자녀가 없다는 것이다. "너울"은 말씀의 선이다. 우리가 말씀과 기도로 인생의 달려갈 길을 다 마치고 신랑 되신 예수님 앞에 나아갈 때 주님은 우리의 너울을 벗겨주시며 반겨주실 것이다. 너울 속에 있는 신부는 자기 자랑이 없고 겸손하여 하나님의 말씀의 깊이와 넓이를 아는 지혜로운 신부다. 말씀의 너울을 쓰지 않는 자들은 신앙생활에 자기의 자랑이 많다. 그들은 나는 기도를 많이 해, 나는 말씀을 많이 읽어, 나는 헌금을 많이 해, 나는 교회에서 위치가 높아... 등 자기자랑이 끊어지지가 않고 그 입에는 항상 자랑이 따라다니는 어리석은 분들이 있다. 바리새인들처럼 자기 도취에 빠져 부끄러움을 모른다. 너울 속에 있는 믿음의 신부는 오직 예수님만 전할 뿐이다.

"그는 흥하여야 하겠고 나는 쇠하여야 하리라" 요 3:30

내 안에 오직 예수님만이 영광 받으시는 복음의 신부가 되어야 한다. "너울 속에 있는 네 눈이 비둘기 같다"는 말씀은 신부의 거짓이 없는 순결을 말씀함이며 여기서 "너울"은 겸손을 뜻한다. 즉, 자기 자랑을 하지 않는 거짓 없는 신앙생활이 어여쁘고 어여쁘다는 것이다.

"네 머리털이 길르앗 산 기슭에 누운 무리 염소" 같다고 말씀한다. 길르앗산은 성경에서 유명하다. 길르앗 라못, 길르앗 야베스, 마하나임, 숙곳. 해발 600m의 고원지대로 물이 많고 초목이 많은 지대이다.

야곱과 라반이 언약을 맺고 돌을 모아 무더기를 쌓아 기르엣에 하나님 앞에서 증거막을 세웠다. 그 기르엣이 지금의 길르앗이다. 야곱이 씨름할 때 얍복강 주변을 두르고 있던 산이기도 하다. 이곳은 하나님의 응답이 많이 나타난 산이다. 그런데 술람미 머리털을 "길르앗 산 기슭에 누운 염소 머리털"로 비유를 들어 "어여쁘고도 어여쁘다"고 말씀하신다. 이것은 하나님의 말씀으로 거듭나지 못한 염소 같은 백성을 하나님의 품으로 인도하기 위해 그녀가 품은 영혼이(기슭에 누

나의 사랑 나의 신부야 일어나 함께 가자

운) "무리 염소"같이 머릿속에 많다는 것이다.

지금의 한국 교회는 양의 신분을 잊고 염소들의 우리에서 고멜처럼 잘못된 신앙의 길을 가는 하나님의 백성들이 방치된 채 "산 기슭에 누운 염소"같이 많다. 누가 하나님의 마음을 알고 하나님의 백성을 품고 눈물로 그들을 위해 기도할 것인가? 누가 하나님의 안타까움으로 하나님의 백성을 품을 것인가? 엘리야는 갈멜산에서 바알신, 아세라신과 850대 1로 싸워 염소의 우리에서 분별력 없이 살아가는 하나님의 백성을 구했다. 우리는 얼마나 많은 영혼을 생각하며 기도할까? 예레미야 선지자는 유다 백성들에게 하나님을 거역하고 하나님의 말씀에 불순종하면 하나님의 심판을 받아 바벨론 땅으로 포로가 되어 끌려갈 것을 눈물을 흘리며 경고했다.

그런데 한국 교회는 지상 낙원이다. 하나님 없이도 잘 먹고 잘 산다. 교회는 복음주의 같으면서도 영혼을 사랑하는 마음이 없다. 지금 이 시대는 양의 탈을 쓴 거짓 선지자들이 너무나 많다. 거짓 선지자들은 영적인 성장을 기뻐하는 것보다 사람이 많이 모이는 양적인 성장을 더 기뻐한다. 대형 교회들을 표현하는 것이 아니다. 목회자의 중심을 말하는 것이다. 분별력 없는 양들은 하나님을 아는 지식이 없어 고멜처럼 거짓된 유혹에 그들의 말이 그러한가 하여 세상풍요를 하나님보다 더 사랑하며 자신의 신분을 서서히 잊혀져 가는 현실이다. 술람미 같이 하나님의 백성을 품고 기도하지 않는다면 우리의 기도가 헛되어 하나님께 열납되지 않는다.

사람은 사람의 겉모습만 보지만 하나님은 우리의 속사람을 보고 계신다. 오직 예수님만 바라보는 자는 하나님께서 기뻐하시는 믿음의 신부이다. 세상 가치관적인 명예와 학식과 돈과 권력이 있다면 많은 사람들은 그 사람에게서 보이는 가치로 따르고 존경한다. 하지만 하나님은 우리의 속사람을 보신다. 말씀 중심으로 사는 자를 기뻐하신다. 돈과 명예와 학식이 없어도 얼굴이 잘나지 못했어도 하나님을 향한 심령이 가난한 자를 사랑하신다. 이러한 자를 하나님은 기뻐하시고 그와 함께 일하신다.

"심령이 가난한 자는 복이 있나니 천국이 저희 것임이요" 마 5:3

신앙은 우리들의 열심으로 하나님을 기쁘시게 하는 것이 아니다. 하나님의 말씀대로 따르는 자가 하나님의 은혜를 입는다. 20년 30년 평생을 교회 나와 예배하며 헌신했다고 할지라도 말씀 중심이 아닌 인본주의 사상을 가진 자는 하나님의 은혜를 입지 못한다. 하나님을 찾는 자, 하나님을 기뻐하는 자, 그의 이름을 경외하는 자가 하나님께서 찾으시는 믿음의 신부이다 .

아가서 4장 2절 네 이는 목욕장에서 나온 털 깎인 암양 곧 새끼 없는 것은 하나도 없이 각각 쌍태를 낳은 양 같구나

예수님을 사랑하는 믿음의 신부의 모델를 그려낸 말씀이다. 하나님의 말씀을 따르는 신부가 복음의 능력을 드러내어 신랑 되신 예수님의 칭찬을 받는다. 신부가 하나님의 말씀으로 복음을 전하고 그 영혼들을 말씀으로 얼마나 잘 양육했는지 신부의 치아를 비유로 들어

나의 사랑 나의 신부야 일어나 함께 가자

양 무리를 설명하신다.

말씀은 항상 영적인 비유법을 사용했음을 알아야 한다. 신부가 믿음으로 키운 암양들의 건강한 모습과 그 암양들이 또 양들을 품고 있는 복음의 능력을 술람미 치아를 들어 말씀하신다. 윗니가 아랫니를 품고 있는 것에 비유하여 삼십 배 육십 배 백배의 결과를 나타내었음을 의미한다.

말씀으로 순종하는 영혼들의 모습에서 "목욕장에서 나온 털 깎인 암양"이라고 표현하였다. 또한 그 암양들이 모두 새끼를 낳아 "새끼 없는 것은 하나도 없이" 완전한 복음의 능력을 나타내고 있다. 치아를 가리키는 말씀은 치아는 입안에서 주인의 움직임을 따라 음식물을 씹고 주인의 명령의 따라 일을 한다. 입은 주인의 말씀이고 치아는 말씀 안에서 키워진 양들을 이르는 말씀이다. 사람은 그 입에서 나오는 말로 그 사람을 알 수 있다. 하나님을 사랑하는 자는 그 입에서 복음이 흘러나오고, 세상 것을 좋아하는 자에게는 그 입에서 세상 가치관이 흘러나온다. 술람미는 입만 열면 복음을 전했다. 이러한 신부가 어떻게 하나님의 사랑을 입지 않을 수가 있을까!

아가서 4장 3절 네 입술은 홍색 실 같고 네 입은 어여쁘고 너울 속에 네 뺨은 석류 한 쪽 같구나

믿음의 신부 입술을 그렸다. 사람은 그 마음에 담고 있는 것이 입으로 흘러나온다. 술람미 여자의 그 입술이 움직일 때마다 하늘에 속한 예수님을 자랑하고 증거 했다는 것이다. 여기서 "홍색 실은" 예수

님의 보혈의 피를 상징한다.

"위로부터 오시는 이는 만물 위에 계시고 땅에서 난 이는 땅에 속하여 땅에 속한 것을 말하느니라" 요 3:31

예수님은 하늘에 속한 하나님이시기에 만물 위에서 하나님의 속성을 전하셨다. 하지만 사람은 땅에서 나서 땅에 속한 사람이기에 당연히 땅에 것을 말하고 땅에 것을 좋아한다. 그러나 땅의 사람이 예수님의 이름으로 거듭나면 위에 것, 곧 하나님의 속성을 가지고 말을 한다.

믿음의 신부는 그 마음이 말씀으로 거듭나 오직 예수님의 거룩함을 홍색 실을 뽑아내듯 예수님의 십자가의 사랑을 전했다. 술람미는 입만 열면 십자가의 사랑인 보혈의 피 예수님을 증거 했다는 것이다. 예쁜 실을 뽑아내듯 복음의 말을 하는 그 입술이 어여쁘고 어여쁘다. 하나님이 보실 때 그 입술에서 하나님을 자랑하는 언어들과 천국 복음을 전하는 그 입술이 너무 좋으셔서 눈을 뗄 수가 없으셨다는 것이다.

또한 "너울 속에 네 뺨은 석류 한 쪽 같구나"라고 말씀하신다. 복음의 열매를 어떻게 맺었는지 석류를 반으로 쪼개었을 때 알알이 붉게 물들어 박혀있는 씨앗을 비유로 들어 복음의 열매를 말씀하시는 것이다. 하나님의 사람은 겸손 가운데 복음의 열매를 예수의 이름으로 맺어야 한다.

"너는 말씀을 전파하라 때를 얻든지 못 얻든지 항상 힘쓰라 범사에 오래 참음과 가르침으로 경책하며 경계하며 권하라" 딤후 4:2

복음의 열매는 하루아침에 쉽게 얻어지는 것이 아니다. 예수를 믿는 자는 일생을 복음을 위해 살아가야 한다. 신앙은 긴장의 끈을 놓치면 안 된다. 항상 생각하는 것이 하나님의 영광에 초점이 맞추어져 있어야 한다. 우리는 하나님의 백성 사명자다. 때를 얻든지 못 얻든지 복음의 말을 해야 한다. 범사에 복음의 사람으로 살아가야 하는 것이다.

사명자의 위치를 떠나지 않고 겸손한 마음으로 교회 안에서나 밖에서나 하나님의 백성들이 분리되지 않도록 하나님의 백성을 키워야 한다. 복음 전하는 일에는 항상 경책과 경계를 두고 사명을 감당해야 한다. 말씀으로 복음의 씨를 뿌리고, 말씀을 벗어나 넘치는 말과 행동은 삼가 해야 한다. 그리고 믿는 자들 가운데서도 경책과 경계를 두고 복음으로 하나 되어야 한다. 말을 할 때는 하나님께서 말씀하는 것과 같이 하되 말씀의 경계를 넘어 사람의 말로 가르치려 하고 억압하는 것은 종이 상전이 되는 꼴이다.

"만일 누가 말하려면 하나님의 말씀을 하는 것같이 하고 누가 봉사하려면 하나님의 공급하시는 힘으로 하는 것같이 하라 이는 범사에 예수 그리스도로 말미암아 하나님이 영광을 받으시게 하려 함이니 그에게 영광과 권능이 세세에 무궁토록 있느니라" 벧전 4:11

우리가 복음의 일을 하는 모든 것이 하나님의 영광에 초점이 맞추어져야 한다. 하나님의 나라는 서로 협력하여 일치된 복음의 능력을 나타내야 한다. 석류를 반으로 쪼개어보면 석류 알갱이들이 빨갛게 물들어 그룹 그룹 알알이 박혀 석류의 아름다움을 나타낸다. 예수님의 보혈의 피로 거듭난 하나님의 백성들을 의미한다.

석류꽃의 사명은 열매를 맺게 하는 것이다. 꽃을 피우지 않고는 열매를 맺을 수 없다. 석류는 구약시대 제사장 옷에도 석류 수를 놓아 하나님의 백성을 석류로 표현하셨다.

"그 옷 가장자리로 돌아가며 한 금방울, 한 석류, 한 금방울, 한 석류가 있게 하라" 출 28:34

"금방울"은 하나님의 음성을 말씀한다. 제사장 옷에서 금방울 소리를 들을 때 하나님을 생각하고 하나님의 백성임을 잊어서는 안 된다. 그리고 "석류"는 구원의 백성을 의미한다. 즉, 구원의 백성은 하나님 음성을 듣고 살아가야 된다.

"예수께서 가라사대 내가 곧 길이요 진리요 생명이니 나로 말미암지 않고는 아버지께로 올 자가 없느니라" 요 14:6

지금의 성령시대는 예수님이 길이고, 진리이고, 생명이다. 우리는 예수님을 떠나서는 하나님 앞으로 나아갈 수 없다. 구원에 백성은 하나님의 말씀 안에서 성장되어야 한다. 교회마다 그룹 그룹 하나님의 거룩한 속성을 드러내야 된다. 분리되는 신앙은 하나님의 나라를 해치는 것이다. 단합은 신앙의 힘이고 하나님의 깃발이다.

신앙생활을 독불장군처럼 하는 분들이 있다. 이런 분들은 좋은 신앙을 가질 수 없다. 하나님 나라는 형제가 연합하여 하나님의 선한 뜻

나의 사랑 나의 신부야 일어나 함께 가자

을 이루는 것이다.

"형제가 연합하여 동거함이 어찌 그리 선하고 아름다운고" 시 133:1

아가서 4장 4절 네 목은 군기를 두려고 건축한 다윗의 망대 곧 일천 방패, 용사의 모든 방패가 달린 망대 같고

믿음의 신부의 "목"이 "군기를 두려고 건축한 다윗의 망대" 같다고 말씀하신다. "군기"는 믿음의 깃발이다. 믿음의 깃발은 서로에게 믿음의 힘을 실어주고 믿음의 단결을 이루어낸다. 믿음의 깃발을 항상 오롯하게 세우고 목을 움직여 좌우를 살피며 믿음의 사람들이 서로에게 힘이 되어주어야 한다. 그 깃발은 믿음의 백성의 자존심이 달려있음을 알리는 깃발이기도 하다.

"일천 용사의 방패가 달린 망대" 같다고 말씀하신다. "망대"란 복음의 빛을 전달하는 등대와 같다. 그 믿음의 횃불이 많은 사람을 옳은 대로 인도하는 기지국 복음의 빛이다. 오직 예수 이름으로 선교지에서 복음의 능력을 발하는 선교사님이든, 말씀을 전하시는 목사님이든, 교회 안의 직분자에서부터 평신도까지 오직 믿음의 등대가 되어 말씀을 통해 하나가 되어야 된다. 그리할 때 하나님의 능력이 나타난다.

1. 말씀의 젖줄
말씀을 따르는 자는 하나님의 의가 나타나는 축복이 주어진다

아가서 4장 5절 네 두 유방은 백합화 가운데서 꼴을 먹는 쌍태 노루 새끼 같구나

여자의 "유방"은 생명의 젖줄을 말씀하셨다. 복음의 능력은 말씀의 젖줄에서 나온다. 말씀을 먹고 자란 기름진 하나님의 백성을 "쌍태 노루새끼"로 비유한 것이다. 우리는 우리의 생각으로 복음을 전하려 할 때가 너무나 많다. 우리가 가진 지식을 통해 좀 더 멋지게 인본주의의 사상을 가지고 복음을 전하는 경우가 많아 복음의 길이 막힌다. 사람의 가진 학식과 지식으로는 생명을 살릴 수가 없다. 복음에는 하나님의 의가 나타나야 한다. 하나님의 의는 예수 이름으로 나타나는 십자가의 사랑이다. 십자가의 사랑이 곧 생명이다. 그 생명의 젖줄이 바로 말씀이다. 생명을 얻는 일에는 하나님의 말씀으로 복음의 젖줄을 물려야만 생명을 얻을 수 있고 하나님의 뜻을 바르게 전달할 수 있다. 말씀이 힘이고 말씀이 능력이다. "백합화"는 예수님의 순결과 부활을 의미한다. 예수님의 순결은 말씀 안에서 나온다. 말씀은 예수님의 몸이기 때문이다. 그러므로 하나님의 자녀들을 말씀으로 먹이고 가르쳐야 된다. 술람미 여자가 복음의 능력을 말씀의 젖줄을 통해 먹였다는 것이다. 이러한 믿음의 열매를 보고 예수님이 기뻐하셨다.

아가서 4장 6절 날이 기울고 그림자가 갈 때에 내가 몰약산과 유향의 작은 산으로 가리라

인생의 날이 기울고 그림자가 없어질 때 마지막 믿음의 결과는 말씀의 순종으로 만들어낸 십자가 사랑에서 부활의 예수님을 만나는 것이다. 예수님은 우리를 구원하시기 위해 십자가를 지시고 골고다 작은 산으로 가셨다.

"유대 땅 베들레헴아 너는 유대 고을 중에 가장 작지 아니하도다 네게서 한 다스리는 자가 나와서 내 백성 이스라엘의 목자가 되리라" 마 2:6

온 몸은 찢기시고 머리에는 가시관을 씌웠고 조롱, 멸시, 침 뱉음, 옷을 벗겨 수치를 드러내어 만왕의 왕이신 예수님께서 우리를 구하시는 십자가 사랑을 보여주셨다. 그 길은 사랑이 없이는 갈 수 없는 길이다. 술람미는 십자가의 사랑을 바르게 깨닫고 복음을 전해 많은 생명을 얻었다. 예수 믿는 자는 자기의 육체 밖에서 부활의 예수님을 보아야 한다. 십자가 사랑 앞에 자기의 육체를 복종시키지 않고는 부활의 예수님을 볼 수 없다. 십자가의 길은 눈물 없이 갈 수가 없다. "몰약 산"은 십자가의 사랑을 의미하고 "유향 산"은 부활하셔서 많은 사람들이 보는 가운데 승천하신 산이기도 하다. 또한 이 땅에 심판주로 오실 하나님이시다.

"너희 가운데서 하늘로 올리우신 이 예수는 하늘로 가심을 본 그대로 오시리라" 행 1:11

하나님의 사랑은 십자가의 죽음에서 부활의 기쁨으로 우리에게 소망을 주셨다. 우리는 십자가 앞에서 겸손하고 낮은 자세로 복음의 기쁨을 드러내야 한다. 이것이 하나님께서 기뻐하시는 신부이다. 신앙은 아무리 열심을 다해도 부족하다는 마음이 들어야 한다. 사도 바울은 많은 고난 가운데서 하나님의 영광을 드러내었음에도 "맨 나중에 만삭되지 못하여 난 자 같은 내게도 보이셨느니라… 나의 나 된 것은 하나님의 은혜로 된 것이니 내게 주신 그의 은혜가 헛되지 아니하여 내가 모든 사도보다 더 많이 수고하였으나 내가 아니요 오직 나와 함께하신 하나님의 은혜라" 고백했다(고전 15:8~10).

"무릇 자기를 높이는 자는 낮아지고 자기를 낮추는 자는 높아지리라"
눅 14:11

하나님의 나라는 인생의 자랑에 있는 것이 아니라 겸손함에 있다. 복음을 드러내는 일에는 강하고 담대해야 되지만 그 결과에는 겸손한 자세로 신부의 수줍음으로 나타내야 한다.

"그는 흥하여야 하겠고 나는 쇠하여야 하리라" 요 3:30

복음을 외친 세례 요한의 신앙고백이다. 하나님의 나라를 우리가

나의 사랑 나의 신부야 일어나 함께 가자

만 백성에게 알려야 되지만 우리는 무익한 종으로 복음을 전하는 사명자일 뿐 이라는 사실을 잊어서는 안 된다. 종은 무슨 일을 하든지 주인의 이름을 드러낼 뿐이다. 종이 주인 앞에서 자기의 이름을 드러내는 것은 악한 종이다. 종의 이름은 주인이 칭찬으로 불러 줄 때 비로소 그 이름이 빛이 난다.

복음의 능력은 하나님께 영광 돌리는 일이다. 아무리 많은 능력으로 하나님의 일들을 나타내었다 할지라도 그 능력은 사람의 능력이 아니고 하나님의 능력으로 나타난 것이다. 우리는 무익한 종으로 사용되었을 뿐이다. 죽어도 주를 위해 죽고 살아도 주를 위해 사는 것이 술람미 여자의 신앙이며 우리의 신앙이 되어야 한다. 우리는 사나 죽으나 오직 주님의 것이다. 내 안에 십자가의 사랑을 밝히 드러내야 한다. 십자가 안에 자기의 자랑이 숨어있다면 하나님의 자리에 피조물이 앉아 하나님의 영광을 가로 채는 것이다. 믿음에는 교만이 있을 수가 없다. 오직 내 안에 십자가 사랑으로 하나님의 뜻을 이루는 것이다.

아가서 4장 7절 나의 사랑 너는 순전히 어여뻐서 아무 흠이 없구나

흠은 죄를 말한다. 죄는 세상의 어떤 방법으로든 없앨 수 없다. 오직 예수님을 사랑하는 믿음을 가진 자만이 그 믿음으로 자기의 허물을 이불과 같이 덮는다. 죄가 주홍 같을지라도 눈과 같이 희게 해주시는 하나님의 은혜가 예수님을 사랑하는 믿음을 가진 자에게 주어지는 은혜다.

"오라 우리가 서로 변론하자 너희 죄가 주홍 같을지라도 눈과 같이 희어질 것이요 진홍같이 붉을지라도 양털같이 되리라" 사 1:18

예수 믿는 우리가 이러한 은혜를 입는 것은 하나님이 우리를 사랑하시기 때문이다. 자식이 잘못된 길에서 용서해달라고 부모에게 빌면 부모는 그 자식을 용서한다. 용서하는 이유는 단 하나, 자식을 사랑하기 때문이다. 또한 부모는 자식이 스스로 잘못했다고 빌기를 내심 기다린다. 이러한 마음이 부모의 마음이다. 하나님께서도 우리를 사랑하시기 때문에 하나님 품으로 돌아온 자를 용서하시고 우리의 죄를 사해주신다

"하나님이 세상을 이처럼 사랑하사 독생자를 주셨으니 이는 저를 믿는 자마다 멸망치 않고 영생을 얻게 하려 하심이니라" 요 3:16

너희가 나를 사랑한 것이 아니라 내가 너희를 사랑했다고 하신다. 하지만 하나님께서 아무리 우리를 사랑하셔도 하나님의 십자가의 사랑을 깨닫고 말씀으로 돌아온 자만이 그 사랑을 입는다.

"이스라엘 뭇 자손의 수가 비록 바다의 모래 같을지라도 남은 자만 구원을 얻으리니" 롬 9:27

하나님을 사랑하지 않고는 영생을 얻을 수가 없다. 아직까지도 세상 것을 놓지 못해 말씀으로 돌아오지 않는 자에게는 기회를 열어두

시고 기다리시지만 말씀으로 돌아온 자에게는 하나님의 사랑을 입혀 주신다. 말씀을 믿고 예수님 안에 있는 자는 하나님께서 의로 여기신다. 말씀으로 순종하는 교회와 성도가 너무 어여뻐서 신부의 흠이 보이지 않고 우리의 허물을 십자가의 사랑으로 덮어주시는 하나님의 은혜다. 말씀 안에서의 순종이 이만큼 중요하다. 아무 흠이 없으시고 주름 잡힌 것이 없는 정말 완벽하신 예수님께서 우리를 품어주시므로 우리 죄의 흠이 보이지 않는다. 이것이 유월절의 은혜다. 하나님의 말씀을 믿고 문설주에 양의 피를 바른 자는 재앙이 그 집을 넘어가는 하나님의 은혜다.

"내가 애굽 땅을 칠 때에 그 피가 너희의 거하는 집에 있어서 너희를 위하여 표적이 될지라 내가 피를 볼 때에 너희를 넘어가리니 재앙이 너희에게 내려 멸하지 아니하리라" 출 12:13

이러한 분의 부르심으로 신앙의 길을 가는 우리는 그분의 말씀 안에서 절대적으로 순종해야 한다.

예수님도 하나님의 말씀대로 이 땅에 오셨고 말씀대로 십자가를 지심으로 말씀의 능력을 나타내셨다. 십자가의 능력은 우리를 죽음에서 생명으로 옮기셨다. 우리를 위해 십자가에서 못 박혀 죽으신 예수님께서 죽은 자 가운데서 부활체 성령의 하나님으로 우리에게 오시고 하나님의 우편에 앉아 세상 모든 것을 예수님의 이름으로 다스리신다. 장차 이 땅에 심판 주로 오실 하나님이시다. 그러므로 하나님의 능력은 말씀 안에 있다. 이러한 예수님을 술람미 여자가 생명을 걸고 사랑했다. 예수님을 사랑한 결과 그 믿음의 열매가 얼마나 많이 맺혔는지 육체의 신비를 그려 복음의 능력을 나타내었다. 믿음은 말씀 안에서 성장이 되고 능력이 나온다. 말씀은 완벽하시며 그 말씀 안에서 일하시는 하나님이시다. 말씀이 우리의 능력이고 우리의 힘이다. 믿음에는 흠이나 주름 잡힌 것이 없어야 한다.

"자기 앞에 영광스러운 교회로 세우사 티나 주름잡힌 것이나 이런 것들이 없이 거룩하고 흠이 없게 하려 하심이라" 엡 5:27

세상 방법과 인간의 상식으로 말씀을 전하면 말씀이 주름 잡히는 것이다. 말씀은 성령의 운행하심으로 전해야 한다. 오직 예수 이름으로만 살아온 신부를 십자가 사랑으로 맞아주시는 신랑 되신 예수님이시다.

아가서 4장 8절 나의 신부야 너는 레바논에서부터 나와 함께하고 레바논에서부터 나와 함께 가자 아마나와 스닐과 헤르몬 꼭대기에서 사자 굴과 표범 산에서 내려다보아라

예수님께서 술람미에게 가나안의 축복을 말씀하신다. "레바논"이라 함은 (에덴) 하나님 나라의 풍성과 기름짐을 비유한다. 즉, "레바논에서부터 나와 함께하고"는 하나님의 약속의 말씀을 믿고 함께 하자라는 의미이다. "아마나"는 레바논(에덴) 근처에 있는 강으로 그 물은 레바논에서 발원하여 끊이지 않고 아마나로 흘러 "스닐" 눈 덮인 흰

산을 관통한다. 이로 말미암아 눈이 녹아내리고 수원지를 만들어 요 단강까지 흘러 보낸다. 사계절 내내 눈으로 덮인 스닐 흰 산에서 흐르는 물은 주변국가 넓은 녹지를 이루고 짐승들은 꼴을 뜯고 생명들이 번성한다. 엘리사가 나병에 걸린 나아만 장군에게 요단강에 가서 일 곱 번 씻어 나음을 입으라고 했을 때 나아만이 화를 내며 아마나 강을 언급했다. 그만큼 아마나 강은 에덴에서 발원한 축복에 강이라 볼 수 있다. 이렇게 기름진 땅이 가나안이다. "사자굴과 표범" 이란 시혼 왕 과 바산 왕 옥을 가리켜 비유한 것이다. 이 두 왕은 가나안의 일곱 족 속 왕들의 우두머리 왕이다. 그런데 '시혼 왕과 바산 왕 옥'이 이스라 엘 백성을 자기 땅으로 통과하지 못하도록 가로막았기 때문에 하나님 께서 두 왕을 죽였다. 가나안의 정복에 있어 성경은 여러 번 시혼 왕 과 바산 왕 옥을 언급한다.

"아모리인의 왕 시혼을 죽이신 이에게 감사하라 그 인자하심이 영원함이 로다 바산 왕 옥을 죽이신 이에게 감사하라 그 인자하심이 영원함이로다" 시 136:19~20

"므낫세 반 지파 자손들이 그 땅에 거하여 번성하여 바산에서부터 바알헤 르몬과 스닐과 헤르몬산까지 미쳤으며" 대상 5:23

말씀은 역사를 통해 하나님의 속성을 드러내며 하나님의 속성은 영원한 나라 가나안(천국)으로 우리를 인도하는 축복의 말씀이다. 흐르는 물은 생명을 살리지만 흘러 보내지 않는 강물은 썩어 악취를 내고 땅을 썩게 만든다. 바다도 마찬가지다. 흘러 보내지 못하는 바다는 소금 땅을 만들고 생물이 살지 못하는 사해 바다를 만든다.

하나님의 백성이 가나안을 정복함에 있어 가장 중요한 땅은 요단이다. 요단을 얻기 위해서는 헤르몬 눈으로 덮인 아모리 왕 시혼의 영토였던 산을 정복해야만 한다. 헤르몬은 사계절 내내 눈 덮인 흰 산이 이슬같이 녹아내려 요단으로 흐른다. 녹아내린 눈 물은 수원을 이루고 생명체가 번성하는 것을 헤르몬의 산꼭대기에서 술람미에게 바라보라는 것이다. 하나님의 눈은 하늘에 있고 사람에 눈은 땅에 있다. 사람이 아무리 지혜롭다 한들 하늘에서 인생을 굽어 살피시는 하나님의 눈을 따라갈 수 없다. 인간은 당장 땅에 보이는 것을 구하지만 하나님의 눈은 인생의 끝을 보시고 완전함과 풍요와 평안을 주기기를 원하신다. 우리의 인생의 길을 하나님 안에서 찾지 않는다면 당장 얻어지는 그 기쁨이 내 생명을 빼앗아 갈 수도 있다. 술람미 여자의 길을 안내하시는 하나님께서 우리의 하나님이시다. 헤르몬의 눈 덮인 산을 보고 보여지는 것으로 포기하지 말고 앞에 놓인 장애물을 축복으로 바꾸라는 것이다. 믿음의 사람은 시대를 앞서 복음의 능력을 나타내야 한다. 세상에도 시대의 앞날을 볼 수 있는 자는 다가오는 시대를 앞서 준비한다.

4차 산업의 혁명은 인간 로봇시대이다. 사람의 신경조직을 연구하여 기계가 각 분야에 사람과 같이 생각하는 지능이 발전에 발전을 거듭할 것이다. 사람의 편리한 시스템이 결국 하나님의 능력을 부인하고 사람이 만든 인공지능을 더 믿고 따를 것을 필자는 확신한다. 하

나의 사랑 나의 신부야 일어나 함께 가자

나님께서는 인간의 끝을 알고 계신다. 세상의 발전은 "사람들 앞에서 불이 하늘에서 내려오게 하고 그 짐승의 우상에게 생기를 주어 그 짐승의 우상으로 말하게 하고 또 그 짐승의 우상에게 경배하지 아니하는 자는 몇이든지 다 죽이게 하더라"(계 13:13~15) 이것이 사탄의 계략이다. 사탄이 만든 생명은 살아있는 것 같으나 가짜이다. 비슷하게 보이지만 생명이 없는 죽은 호흡이라는 것이다. 우리는 세상에게 속지 말아야 한다. 사람의 기술이 아무리 발전에 발전을 거듭해도 세상의 기술로는 생명을 만들 수 없다. 생명은 하나님의 소유이기 때문이다. 하나님께서 세상을 창조하시고 사람을 만들어 에덴 동산에서 살게 하셨지만 사람이 하나님과의 언약을 어기고 하나님의 영역까지 침범함으로 에덴 동산에서 내어 쫓긴 것이다

"보라 이 사람이 선악을 아는 일에 우리 중 하나같이 되었으니 그가 그 손을 들어 생명 나무 실과도 따먹고 영생할까 하노라 하시고 그 사람을 내어 보내어 그의 근본 된 토지를 갈게 하시니라… 에덴 동산 동편에 그룹들과 두루 도는 화염검을 두어 생명 나무의 길을 지키게 하시니라" 창 3:22~24

사람의 본심이 악하여 이들이 생명 나무 실과를 따먹고 영생할까 하여 내어 쫓으신 것이다. 사람의 기술이 아무리 뛰어나고 발전에 발전을 거듭해도 사람에게는 생명을 불어넣는 것은 허락지 않았다. 사람이 생명을 갖게 되면 이 땅에서 하나님을 버리고 영생할까 하여 내어 쫓으신 것이다. 생명은 하나님의 것이다. 생명은 살아있어 육체 안에 있을 때나 육체 밖에 있을 때나 아픔과 고통을 느낀다. 사람이 만

든 기계는 생명이 없기 때문에 아픔도 슬픔도 고통도 없이 고철로 돌아가지만 사람은 생명이 있어 죽음으로 끝나지 않는다. 사람은 하나님의 소유다. 하나님의 손을 떠나서는 아무것도 할 수 없다. "선악을 아는 일에 우리 중 하나같이 되었으니"(창 3:22)하는 말씀대로 선은 하나님의 것이고 악은 사람이 추구하는 것이다. 인간이 아무리 생명공학을 원해도 생명은 하나님의 것이다. 인간의 발전은 지속적으로 발전하여 하나님을 대적하는 생명공학까지 원하며 달려갈 것이다. 그러나 "생명나무를 지키는 화염검"은 마지막 심판의 불이다. 하나님의 영역까지 도전하는 세상은 하나님의 말씀대로 세상을 불로 심판하신다. 하나님의 사람이 말씀에 민감하지 못하고 감각 없는 삶을 살아간다면 우리를 지으신 하나님을 부인하는 것이다. 그러나 끝까지 믿는 자는 구원을 얻는다.

하나님의 신부는 하나님의 나라를 말씀을 통해 보고 듣고 레바논의 백향목처럼 믿음의 힘을 드러내야 한다. 백향목의 향기가 가득한 말씀의 축복은 예수 이름으로 하나님의 백성을 살리는 것이다. 하나님께서는 말씀 안에서 함께하시고 말씀 안에서 복음의 능력을 나타내신다. 인간의 힘으로는 헤르몬 해발 2,814m로 흰 눈이 덮인 높은 고지대에 살고 있는 사자와 표범들을 끌어 내릴 수가 없다. 그런데 하나님의 능력으로는 다 하실 수 있다. 이것은 가나안 정복을 통해 우리에게 보여주셨다. 우리도 예수의 이름으로 세상을 넉넉히 이길 수 있다. 하나님의 말씀 안에만 있다면 세상에 묶여있는 하나님의 백성을 악한 어두움에 세력에서 빼앗아 내어 하나님의 거룩함으로 세상을 정복시

나의 사랑 나의 신부야 일어나 함께 가자

키는 것이다. 복음은 흐르는 물과 같다. 쌓인 눈은 흐르는 물을 이기지 못한다. 눈의 취약점은 쌓이면 얼음으로 만들 수 있겠지만 흐르는 물에는 이겨낼 수가 없다. 말씀은 눈이 녹아내림으로 산봉우리가 낮아져 사자나 표범을 정복할 수 있다는 것을 비유로 들어 표현하고 있다. 복음은 세상을 넉넉히 이기는 능력이다. 우리의 축복은 생명을 살리는 데 있다.

"머리에 있는 보배로운 기름이 수염 곧 아론의 수염에 흘러서 그 옷깃까지 내림 같고 헐몬의 이슬이 시온의 산들에 내림 같도다 거기서 여호와께서 복을 명하셨나니 곧 영생이로다" 시 133:2.3

아가서 4장 9절 나의 누이 나의 신부야 네가 내 마음을 빼앗았구나 네 눈으로 한 번 보는 것과 네 목의 구슬 한 꿰미로 내 마음을 빼앗았구나

"나의 누이 나의 신부야" 당시에는 한 혈통가운데서 결혼을 했다. 아브라함도 사래가 이복 누이다. 이삭도 아브라함의 형제 브드엘의 딸 리브가를 아내로 맞이했다. 야곱도 라반 외삼촌의 딸 레아, 라헬을 아내로 삼았다. 누이란 한 혈통을 말씀한다. 솔로몬 왕이 같은 혈통이 아닌 이방여인들을 아내로 맞아 하나님의 기쁨이 되지 못했다. 하지만 여기서는 술람미와 한 혈통이라는 비유를 들어 말씀한다. 믿음의 혈통은 성령 안에서 예수의 이름으로 이어지는 것이다. 하나님은 당신의 혈통을 위해 성령으로 잉태되어 여자의 후손으로 이 땅에 오시고 당신의 혈통 성령으로 거듭난 자를 찾으신다.

"곧 창세전에 그리스도 안에서 우리를 택하사 우리로 사랑 안에서 그 앞에 거룩하고 흠이 없게 하시려고 그 기쁘신 뜻대로 우리를 예정하사 예수 그리스도로 말미암아 자기의 아들들이 되게 하셨으니" 엡 1:4~5

"성령으로 아니하고는 누구든지 예수를 주시라 할 수 없느니라" 고전 12:3

우리 죄를 위하여 십자가에서 보혈의 피로 당신의 혈통인 우리를 살리셨다. 예수를 믿는 자, 하나님을 아버지라 부르는 자는 하나님의 백성이다. 예수님을 믿고 말씀을 따라 복음의 열매를 맺는 자는 하나님을 기쁘시게 하는 자다. 복음의 길을 달려가는 믿음의 신부에게 신랑이 마음을 빼앗겼다는 것이다.

왜, 무엇 때문에 술람미가 예수님의 마음을 사로잡았을까? 술람미목에 걸린 구슬 한 꿰미로 예수님의 마음을 사로잡았다. 예수님의 합당한 신부가 되어 구슬 한 꿰미를 목에 두름같이 말씀의 지혜로 얻어진 많은 영혼들이 술람미 신부의 목걸이 장식이 되었다. 그것을 보고 예수님께서 술람미에게 마음을 빼앗겼다는 것이다.

"네 영혼의 생명이 되며 네 목에 장식이 되리니" 잠 3:22

하나님은 영혼에게 관심이 있다. 목회자로 부르심을 입었든, 선교사로, 장로로, 집사로, 권사로, 평신도로, 어느 자리로 부르심을 받았다 할지라도 우리는 말씀 안에서 믿음이 성장되어 잃어버린 하나님의 영혼들을 말씀의 자리로 인도하는 것이 우리의 본분이다. "나는 심었

나의 사랑 나의 신부야 일어나 함께 가자

고 아볼로는 물을 주었으되 오직 믿음을 자라나게 하시는 것은 하나님이시라" 우리의 본분은 죽어가는 영혼을 예수님 품으로 말씀의 자리로 인도하고 그 영혼들을 섬기는 것이 하나님을 기쁘시게 하는 것이다. 믿음의 성장은 사람의 말과 사람의 지혜로 되는 것이 아니라 하나님의 말씀으로 성장된다.

아가서 4장 10절 나의 누이 나의 신부야 네 사랑이 어찌 그리 아름다운지 네 사랑은 포도주에 지나고 네 기름의 향기는 각양 향품보다 승하구나

아가서는 솔로몬이 여인에 대한 사랑을 논한 것이다. 그러므로 누이라는 칭호를 친밀한 관계 속에서 주님의 음성을 듣고자 한다. 예수님은 하나님의 아들이시면서도 이 땅에 육신의 옷을 입고 마리아의 아들로 태어나셨다. 신성과 인성을 함께 가지신 예수님께서 예수님을 낳은 마리아를 어머니라고 불렀다. 그렇다면 여동생은 누이로 형은 형으로 불렀다는 것이다.

누이라는 이름은 얼마나 친밀성이 있고 오빠에 입장에서는 정말 사랑스러운 여동생이다. 여동생 입장에서 보면 오빠는 보호자와 같은 존재다. 여동생이 오빠를 믿고 따른다면 오빠에 입장에서는 무엇이든 다 들어주고 싶은 사랑스러운 여동생이다. 여동생이 오빠에게 부탁한 것이 빨리 이루어지듯이 오빠와 누이의 관계가 남다르게 친밀하다는 것이다. 우리는 하나님과 관계가 친밀하지 못해 기도의 응답을 받지 못한다. 기도 응답을 많이 받는 분들은 하나님과 관계가 친밀하다.

무시로 기도하고 무엇을 하든지 예수님께 묻고 도움을 요청하고 사람의 힘을 의지하지 않고 말씀을 의지하고 살아간다. 하나님과 관계는 말씀을 떠나서는 예수님과 동행할 수가 없다. 말씀이 당신의 몸이기 때문에 우리가 말씀으로 들어오지 않고는 신앙의 해결점은 없다. 술람미가 말씀을 따라 살아가는 모습이 "나의 누이 나의 신부야 아름답다"는 것이다. 기도의 응답은 이것이다. 말씀을 사모하고 말씀과 대화하고 말씀을 자기의 생명같이 품고 세상의 어떤 것보다 예수님을 사랑해야 한다. 이러한 자를 하나님께서 기뻐하신다. 하나님께서는 우리의 신음소리까지도 들어주신다. 말씀은 예수님의 살과 피다. 그런데 신랑 되신 예수님의 품 안에 안기어 살기를 바라는 그 신부를 어떻게 좋아하지 않을 수가 있을까! 이것이 믿는 자의 비밀이다.

"네 사랑이 어찌 그리 아름다운지 네 사랑은 포도주에 지나고 네 기름의 향기는 향품보다 승하구나" 말씀을 믿고 따르는 향기가 하나님의 마음을 기쁘게 한다는 것이다. "네 사랑은 포도주에 지나고"하는 고백은 솔로몬 왕의 신분에서 신부를 맞이하는 표현이다. 솔로몬 왕이 마시는 최고급 술 포도주의 향 하고도 비교 할 수 없다는 것이다. 세상에 어떤 향기가 이렇게 향기로울까! 오직 예수님만 바라고 믿음의 길을 달려온 믿음의 신부가 너무나 예쁘다는 것이다. 온몸의 고난의 상처 속에서도 믿음의 열매로 채운 흔적들이 너무나 아름답다는 것이다. 우리가 세상에서 예수님의 신부로 준비하는 과정은 그리 길지가 않다. 마음을 다하여 말씀을 따르고 영혼을 섬기며 육신의 에너지를 하나님의 영광을 위해 쏟아내고 날마다 기도와 말씀으로 하루 일과를 준비하는 지혜로운 신부가 되어야 한다. 하나님의 지혜로운 신부는 어떤 어려움 속에서도 말씀을 따른다. 백합화는 가시밭에서 가시에 찔림으로 향기가 더 짙게 난다. 신앙은 고난 가운데서 영글어 가는 열매와 같다. 복음의 열매는 비바람을 견디고 눈보라도 견디고 더위도 견디어 상아에 청옥을 입힌 듯 아름다운 신앙의 흔적을 나타내야 한다.

"내가 내 몸에 예수의 흔적을 가졌노라" 갈 6:17

사도 바울의 신앙고백이다. 하나님의 사람은 힘들고 어려운 상황 속에서도 복음의 능력을 나타내야 한다. 인생의 굽이굽이마다 무엇을 힘쓰고 애쓰며 살아왔는지 지난 시간을 돌아보아야 한다. 육체는 영원하지가 않다. 인생의 시간이 다 되어 육체의 옷을 벗을 때 하나님께서 우리의 육체의 흔적을 찾으실 것이다.

예수님은 십자가의 흔적을 우리에게 주셨다. 아브라함은 말씀의 순종을 통해 자기의 본토 아비 집을 떠나 하나님과 동행하며 아들 이삭을 하나님께 드리므로 믿음의 조상이 되었다. 야곱은 하나님의 축복을 받기 위해 세상의 배고픔과 추위와 더위를 견디며 죽으면 죽으리라는 기도로 이스라엘이라는 축복을 받아 열두 조상의 아비가 되었다. 모세는 애굽 왕의 후계자 자리를 버리고 하나님의 백성과 함께하는 것을 더 기뻐하여 하나님의 백성을 가나안으로 인도하는 열두 지파 족장이 되었다. 사도 바울은 자기 가진 배경 지식 모든 것을 말씀 앞에 내려놓고 성령의 인도하심을 따라 성경말씀 13편을 기록했다.

예수님의 제자들은 복음을 위해 순교자의 자리에서 육체의 고난을 감당했다. 어떻게 믿음의 길을 걸어간 하나님의 사람을 다 기록할 수 있겠는가!

우리는 무엇으로 육체 가운데 십자가를 사랑한 믿음의 흔적을 남길 것인가? 술람미 여자의 신앙은 자기 육체 가운데 많은 영혼을 품어 예수님을 사랑한 흔적을 남겼다. 이것이 믿음의 향기다. "네 사랑이 어찌 그리 아름다운지 네 기름의 향기는 각양 향품보다 승하구나" 영혼을 품은 믿음의 향기는 세상 어떤 향품하고도 비교할 수 없다. 믿음의 흔적은 말씀의 순종에서 나타난다.

2. 복음의 입술

아가서 4장 11절 내 신부야 네 입술에서는 꿀 방울이 떨어지고 네 혀 밑에는 꿀과 젖이 있고 네 의복의 향기는 레바논의 향기 같구나

하나님께서 기뻐하는 믿음의 신부가 살아가는 일상이다. 술람미는 입술에서 말씀이 꿀 방울이 되어 사람을 살리는 일을 했다. 또한 믿음의 신부의 혀 밑에는 하나님의 말씀과 말씀의 젖줄이 침이 고이듯 고여 있고 혀 밑 침샘이 쉬지 않고 혀를 움직일 때마다 감사의 말씀이 그 입안에서 흘러나왔다.

그런데 우리가 성경을 읽지도 않고 기도하지도 않고서 어떻게 생명의 말씀이 입안에서 흘러나올 수 있겠는가! 사람은 생각하는 것이

나의 사랑 나의 신부야 일어나 함께 가자

그 입에서 나오고 인생에서 힘을 쓰는 것이 그 입안에 고여 나오는 것이다. 하나님의 신부로 부름을 받았다면 그 입에서 복음의 능력이 흘러 나와야 한다. 복음의 능력을 가진 자는 사람을 차별하지 않는다. 하나님의 마음을 가졌기 때문이다. 하나님의 마음은 영혼에게 관심이 있기 때문에 사람의 눈에 보이는 화려함으로 사람을 판단하지 않고 약한 자와 함께하고 싶고 그들의 괴로움에 동참하고 싶은 마음이 든다. 이것이 하나님의 기쁨이 되고 예수 믿는 자의 향기다.

"네 의복의 향기는 레바논의 향기라" 네 의복은 예수 이름으로 살아가는 구원의 백성을 가리키는 말씀이다. 레바논의 향기는 말씀으로 나오는 믿음의 향기다. 레바논은 풍부한 자원이 있고 젖과 꿀이 흐르는 땅으로 백향목이 잘 자란다. "레바논"의 기름진 땅은 말씀의 땅을 의미한다. 믿음의 자원이 말씀 안에서 나타나므로 믿음의 성장은 말씀 안에서 이루어져야 한다. 그리고 복음의 열매는 믿음의 흔적이며 믿음의 증표다. 말씀을 가진 자가 머무는 곳마다 앉고 일어서는 곳마다 예수님이 증거 된다. 그 말씀은 살아있는 날선 검이다. 그러므로 믿음은 악한 사탄들이 제일 무서워하는 말씀의 칼이다. 말씀은 곧 하나님이시므로 하나님은 믿는 자 안에서 말씀의 능력을 나타내신다.

"하나님의 말씀은 살았고 운동력이 있어 좌우에 날선 어떤 검보다도 예리하여 혼과 영과 및 관절과 골수를 찔러 쪼개기까지 하며 또 마음의 생각과 뜻을 감찰하시나니" 히 4:12

아가서 4장 12절 나의 누이, 나의 신부는 잠근 동산이요 덮은 우물이요 봉한 샘이로구나

하나님의 신부는 "잠근 동산이라" 세상 것으로부터 믿음이 희석되지 않도록 올바른 신앙의 길을 통해 사명을 감당해야 함을 의미한다. "덮은 우물이요"는 하나님의 말씀이 자신을 온전히 주장할 수 있도록 말씀 안에 삶을 살아가야 함을 나타낸다. "봉한 샘"은 왕의 옥쇄로 인쳐놓은 것을 아무나 그 뚜껑을 열수 없다. 그 뚜껑을 열 수 있는 분은 그 인친 왕의 허락이 있어야 그 뚜껑을 열 수 있다. 우리는 예수 이름으로 인쳐 덮어 봉해놓은 신부다. 예수님의 신부는 세상 것으로 희석되면 안 된다. 철저히 말씀 중심으로 살아가야 한다. 그 길이 말씀의 길 좁은 길이다.

"대저 물이 바다를 덮음같이 여호와의 영광을 인정하는 것이 세상에 가득하리라" 합 2:14

물이 바다를 덮음같이 하나님의 말씀이 온전히 우리의 마음을 주장 하실 수 있도록 우리의 마음의 문을 열어 말씀의 능력을 받아야 한다. 세상의 물질이 하나님 앞에서 힘을 쓰지 못하고 세상의 권력이 하나님의 말씀 앞에 머리를 숙이고, 세상의 지식이 하나님의 말씀 앞에서 얼굴을 들지 못하고 부끄러워하도록 하나님의 사람들이 믿음의 힘을 합하여 말씀의 증인이 되어야 한다.

나의 사랑 나의 신부야 일어나 함께 가자

"봉한 샘이로구나"에서 "봉한 샘은"은 변질되지 않는 순수한 신앙을 뜻한다. 순수한 하나님의 말씀 자체가 능력이다. 하나님의 말씀을 온전히 믿지 못하면 봉합하지 않은 변질된 신앙이 되어 하나님의 능력이 나오지 않는다. 그러나 변질되지 않은 샘은 잠자는 영혼들을 깨우고, 신앙의 힘을 잃은 자에게 힘을 실어주며, 소망이 희미한 자에게 확실한 소망을 갖게 하며, 말씀을 믿고 따르는 자에게 확실한 증거가 된다. 하나님의 능력은 사람의 힘으로 지혜로 가져올 수 있는 것이 아니다. 하나님의 능력을 가져올 수 있는 사람은 세상에는 아무도 없다. 하나님의 능력을 가져올 수 있는 분은 오직 예수님밖에 없다. 그래서 우리는 예수님을 만나야만이 세상을 이길 수 있는 능력을 갖게 되는 것이다. 하나님의 능력을 가지고 계시는 신랑 예수님과 믿음의 신부가 만났을 때 하나님의 능력이 예수 이름으로 흘러나온다.

"예수께서 가라사대 내가 곧 길이요 진리요 생명이니 나로 말미암지 않고는 아버지께로 올 자가 없느니라" 요 14:6

하나님의 능력을 가질 수 있는 것도, 장차 하나님 앞으로 나아가는 것도 십자가에 길을 걷는 자에게 주어지는 축복이다. 십자가의 길을 걸어가지 않고는 하나님의 능력이 나타나지 않는다. 신부가 신랑을 보고 십자가 사랑을 많이 표현 할수록 하나님의 능력은 더 힘 있게 나온다. 신부가 신랑 예수님을 믿고 말씀 따라 기도하고, 헌신하고, 움직인다면 하나님 안에 있는 능력이 예수님을 통해 흘러나온다는 것이다. 신앙은 믿음에 따라 능력의 힘도 다르게 나타난다. 믿음의 기준은 말씀 안에서 신앙생활을 했을 때 비로소 하나님의 능력이 나타난다. 믿음의 신부라면 예수님의 혈통이라면 그리스도의 사명을 말씀 안에서 힘 있게 드러낼 때 우리에게 이 땅에서의 건강과 행복이 주어지고 영생의 복을 이어받는다.

아가서 4장 13~14절 네게서 나는 것은 석류나무와 각종 아름다운 과수와 고벨화와 나도초와 나도와 번홍화와 창포와 계수와 각종 유향목과 몰약과 침향과 모든 귀한 향품이요

석류나무 – 구원의 백성을 의미(출 28:34)

각종 아름다운 과수 – 믿음의 열매

고벨화 – 오래 지속되는 향으로 복음의 능력, 부활을 의미

나도초 – 성령의 기름을 의미. 마리아의 향유 옥합을 드린 신앙고백을 의미함 "

나도 – 겨자씨 한 알의 변화

번홍화 – 신부에게 나는 냄새이며, 신랑이 좋아하는 복음의 냄새를 의미

창포(약초) – 복음의 능력에서 나오는 치유제

계수 – 말씀의 길을 바르게 따름을 의미. 하나님의 계수에는 함수 관계가 있다(마 7:21 약 2:14).

유향목 – 소망을 주는 예수님의 향기, 십자가로부터 나오는 부활의 기쁨

몰약 – 십자가의 죽으심으로 구원사역을 나타냄.

나의 사랑 나의 신부야 일어나 함께 가자

침향 – 술람미의 단단한 믿음을 나타냄 "단단한 식물은 장성한 자의 것이니" 선악의 바른 분별력 (히 5:14)

이와 같은 모든 거룩한 열매와 향기는 예수님의 품에서 나는 것이다. 그런데 술람미가 예수님을 좋아하고 따르니까 술람미에게서 예수님께서 좋아하시는 냄새가 난다.

술람미는 그리스도의 향기를 머금고 있는 석류와 같다. 구원의 기쁨에서 얻어지는 믿음의 열매는 예수님의 향취다. 복음의 향기가 술람미 몸에 배어있어 성령의 기름 부으심이 믿는 자 안에서 흐르는 것이다. 예수님의 향기는 생명을 걸고 예수님을 사랑하는 자들에게 흘러내려 그들을 통해 세상을 변화시킨다. 우리 인생의 회복제는 예수님 안에 있다. 인생의 고민, 환경의 두려움, 육체의 병! 하나님 안에서는 해결 받지 못할 것이 없다. 이러한 비밀을 예수님 안에서 깨닫고 순종하는 술람미의 모든 허물을 덮어주시고 예수님의 거룩한 신부로 노래한 것이다. 세상에 있는 향기가 진한 고벨화, 나도초, 번홍화, 창포, 계수, 유향, 몰약, 침향 같은 향기가 진하고 치유제가 되는 이름을 들어 신부를 자랑하고 있다. 하나님께 인정받은 자는 무엇을 하든지 어디를 가든지 축복해주신다.

"네가 네 하나님 여호와의 말씀을 순종하면 이 모든 복이 네게 임하며 네게 미치리니 성읍에서도 복을 받고 들에서도 복을 받을 것이며 네 몸의 소생과 네 토지의 소산과 네 짐승의 새끼와 우양의 새끼가 복을 받을 것이며 네 광주리와 떡반죽 그릇이 복을 받을 것이며 네가 들어와도 복을 받고 나가

도 복을 받을 것이니라" 신 28:2~6

말씀을 믿고 따르는 자는 세상 것으로 염려하지 말라는 것이다. 자녀들의 앞날을 두고 염려하지 말고 말씀으로만 양육 하라는 것이다. 재산 증식이 안 되어서 한숨 짓지 말고 안절부절 하지 말고 홍해바다를 가르시는 하나님의 능력을 보라는 것이다. 우리의 염려함으로 해결될 것은 하나도 없다. 우리의 발걸음을 인도하시는 분은 오직 하나님이시다. 하나님의 자녀는 하나님의 사람과 함께하면서 예수의 이름으로 함께 즐거워하고 함께 믿음의 힘을 잃지 않도록 서로를 세워주면서 성장해 갈 것이다.

"너를 축복하는 자에게는 내가 복을 내리고 너를 저주하는 자에게는 내가 저주하리니" 창 12:3

하나님께서는 믿음의 모델을 통해 그와 함께하는 자에게도 축복해 주신다. 사람의 심리도 똑같다. 내가 사랑하는 우리 자녀에게 잘해주면 나도 그 사람에게 잘해주고 싶고 우리 자녀를 다른 사람이 괴롭히고 해하면 나도 그 사람을 갑절이나 더 해하고 싶은 것이 사람의 마음이다. 하나님의 사람을 함부로 평가하고 시기하고 질투하면 결국 본인에게 해가 된다.

교회도 마찬가지다. 우리가 함부로 큰 교회나 작은 교회를 도마 위에 올려놓고 비평하면 안 된다. 큰 교회는 큰 교회로 성장되기까지 많은 하나님의 종들의 수고와 기도가 있었고, 작은 교회는 힘들고 어

나의 사랑 나의 신부야 일어나 함께 가자

려움 가운데서도 믿음의 열매를 내기 위한 많은 아픔들이 숨어 있다. "석류나무"란 교회를 뜻한다. 나무는 큰 나무도 있고 작은 나무도 있다. 나무가 크다하여 많은 열매를 맺고 작다하여 열매가 적게 열리는 것은 아니다. 각자의 위치에서 얼마나 토질에 맞는 땅에 그 뿌리를 내렸느냐에 따라 많은 열매를 내는 것이다. 교회는 하나님의 백성을 품고 있다. 그룹그룹 목장 안에 많은 목원들이 석류 알처럼 채워져 하나님의 거룩함을 드러내야 한다. 생명을 품고 있는 교회는 어떤 어려움 속에서도 무너지지 않는다.

제사장 아론이, 금방울과 석류로 수놓은 옷을 입고 성소에 들어갈 때와 나갈 때 금방울 소리가 나면 죽지아니하리라 하셨다(출 28:35). 영혼을 품고 하나님의 영광의 소리를 내는 교회는 결코 망하지 않는다. 개인 개인도 구원의 확실한 믿음의 소리를 내는 자는 망하지 않는다.

아가서 4장 15절 너는 동산의 샘이요 생수의 우물이요 레바논에서부터 흐르는 시내로구나

한마디로 너는 나의 기쁨이다. 너는 복음의 사명자라는 것이다. "생수의 우물"은 목마른 자에게 갈한 자에게 생명을 주는 하나님의 말씀이다.

"내가 주는 물을 먹는 자는 영원히 목마르지 아니하리니 나의 주는 물은 그 속에서 영생하도록 솟아나는 샘물이 되리라" 요 4:14

신앙의 최고 가치는 우리 자신이 예수님의 영광을 드러내는 것이다. 우리 신앙의 열심은 교회를 교회답게 해야 한다. 맹목적인 신앙은 교회를 무너뜨린다. 우리는 하나님의 말씀을 먹이고 흘러 보내는 사명자다. 예수님의 말씀을 먹이는 교회는 축복의 땅 "레바논"에서부터 흐르는 시내라고 말씀하신다. 이러한 교회는 세상의 어떤 것과도 타협하지 않으며 무릎 꿇지 않는 불굴의 신앙이다. 예수님의 십자가 앞에서는 타협이란 있을 수 없다.

믿음으로 말씀의 생수를 끌어들여 세상과 타협하지 않고 하나님의 거룩함으로 당당하게 십자가를 지는 교회가 좋은 교회다. "레바논" 땅은 백향목 웅장한 나무들을 키워내는 기름진 땅이다. "레바논"의 땅의 비유는 하나님의 능력의 땅 성령의 은혜가 넘치는 땅을 말씀하는 것이다.

하나님의 말씀으로 키위진 그의 백성이라면 하나님의 것으로 풍부하여 그것을 흘러 보내야 한다. 우리의 신앙은 말씀에 푹 잠긴 믿음의 동산이 되어야 하며 생각과 마음이 온통 그리스도의 말씀으로 덮은 믿음의 우물이 되어야 한다.

아가서 4장 16절 북풍아 일어나라 남풍아 오라 나의 동산에 불어서 향기를 날리라 나의 사랑하는 자가 그 동산에 들어가서 그 아름다운 실과 먹기를 원하노라

하나님의 사람은 자기 십자가를 지고 사명을 감당해야 한다. 북풍이 불어 힘든 날도, 예수의 십자가 사랑을 전하고 "남풍"이 불어 위로

나의 사랑 나의 신부야 일어나 함께 가자

되는 기쁨 속에서도 십자가 사랑을 전해야 한다. 오직 믿는 자의 사명은 예수님의 이름을 전달하는 십자가 전달자이다. 그 복음의 향기는 하나님의 기쁨이다. 하나님은 우리가 그 복음의 향기를 날리는 "동산"에 들어가서 그 아름다운 실과 먹기를 원하신다. "그 동산"은 우리의 믿음의 동산이다. 하나님의 기쁨은 우리가 말씀의 길을 걸어가는 것이다. 말씀 안에서의 순종의 열매를 하나님이 받으신다. 신앙의 길은 딱 한 길, 말씀의 길이다. 말씀은 우리의 생명이 되므로 우리는 말씀을 떠나서는 하나님의 백성이 될 수 없다. 적당한 신앙은 하나님을 기분 나쁘게 하는 것이다. 미지근한 것은 하나님이 토해낸다 하셨다.

> "내가 네 행위를 아노니 네가 차지도 아니하고 더웁지도 아니하도다 네가 차든지 더웁든지 하기를 원하노라 네가 이같이 미지근하여 더웁지도 아니하고 차지도 아니하니 내 입에서 너를 토하여 내치리라" 계 3:15~16

미지근한 신앙생활은 하나님 나라를 해치는 자이다. 미지근한 신앙은 다원주의로 신앙의 뚜렷한 목표가 없다. 인간의 마음 따라 말씀을 해석하고 말씀을 그럴싸하게 풀어 믿음이 약한 하나님의 백성을 넘어지게 한다. 신앙의 기생충이다. 이 기생충이 믿음이 약한 사람의 마음에 스며들면 그 마음에 알을 낳아 하나님의 백성으로 설 수 없게 한다.

신앙생활에는 세 가지 분류형으로 나타난다. 한 사람은 확실한 하나님의 사람이고, 또 한 사람은 교회는 나오지만 예수가 없어 보이는 나쁜 나무이며, 마지막 한 사람은 신앙의 색깔이 분명하지가 않는 사람이다. 이들은 어떨 때는 하나님의 사람 같고 어떨 때는 정말 아닌 것 같아서 세상 가치관에 따라 힘을 얻어 하나님의 백성을 그럴싸하게 유혹을 한다. 말씀에 깨어있지 않으면 신앙의 분별이 어렵다. 미지근한 신앙은 하나님을 기쁘게 할 수 없다. 우리는 말씀을 벗어나서는 하나님께 영광 돌릴 수 없다. 하나님께 영광 돌리는 삶이란 얼마나 많이 예배 드리고 얼마나 많이 헌금하고 얼마나 많이 헌신하고가 아니라 얼마나 많이 예수님을 사랑하고, 그의 나라와 의를 구하고, 하나님의 백성을 위로하고 섬겼느냐는 것이다. "그 동산은" 우리 믿음의 동산이고 예수님은 우리 믿음의 동산에 찾아오셔서 아름다운 실과를 먹기를 원하신다. 하나님의 백성은 말씀의 가르침을 따라 신앙생활을 하는 자가 옳다 인정함을 받는다.

신앙에는 어떠한 경우든 타협은 없다. 오직 주님만이 나의 왕이시며 능력이시고 생명이 되심을 드러내는 일상이 되어야 한다. 하나님의 부르심을 받은 신부는 어떤 힘든 어려움 속에서도 마음을 오로지하여 그 입술에서 복음을 전해야 한다. 그 혀 밑에 솟아나오는 침샘은 하나님의 백성을 살리는 젖과 꿀이 되어야 한다. 삶의 의식주는 레바논의 향기같이 말씀 안에서 하나님을 기쁘시게 해야 한다. 힘들 때마다 세상 것과 적당하게 타협하고 요리조리 인간의 생각으로 하는 신앙은 하나님의 교회를 허무는 작은 여우다. 상황에 따라 사람에 비위를 맞추고 교회 안에 인본주의의 소리를 높이는 자는 그를 심판하시는 하나님이 보고 계심을 깨달아야 한다. 북풍이 불고 남풍이 불어도 하나님의 사람은 하나님의 편에서 믿음을 지키는 것이다. 그 믿음은 하나님의 기쁨이다.

나의 사랑 나의 신부야 일어나 함께 가자

아가서 6장 6절 네 이는 목욕장에서 나온 암양 떼 곧 새끼 없는 것은 하나도 없이 각각 쌍태를 낳은 양 같고

신랑 되신 예수님께서 술람미의 "치아"를 보시고 양무리로 비유하신 말씀이다. 술람미의 하얀 "치아"를 가리켜 "목욕장에서 나온 암양 떼 같고"라고 표현함은 양무리의 죄 씻음을 의미한다. 또한 각각 "쌍태를 낳은 양 같고"는 '윗니'가 '아랫니'를 품고 있는 것을 비유로 들어 표현한 말씀이다. "이"는 술람미가 자신의 입으로 예수님을 전해 얻어진 전도의 열매를 말씀하는 것으로 전도 받은 전도자가 또 다른 전도자를 품었다는 것이다. 이러한 모습을 보고 솔로몬의 왕후 비빈들도 솔로몬에게 사랑 받는 술람미를 칭찬을 했다. 술람미 여자를 칭찬을 했다는 것은 세상적 남자와 여자의 사랑을 비유한 것이 아니다. 왕후와 비빈과 시녀들 중에 자기보다 솔로몬 왕에게 더 사랑을 받는 여자를 좋아할 여자가 세상에 어디에 있겠는가! 술람미 여자의 복음의 능력을 예수님과의 사랑으로 이렇게 표현한 것이다. 왕후의 자리도 예수님의 향기를 날리는 그 사랑하고는 비교할 수 없다는 것이다. 여기서 필자는 술람미처럼 칭찬받는 요셉을 소개하고자 한다.

애굽 바로 왕이 꿈을 꾸고 그 꿈을 해석할 수 있는 사람이 없었다. 애굽 전역에 지혜 있는 술사 박사들을 불러 꿈을 해석하려 했지만 바로의 꿈을 해석하지 못했다. 하지만 바로 왕과 신하들이 감옥살이하고 있어 무엇 하나 부러워할 것이 없는 요셉을 불러 그 꿈의 해석을

듣고 하나님의 신에 감동된 요셉을 칭찬했다. 그리고 요셉이 믿는 하나님을 찬양했다.

> "이와 같이 하나님의 신이 감동한 사람을 우리가 어찌 얻을 수 있으리요 하고.. 너와 같이 명철하고 지혜 있는 자가 없도다 너는 내 집을 치리하라 내 백성이 다 네 명을 복종하리니 나는 너보다 높음이 보좌뿐이니라" 창 41:38~40

요셉의 처한 환경은 자랑할 것도 흠모할 것도 없는 비참함이다. 그러나 요셉에게 여호와의 신이 임하여 애굽에 전역을 통치하는 지혜자로 세워 주셨다. 그러면 바로의 힘은 어느 정도였을까!

> "바로가 요셉에게 이르되 나는 바로라 애굽 온 땅에서 네 허락 없이는 수족을 놀릴 자가 없으리라" 창 41:44

애굽을 다스리는 바로의 힘을 하나님의 신이 감동된 요셉에게 실어주셨다. 하나님의 신에 감동된 요셉을 모든 총리와 대신들이 칭찬을 했다는 것이다. 우리는 얼마나 하나님을 사랑하고 하나님을 경외하며 하나님의 신에 감동되어 말씀으로 살아가고 있는지 날마다 말씀 가운데서 점검하고 기도로 믿음을 키워 나가야 한다. 하나님을 사랑하는 다니엘의 믿음에서도 볼 수 있다.

당시 느부갓네살은 바벨론의 2세 왕으로 바벨론의 창설자다. 최대 강대국 앗수르를 무너뜨리고 주위의 나라들에게 바벨론의 통치권을 드러내 세상적으로 말하면 그만한 인재가 없다. 결국 느부갓네살은 그 통치권을 가지고 하나님을 두려워하지 않고 예루살렘을 함락시켜 여호와김 여호와긴을 포로로 잡아 예루살렘을 무너뜨린다. 그로 말미암아 하나님의 백성들을 바벨론의 포로로 1차, 2차, 3차에 걸쳐 잡아갔다.

느부갓네살 통치 이년에 느부갓네살의 통치 위에 계시는 하나님께서 꿈으로 보여주신다(단 2장). 느부갓네살은 꿈을 해석하기 위해 박수와 술수를 부리는 술객, 점을 치는 점쟁이들에게 자기의 꾼 꿈을 말하지 않고 무슨 꿈을 꾸었는지와 꿈의 해몽까지 알게 하지 아니하면 너희 몸을 쪼갤 것이며 너희 집으로 거름 터를 만들겠다고 하였다(단 2:5).

느부갓네살의 꿈은 하나님의 영이 아니고는 풀 수 없다. 그 사람이 무슨 꿈을 꾸었는지 우리의 폐부를 살피시는 하나님이 아니고서는 알 수 없다. 다니엘을 통해 하나님의 선하신 목적을 이루시는 하나님이시다. "봉한샘" 다니엘은 하나님을 사랑하고 온전히 말씀 안에 살아갔다. 그런 다니엘의 믿음 안에서 일하시는 하나님께서는 다니엘에게 느부갓네살의 꿈을 알게 하시고 하나님의 뜻을 알려주셨다.

하나님의 나라는 인간의 통치 안에 있는 것이 아니다. 느부갓네살이 잘나서 똑똑해서 명철해서 당시 최고 통치권을 얻은 것이 아니라 하나님의 뜻을 이루기 위해 잠시 그 열 왕을 다스리는 통치권을 하나님께서 그에게 주셨다. 느부갓네살이 얻어진 영광이 다 하나님의 은혜 가운데서 얻어졌고 세상 나라는 하나님의 절대적인 통치하심을 받는다. 앞으로 인종이 섞이고 세상 나라가 발전에 발전을 거듭해도 하나님의 때에 세상 나라는 결국 무너진다. 하지만 예수 이름으로 다시 세워질 나라는 영원히 망하지 않고 그 국권이 인간의 통치 아래로 들어 가지도 않고 하나님의 선하신 뜻이 죄와 싸워 영원한 나라 곧 하나님의 나라가 완성될 것이라는 것을 "봉한샘" 다니엘을 통해 말씀하신다. 이로 인해 느부갓네살이 다니엘의 하나님께 엎드려 절하고 예물과 향품을 하나님께 드리고 다니엘을 높여 귀한 선물을 많이 주며 바벨론을 다스리게 하며 바벨론의 박사들의 어른으로 세우고 다니엘의 요청대로 사드락, 메삭, 아벳느고를 세워 바벨론의 도의 일을 다스리게 하였다(단 2:46~49).

요셉을 높여주시고 다니엘을 높여주신 하나님께서 술람미도 높여 주셔서 왕후와 비빈들도 칭찬을 아끼지 않음은 그들의 신앙의 공통점이다. 술람미에게 하나님의 지혜가 있고 하나님의 능력이 있다는 것이다.

믿음이 있는 자는 하나님의 지혜를 가진 자이다. 어떤 환경 속에서도 어떤 고난 속에서도 가시나무 속에 핀 백합화가 폭풍이 불어 꽃잎이 찢어지고 힘든 상황이라고 할지라도 찢어지는 꽃잎 속에서 믿음의 향기를 토해내야 한다. 요셉은 감옥에서 하나님의 영광을, 다니엘은 포로에서 하나님의 영광을, 술람미 여자는 포도원의 노예 생활에서 하나님의 영광을 드러내었다. 믿음은 환경을 초월하는 것이다.

"북풍아 일어나라 남풍아 오라 나의 동산에 불어서 향기를 날리라 나의 사랑하는 자가 그 동산에 들어가서 그 아름다운 실과 먹기를 원하노라"

아 4:16

나의 사랑 나의 신부야 일어나 함께 가자

풀무불 가운데 함께 하시는 하나님, 사자 굴에 함께하신 하나님, 감옥에서도 함께하신 하나님은 우리들의 힘듦과 고난 가운데서도 함께 하시는 하나님이시다.

Who is this coming up from the wilderness leaning on her beloved?

그의 사랑하는 자를 의지하고 거친 들에서 돌아오는 여자가 누구인가

_아 8:5

믿음은
기다리는 것

Song of Songs
Solomon's Song of Songs

아가서 5장 1절 나의 누이, 나의 신부야 내가 내 동산에 들어와서 나의 몰약과 향 재료를 거두고 나의 꿀송이와 꿀을 먹고 내 포도주와 내 젖을 마셨으니 나의 친구들아 먹으라 나의 사랑하는 사람들아 마시고 많이 마시라

말씀 안에서 십자가의 사랑을 체험한 자가 복음의 소리를 내는 것을 말씀한다. 사랑하는 사람들이 말씀을 많이 읽고 깨달아 바른 신앙의 길을 갈 것을 권유한다.

"내가 내 동산에 들어와서" 우리가 주님의 음성을 듣고 마음의 문을 열면 예수님께서 우리의 마음 안에 말씀의 동산을 만들어 십자가의 사랑을 우리를 통해 전하시겠다는 말씀이다. 나의 나 된 것은 다 주님의 은혜다.

"몰약과 향재료를 거두고" 신앙은 십자가의 길이다. 십자가 안에서 복음의 능력이 나타난다. 일평생 신앙생활을 했음에도 십자가의 사랑을 깨닫지 못한 분들도 있다. 십자가의 사랑을 깨닫지 못하면 하나님께 인정받지 못하는 부끄러운 신앙이다. 이러한 자의 기도는 열납 되지 않는다. 또한 이러한 자의 신앙관은 육의 소욕에 머물러 무얼 받을까 무얼 얻을까 하는 신앙이며, 이는 하나님의 기쁨이 되지 못

나의 사랑 나의 신부야 일어나 함께 가자

한다. 너희는 그의 나라와 의를 먼저 구하라 하셨다. 그리하면 우리의 육체의 필요를 채워주시는 하나님이시다. 예수님의 십자가 사랑을 말씀 가운데서 찾지 않고는 인생의 해결점이 없다. 술람미의 여인은 말씀으로 잘 접붙여져서 복음의 열매를 맺어 하나님께 영광 돌릴 수 있었다. 술람미는 어떻게 믿음을 키웠을까! 예수님을 향한 사랑이 말씀의 깊이를 깨달아 하나님의 거룩함을 드러내었다. 나의 누이 나의 (목사)야 교회는 내 동산이야. 내 것이야. 내 동산에서 내가 영광을 받았어. 교회가 말씀의 십자가로 잘 키워놓은 성도들을 예수님께서 보시고 내 동산에서 기쁨이 충만하다! 라고 말씀하신다. 말씀으로 먹이는 목사와 예수님과의 사랑이다.

목회자는 성도들을 두고 예수님과 사랑을 나누어야 되지만 우리는 각자 개인의 삶에서 말씀을 받아야 말씀이 우리 안에 더 힘 있게 세워진다. 우리의 신분 자체가 내 것이 아니다. 나를 지으신 이가 하나님이시다. 나를 보내신 이도 하나님이시고 나의 나 된 것은 다 하나님의 은혜다. 내 육체 가운데서 말씀으로 잘 성장된 믿음을 통해 하나님께 영광 돌릴 수 있다. 아가서 5장 1절 말씀은 우리가 어떻게 믿음이 성장이 되어야 예수님께서 영광 받으시는 지를 말씀하신다. 오직 십자가를 품에 품고 살아온 믿음의 신부를 받으신다(몰약의 향 재료를 거두고). 믿음은 오직 말씀 안에서 성장한다(꿀송이 꿀을 먹고).

신랑 되신 예수님께서 우리에게 "내 핏값으로 산 내 사랑하는 자여 말씀의 길에서 범사가 잘되고 강건하기를 바라고 원한다."라고 하신다("나의 친구들아 먹으라 많이 먹으라 사랑하는 사람들아 마시고 많이 마시라"). 십자가의 핏값으로 산 우리가 말씀으로 잘 접붙여지면 흥분해

하시고 자랑하시는 하나님이시다. 하나님께서 사단에게 욥을 자랑을 하셨다.

"여호와께서 사단에게 이르시되 네가 내 종 욥을 유의하여 보았느냐 그와 같이 순전하고 정직하여 하나님을 경외하며 악에서 떠난 자가 세상에 없느니라" 욥 1:8

"어찌 까닭 없이 하나님을 경외하겠습니까"라고 사단은 하나님께 반론한다. 욥에게 동방의 부자로 살아가도록 소유물이 땅에 널리게 많이 주셨기 때문이라고 말한다. 만일, 하나님께서 모든 소유물을 치시면 욥은 당장 하나님을 저주하고 욕할 것이니 이는 믿음은 인생에게 주어진 풍부 가운데서 나오기 때문이라고 말하는 사탄이다.

이로 인한 욥의 믿음의 테스트로 자식들은 다 죽고, 물질은 다 빼앗기고, 친한 친구까지도 욥의 믿음을 조롱한다. "죄 없이 망하는 자가 있느냐"는 욥의 악함을 친구들인 자기들이 알고 있다는 것이다. 욥의 친구들의 말을 말씀에서 들어보면 그들은 분명 학식과 인품이 있어 보인다. 하지만 믿음의 길을 말씀 안에서 찾지 못하고 인본주의와 자기중심적 신앙을 가지고 욥의 믿음이 잘못되었다고 조롱한다. 이러한 멸시 천대 가운데서도 사람의 말에 휘둘리지 않고 믿음을 지키는 욥의 신앙을 우리는 본받아야 된다.

믿음은 세상 것과 바꿀 수 없다. 남편과 자식, 물질, 권력, 명예, 세상에 그 어떤 것하고도 바꿀 수 없는 것이 믿음이다. 믿음은 하나님과 나와 관계이기 때문에 그 사랑 안에는 어떤 것도 첨가 할 수 없다. 왜

나의 사랑 나의 신부야 일어나 함께 가자

그럴까? 믿음의 신부는 잠근 동산이요, 덮은 우물이요, 봉한 샘이기 때문이다.

믿음은 예수님의 신부로 믿음의 절개를 지켜야 한다. 믿음의 밭에는 아무나 들락날락 할 수 없다. 믿음은 오직 예수님만이 일하실 수 있는 잠근 동산이며 약속의 말씀으로 덮은 우물이다. 그 우물은 예수 이름으로 인친 봉한 샘이다. 그 믿음 안에 예수님과 호흡하며 사랑을 나누는 것이다. 사람들의 말로 인해 흔들리고 보이는 것으로 인해 믿음의 연약한 모습을 보여주는 것이 아니다. 주인이 와서 내 믿음의 동산에서 잘했다 칭찬을 할 때까지 신앙의 인내가 필요하다. 신앙의 절개가 없이 왔다 갔다 안절부절 하고 못난 모습을 보이면 안 된다. 말씀으로 잘 숙성 되도록 덮은 우물 같이 믿음의 힘을 잃지 않고 주님을 기다려야 한다. 세상 풍파 가운데서 마음이 흔들리면 안 된다.

사람들의 말을 들으면 이 말이 옳은 것 같고, 저 말 들으면 그 말도 맞는 것 같아 믿음의 확신이 없고 지조 없는 여자처럼 이 남자 저 남자를 왔다 갔다 하는 그런 삶은 좋은 신부로 세워 질 수가 없다.

"봉함샘" 하나님께서 예수 이름으로 인쳐 놓은 것을 예수님께서 인을 떼시기까지 믿음의 인내가 필요하다. 믿음은 기다리는 것이다.

우리는 하나님의 피조물이다. 인간은 하나님을 떠나서는 살 수 없다. 하나님은 세상을 창조하시고 우리들의 호흡과 생명을 주관하시는 하나님이시다. 참된 믿음은 이 땅의 소욕을 따라 두루뭉실한 신앙 생활을 하는 그런 믿음이 아니다. 소망이 하늘에 있는 자다. 하나님의 통치 안에서 거룩한 나라를 꿈꾸는 자의 믿음은 세상 것과 바꿀 수가 없다. 세상 것과 자기의 영적 생명을 바꾸는 자는 결코 하나님의 거룩한 나라를 소유할 수 없다. 우리가 교회를 다닌다고 해서 다 천국에 간다는 생각은 잘못된 생각이다. 이스라엘 백성을 비유적으로 보여주셨다. 하나님의 기적을 많이 보았음에도 하나님을 믿지 못하는 백성은 가나안에 들어가지 못하고 광야에서 죽임을 당했다. 무엇 때문일까? 하나님을 믿지 못하고 어려움이 닥칠 때마다 원망했기 때문이다. 이들의 믿음은 그냥 투정부리는 원망이 아니다. 광야에서 죽는 것보다 하나님을 버리고 애굽 백성을 섬기면서 잘 먹고 잘 살고 싶다는 욕망이다. 이러한 신앙은 그 마음의 중심이 세상 것과 하나님의 것을 언제든 필요에 따라 바꿀 수 있는 신앙관이다.

"우리를 버려두라 우리가 애굽 사람을 섬길 것이라… 애굽 사람을 섬기는 것이 광야에서 죽는 것보다 낫겠노라" 출 14:12

홍해바다 앞에서, 죽음 앞에서 세상 것을 선택하는 이스라엘 백성이다. 믿음은 죽음을 각오하는 것이다. 믿음의 순교는 세상이 감당치 못하는 것이다. 필자는 어느 선교사님의 순교의 길을 가는 믿음을 영상으로 보았다. 그 영상은 참으로 참혹했다. 이슬람 알라신에 붙들려 사는 자들에게 선교사님의 온 가족이 처형을 당하는 모습이었다. 영상에서 먼저 선교사님에게 예수를 버리고 자기들이 믿는 신을 믿으라 하였다. 선교사님에게 매질과 발로 차이는 행패가 더해졌지만 말을 듣지 않자 선교사님의 아들들의 손가락을 하나씩 절단하였다. 선교사님의 아내와 늙으신 어머니, 두 아들에게 눈으로 볼 수 없는 고통을

나의 사랑 나의 신부야 일어나 함께 가자

주는 가운데서도 하나님을 배반하지 않는 선교사님을 산채로 불로 태워 죽이고 온 가족 또한 불로 처형을 당했다. 믿음은 이런 것이다. 믿음은 세상 것과 바꿀 수 없는 큰 기쁨과 예수님을 향한 사랑의 확신이 있기에 그 고통 속에서도 믿음을 지키는 것이다.

하나님은 아브라함의 믿음을 다시 한 번 시험하셨다. 아브라함은 이삭을 번제물로 드리라는 말씀에 순종함 속에 이삭을 다시 살려줄 것이라는 믿음이었을까! 그럼 살려주시지 않으신다면 어떡해야 하는 것일까! 아브라함의 믿음은 하나님의 말씀은 거역할 수 없고 세상의 모든 주권이 하나님의 뜻대로 이루어진다는 것을 아는 믿음이다. "100세에 얻은 아들보다 하나님을 더 사랑합니다. 내가 하나님보다 내 아들 이삭을 더 사랑하지 않습니다." 하는 신앙의 고백이다. 아들을 달라하시면 아들을 내놓는 믿음이다.

"주신 자도 여호와시요 취하신 자도 여호와시오니 여호와의 이름이 찬송을 받으실찌니이다 하고 이 모든 일에 욥이 범죄하지 아니하고 하나님을 향하여 어리석게 원망하지 아니하니라" 욥 1:21~22

이것이 참 믿음이다. 이것이 욥의 믿음이고, 아브라함의 믿음이며, 야곱과 이삭의 믿음이고, 술람미의 믿음이다. 하나님께서 "이제야 네가 나를 경외하는 줄 알았도다" 말씀하신다.

"네가 네 아들 네 독자라도 내게 아끼지 아니하였으니 내가 이제야 네가 하나님을 경외하는 줄을 아노라" 창 22:12

말씀 안에 우리들의 마음을 비춰 다시 한 번 믿음을 점검해 보았으면 한다. 아브라함은 할 수 있는데 우리는 할 수 없을까! 믿음은 아브라함의 시대나 지금을 살아가는 우리나 똑같다. 2천 년 전에 오신 예수님께서 지금도 변함없이 우리 가운데 운행하시는 하나님이시라면 우리들도 아브라함의 믿음으로 살아가야 한다.

하나님은 우리들의 믿음을 아브라함의 믿음까지 요구하신다. 그저 믿음을 요구하시는 방법이 다를 뿐이다. 출애굽 당시 홍해가 갈라지는 것 또한 방법만 다를 뿐이다. 지금도 믿는 자에게는 홍해가 갈라져 생명을 얻는다. 쓴물이 단물로 바뀌는 것도 방법만 다를 뿐이지 인생의 쓴물로 죽을 것 같은 환경을 단물로 바꾸어 주시는 하나님이시다. "나의 신부 나의 완전한 자야" 하는 말씀은 남녀의 사랑을 그린 것이 아니다. 이것은 "아가페 사랑" 즉, 세상에 어떤 것과도 바꿀 수 없는 신랑 되신 예수님과 그 예수님을 사랑하는 믿음의 신부의 사랑이다.

신랑 되신 예수님도 내 믿음의 동산에 들어오시지만 우리들 또한 말씀의 동산에 거하지 않으면 신랑 되신 예수님과의 만남이 이루어지지 않는다. 예수님의 신부는 말씀과 기도의 호흡에서 믿음이 성장한다. 우리는 얼마나 말씀을 가까이하고 주님의 음성 듣기를 기뻐하며 나의 모든 삶을 주님과 대화하며 살아갈까!

"이 백성은 내가 나를 위하여 지었나니 나의 찬송을 부르게 하려 함이니라"
사 43:21

하나님의 부르심이 있는 신부는 약속의 말씀으로 믿음이 성장하여

나의 사랑 나의 신부야 일어나 함께 가자

하나님을 찬송한다.

예수님께서 말씀의 동산으로 들어오라 하신다. 세상 것에 기웃거
리지 말고 헛된 것에 마음을 빼앗기지 말고 하나님의 말씀으로 돌아
와서 말씀 안에 취하라 하신다. 날마다 말씀을 읽고 기도하고 복음을
전해야 한다. 믿음의 성숙은 말씀 안에서 나타난다. 말씀이 없는 믿음
은 아무리 교회를 오래 다녀도 유구무언 고백 밖에 안 되는 벙어리다.
말씀으로 예복을 입지 못하면 죽은 믿음이 되고 만다.

"가로되 친구여 어찌하여 예복을 입지 않고 여기 들어왔느냐 하니 저가 유
구무언이거늘 임금이 사환들에게 말하되 그 수족을 결박하여 바깥 어두움
에 내어던지라 거기서 슬피 울며 이를 갊이 있으리라 하니라 청함을 받은
자는 많되 택함을 입은 자는 적으니라" 마 22:12~14

말씀의 길을 찾지 못하면 죽음이다. 믿는 자는 말씀의 예복을 입어
야 한다. 말씀으로 접붙여지지 않는 신앙은 하나님 앞에 세워질 수가
없다. 그런데 지금 시대는 예수님과 접붙여지는 신앙으로 키우기 보
다는 자기의 수종자로 만들고자 하는 거짓 목사, 거짓 교사가 너무나
많다. 하나님의 신부여 말씀으로 깨어나라. 세상 것에 속지 마라. 그
들의 달콤한 말에 속지 말고 말씀과 기도로 깨어나라. 하나님의 신부
여 하나님의 음성은 말씀 안에 있다. 하나님은 말씀하신다. "나를 찾
고 찾는 자가 나를 만날 것이라!"

세상에는 돈과 권력도 많고 그럴싸한 지식이 너무나 풍요해서 말

씀은 원시적인 것 같고 첨단의 시대에 못 미치는 것 같아 말씀을 버리고 세상 방법을 취하는 어리석은 신부가 너무나 많다. 그러나 세상의 첨단 기술이 발전에 발전을 거듭해도 나뭇잎 하나에 생명을 불어 넣을 수 없는 것이 인간이 가지고 있는 기술이다. 생명을 넣어 꽃을 피게 하시는 분도 하나님이시고 나뭇잎에 생명을 불어 넣어 계절을 바꾸시는 분도 하나님이시다. 산천을 푸르게 생명을 불어 넣으시고 가을이 되면 산천초목을 오색 찬란하게 물을 드리시는 분도 하나님이시다. 우리가 이 자연을 주관하시는 하나님을 보면서도 하나님을 온전히 따르지 않는다면 얼마나 어리석고 부끄러운 존재인가!

사람은 내일 일을 알 수 없다. 내일 일을 알 수 없는 것이 사람이 가진 지혜다. 사람에게 가장 지혜로운 것이 하나님께는 가장 미련한 것이라고 하셨다. 당신의 위치가 다른 사람보다 지혜롭고 좀 더 나은 자리에 있다 할지라도 하늘에서 빗방울을 내릴 수 있는가? 봄이 되어 나뭇가지에 생명을 불어 넣을 수 있는가? 사람이 가진 지혜와 명철로 밤과 낮을 바꾸고 비와 바람을 내어 자연을 바꿀 수 있는가? 우리들이 가진 것으로 무엇을 할 수 있는가? 인간은 죽음 앞에서 세상 명예도, 지혜도, 권력도, 돈과 명성도 다 내려놓고 죽음의 길을 가야 한다. 이것이 사람이 가진 지혜. 인생의 해답은 말씀 안에 있다. 인생의 답을 찾은 자는 죽음에서 생명으로 옮기어진다. 우리는 잘났든 못났든 하나님의 피조물이다. 피조물의 답은 나를 지으신 하나님께 있음을 알아야 한다.

아가서 5장 2절 내가 잘지라도 마음은 깨었는데 나의 사랑하는 자의 소리가 들리는구나 문을 두드려 이르기를 나의 누이, 나의 사랑, 나의 비둘기, 나의 완전한 자야 문 열어다고 내 머리에는 이슬이, 내 머리 털에는 밤이슬이 가득하였다 하는구나

술람미가 꿈 속에서 주님의 음성을 듣는다. 예수님께서 술람미를 얼마나 사랑하시는 지 밤 이슬을 맞으시면서 까지 찾아오셔서 술람미를 깨우신다. 한 영혼을 살리기 위한 하나님의 십자가의 사랑이다. 머리에는 가시면류관을 쓰시고 살과 피를 우리를 위해 주셨다. 그런데 우리는 예수님의 십자가의 사랑을 잊고 좀 더 잘 먹고 싶고, 좀 더 잘 입고 싶고, 좀 더 잘 살고 싶어 하나님의 말씀을 귀담아 듣지 않는다.

예수를 믿는 자는 십자가의 사랑을 생각하며 믿음의 길을 가야 한다. 우리를 구원하시기 위해 하늘 영광을 버리시고 낮고 낮은 인간의 모습으로 우리를 위해 십자가를 지셨다. 그분이 나의 신랑 되신 예수님이시다. 그런데 지금의 우리들의 신앙의 모습은 십자가의 사랑을 외면하고 무엇을 사랑하며 살아가는가? 우리 마음에 스스로 나는 신앙생활을 잘하고 있다고 생각하는 경우가 많다. 우리의 허물은 말씀의 거울로 비춰 보기 전에는 스스로 알 수 없다. 하나님은 우리들의 앉고 일어섬을 알고 계시며 우리가 무엇을 생각하는지 다 알고 계신다. 그럼에도 죄 가운데서 그냥 내버려두지 않고 말씀으로 찾아주시는 하나님이시다. 나의 누이 나의 사랑 나의 비둘기야 나의 완전한 자야 마음의 문을 열어 달라고 하시는 주님의 음성이다.

하나님의 말씀으로 깨어있는 자는 꿈 속에서도 주님의 음성을 듣

는다. 하나님께서는 주무시지도 않으시며 눈동자같이 우리를 지키시는 하나님이시다.

"이르시되 내 말을 들으라 너희 중에 선지가가 있으면 나 여호와가 이상으로 나를 그에게 알리기도 하고 꿈으로 그와 말하기도 하거니와" 민 12:6

꿈 속에서도 찾아 오시는 하나님이시다.

"야곱이 꿈에 본즉 사닥다리가 땅 위에 섰는데 그 꼭대기가 하늘에 닿았고 또 본즉 하나님의 사자가 그 위에서 오르락내리락하고 또 본즉 여호와께서 그 위에 서서 가라사대 나는 여호와니 너의 조부 아브라함의 하나님이요 이삭의 하나님이라 너 누운 땅을 내가 너와 네 자손에게 주리니" 창 28:12

하나님께서는 꿈에 요셉에게 비전을 주셨다.

"요셉이 다시 꿈을 꾸고 그 형들에게 고하여 가로되 내가 또 꿈을 꾼즉 해와 달과 열한 별이 내게 절하더이다" 창 37:9

동방박사들도 꿈을 통해 하나님의 지시하심을 받았다.

"꿈에 헤롯에게로 돌아가지 말라 지시하심을 받아 다른 길로 고국에 돌아가니라" 마 2:12

나의 사랑 나의 신부야 일어나 함께 가자

하나님의 사람은 너무 꿈을 무시하지도 말고 또 너무 꿈을 의지하지도 말아야 한다. 꿈은 항상 말씀 안에서 점검하고 그 꾼 꿈을 하나님께 다시 물어보고 하나님의 거룩함에 참여하고 악한 사탄의 장난에 휘말리지 말아야 한다.

하나님의 거룩한 신부로 말씀 안에 준비되어야 될 신부가 하나님의 말씀을 떠나 세상 것에 기웃거리며 밤 거리를 헤매고 머리에 이슬이 젖도록 말씀을 떠나자 하나님께서 그를 꿈속에서 부르신다. 나의 누이 나의 신부 완전한 자야 마음의 문을 열고 주님의 음성을 들으라는 것이다. 우리가 신앙생활을 하면서 마음을 세상 것에 빼앗겨 말씀대로 살지 못할 때 주님은 우리가 머물러 있는 곳에 찾아오셔서 말씀하신다. 마음의 문을 열고 주님의 음성을 들으라는 것이다.

"볼찌어다 내가 문밖에 서서 두드리노니 누구든지 내 음성을 듣고 문을 열면 내가 그에게로 들어가 그로 더불어 먹고 그는 나로 더불어 먹으리라"
계 3:20

인간은 세상에서 잘 될 때에는 세상을 다 얻은 것 같지만 그러나 세상 것으로는 죽음을 해결할 수 없는 것이 인간이다. 사람은 태어나면 언젠가는 죽는다는 것은 분명한 사실이다. 또한 죽음에는 주어진 시간이 다 다르다. 언제 어떻게 무엇으로 인해 죽음이 닥쳐올지 우리는 내일 일을 알 수 없다. 그럼에도 우리는 하나님 없이 너무 큰 소리 내며 하나님보다 더 높은 자리에 앉아 잘난 척을 한다. 어떤 위치에 있든 사람은 언젠가는 죽는다. 스스로 죽음을 선택하는 가룟 유다 같은 사람도 있고 병마로 교통사고로 심장마비로 원치 않은 불의의 사고로 죽음을 맞기도 하고 수명이 다하여 죽기도 한다. 죽음 이후에는 분명한 심판이 있다. 이것을 사실화 하시는 예수님이 우리를 안타까워하시며 찾으신다. 인생의 죽음을 생각하지 않고 사는 자는 어리석은 사람이다. 사람은 죽음으로 끝나지 않는다. 인생의 죽음에서 영원한 생명으로 옮기어지는 것이다. 사람이 더 이상 죽음을 보지 않는 영원한 세상이 바로 천국과 지옥이다. 천국은 어두움이 조금도 없고 슬픔도 없고 애통하는 것도 없다. 하지만 지옥은 영원히 죄의 형벌이 주어지는 불못이다. 다시 죄 사함을 얻지 못하는 영원한 나라이다.

"모든 눈물을 그 눈에서 씻기시매 다시 사망이 없고 애통하는 것이나 곡하는 것이나 아픈 것이 다시 있지 아니하리니 처음 것들이 다 지나갔음이러라" 계 21:4

이 땅에서 믿음을 지켜온 자들은 더 이상 고통이 없는 천국 백성이 된다. 하지만 육의 소욕을 쫓아 육체를 위하여 돈을 취하고 명예를 취하고 하나님을 두려워하지 않고 살아온 자들의 마지막은 지옥이다. 더 이상 기회가 없는 나라 유황 불 못이다. 그 나라는 고통이 있고 아픔과 눈물의 나라다. 지옥은 아프다고 위로해주고 눈물이 난다고 눈물을 닦아 주는 그런 나라가 아니다. 다시 돌이킬 수 없는 영원히 형벌이 주어지는 나라다. 하나님의 위로함을 얻지 못하는 나라, 하나님의 은혜가 더 이상 주어지지 않는 나라, 사람에게 불로서 소금 치듯하는 나라다.

나의 사랑 나의 신부야 일어나 함께 가자

"거기는 구더기도 죽지 않고 불도 꺼지지 아니하느니라 사람마다 불로서 소금 치듯 함을 받으리라" 막 9:48~49

"믿지 아니하는 자들과 흉악한 자들과 살인자들과 행음자들과 술객들과 우상숭배자들과 모든 거짓말하는 자들은 불과 유황으로 타는 못에 참예하리니 이것이 둘째 사망이라" 계 21:8

사람은 죽음으로 끝나지 않는다. 첫째 사망은 육체의 죽음이지만 영혼은 죽지 않고 둘째 사망에 참여하게 된다. 우리의 싸움은 혈과 육의 대한 것이 아니다. 하나님의 백성으로 살아가기 위한 싸움이다. 우리가 마귀의 궤계를 능히 대적하기 위해서는 하나님의 말씀의 전신갑주를 입어야 한다.

1. 신앙의 슬럼프

아가서 5장 3~5절 내가 옷을 벗었으니 어찌 다시 입겠으며 내가 발을 씻었으니 어찌 다시 더럽히랴만은 나의 사랑하는 자가 문틈으로 손을 들이밀매 내 마음이 동하여서 일어나서 나의 사랑하는 자 위하여 문을 열 때 몰약이 내 손에서, 몰약의 즙이 내 손가락에서 문빗장에 듣는구나

우리는 확실한 믿음이 없이는 하나님을 기쁘시게 할 수 없다. 신앙

생활에서 슬럼프에 빠지는 경우가 많다. 하지만 그럼에도 불구하고 하나님을 믿고 끝까지 말씀과 기도로 힘을 얻는 자가 하나님의 은혜를 입는다. 술람미도 예수님을 사랑한다고 신앙고백을 했음에도 어느 순간 신앙의 힘을 잃고 투정을 부렸음을 말씀 가운데서 볼 수 있다.

하나님께서는 우리의 힘듦을 알고 계시며 그 힘들고 어려운 가운데서도 믿음으로 하나님을 찾고 구하기를 원하신다. 이러한 신앙의 단계를 걸치지 않고는 하나님의 거룩한 신부로 세워질 수가 없다. 신랑 되신 예수님께서 우리를 얼마나 눈물 나게 기다리시는지 아는가! 신부가 사명자의 길에서 힘을 잃고 마음의 문을 닫고 있을 때 문틈으로 손을 내어미시어 신부의 손을 잡으시는 분이 우리 성령 하나님이시다. 우리는 여기서 다시 한 번 우리의 신앙의 점검이 필요하다. 많은 믿음의 신부들이 사명자의 길에서 힘을 잃는 경우가 많다. 그 이유는 적당하게 신앙생활 하는 사람들은 세상에서 하는 일도 잘 풀리고 잘되는 것 같은데, 자신은 열심을 내어 신앙생활을 하는데도 기도의 응답이 없고 소망마저 희미해져 실망한다. 이것은 시편 73편 아삽의 신앙 고백에서도 들을 수 있다. 하나님은 참으로 이스라엘 중 마음이 정결한 자에게 선을 행하는 하나님으로 알았는데… 아삽은 종일 재앙을 당하고 아침마다 하나님의 간섭이 너무 많아 거의 실족할 뻔하였다고 한다.

"악인들은 항상 평안하고 재물은 더 하도다"

술람미의 절망 역시 이런 이유가 아닐까 생각한다. 많은 신앙인들이 이런 부분에서 실망을 하고 신앙의 열심을 버리는 경우가 많다. 신앙의 힘을 잃고 있을 때 문득문득 주님의 음성이 들려오지만 쉽사리

나의 사랑 나의 신부야 일어나 함께 가자

육신의 자리에서 일어나지 않는다. 환경이 막혀 있는 곳에서도 순종의 자리로 돌아오라고 병석에서도 찾아오시고 아픔 속에서도 말씀으로 돌아오라고 말씀하신다. 발람이 사명자의 신분을 버리고 육신의 돈에 눈이 멀어 모압 왕 발락을 찾아 떠나는 길을 막으시고 나귀의 입을 여시어 말씀하시는 분이 우리 하나님이시다.

"여호와께서 나귀 입을 여시니 발람에게 이르되 내가 네게 무엇을 하였기에 나를 이같이 세 번을 때렸느뇨" 민 22:28

주님의 음성을 듣고 일어나는 자와 일어나지 않고 주저앉아 있는 자의 차이는 신앙의 엄청난 영적인 열림과 막힘이 있다. 하나님의 사람은 말씀으로 돌아오지 않고는 인생의 해결점이 없다. 신앙은 나의 고집으로 해결 되어지지 않는다.

술람미 여자의 신앙의 반응을 살펴보자. 내가 옷을 벗었는데 어찌 다시 입겠으며 발을 씻었으니 어찌 다시 더럽히겠냐만은 나의 사랑하는 자가 신부를 향해 문 틈으로 손을 들이 미시니 신부의 닫혀있는 마음이 다시 신랑을 향해 동하여졌다고 말씀한다. 얼마나 마음이 뜨거웠는지 몰약이 내 손에서 몰약 즙이 되어 내 손가락에 전율이 전해졌다는 것이다. 많은 믿음의 신부들이 경험한 신앙의 고백이라 생각한다. 예수님의 사랑의 전율이 성령으로 온 몸을 휘감을 때 얼마나 회개하며 하나님의 말씀대로 살겠다고 눈이 짓무르도록 울며 예수님을 찾았는가.

그러나 이러한 열심 또한 오래가지 않아 신앙의 힘을 잃는 분들이 많다. 왜 그럴까? 그 몸에 전율의 온기가 식었기 때문이다. 기도를 하면 그 뜨거워지던 마음이 예전과 같지 않고 찬물을 끼얹듯 냉랭해지는 마음에 실망을 하여 신앙의 열심을 버리는 경우가 많다. 이것은 신앙의 권태기다. 그런데 신앙은 필히 이 권태기를 통해 성장된다. 믿음은 그럼에도 나를 찾아오신 하나님을 생각하며 말씀과 기도로 하나님을 찾고 구하면 시간이 그리 길지 않아 다시 성령의 뜨거운 전율이 말씀 안에서 주님의 음성으로 들려온다. 성령의 체험의 모든 것이 결국은 말씀으로 가기 위한 길이다. 방언을 하고 통변을 하고 예언을 한다 할지라도 모든 것이 말씀으로 돌아오지 않으면 잘못된 신앙이다. 방언에서, 통변에서, 예언에서 모든 신령한 은사들이 말씀으로 다시 재탄생 되는 과정에는 한번쯤 신앙의 권태기가 찾아온다. 그 권태기를 통해 말씀 안에서 진정한 사명자로 재탄생 되는 것이다. 이것이 예수님과의 사랑이다. 내가 사람의 방언과 천사의 말을 할지라도 사랑이 없으면 울리는 꽹과리 같고 내가 예언하는 능력이 있어도 사랑이 없으면 아무것도 아니라는 것이다.

신앙은 나의 만족이 아니라 주님의 사랑을 내 이웃사랑으로 전하는 것이다. 결혼을 해서 2~3년이 지나면 서로의 사랑이 식은 것 같은 권태기가 있다. 그 권태기는 서로가 싫어서가 아니라 서로를 더 깊이 알아가는 과정 속의 암흑기다. 그 과정을 통해 더 멋진 부부로 재탄생 된다. 사랑은 기다리고 오래 참는 것이다. 신앙도 끝까지 기다려야 한다. 신앙의 전율은 말씀을 통해 전해져야 믿음의 힘을 잃지 않는다. 성령체험으로는 하나님의 신부로 온전히 세워질 수가 없다. 성령체험은 말씀으로 가기 위한 인도자의 길이다. 늘 성령 체험 신기류에 머물러 있다면 그는 분명 시간이 지날수록 성령의 온전한 인도하심을 받지 못한다.

아가서 5장 6절 내가 나의 사랑하는 자 위하여 문을 열었으나 그가 벌써 물러갔네 그가 말할 때에 내 혼이 나갔구나 내가 그를 찾아도 못 만났고 불러도 응답이 없었구나

술람미가 몰약 즙이 손가락에서 흐르고 문빗장에서 주님의 음성을 듣는 뜨거운 성령체험을 했지만, 다시 신앙의 암흑기를 맞이했다. 술람미가 마음의 문을 열었으나 예수님이 보이지 않았다. 예수님께서 찾으시는 신부는 신앙의 암흑기 속에서도 말씀을 통해 자신을 돌아보고, 그럼에도 기도하고, 그럼에도 예수님을 믿고 따르는 신부다. 하나님은 스스로 숨어 계시며 이 암흑기 가운데서도 어떻게 신앙생활을 하고 있는지 우리의 행동을 하나하나 보고 계신다. 어두운 곳에서 더듬어 찾게 하시는 하나님이시다.

"이는 사람으로 하나님을 혹 더듬어 찾아 발견케 하려 하심이로되 그는 우리 각 사람에게서 멀리 떠나 계시지 아니하도다" 행 17:27

믿음이 없는 자가 어두운 곳에서 더듬어 하나님을 찾겠는가? 어두움 속에서도 더듬어 찾는 자는 분명 그 어두움 안에 계시는 하나님을 알고 있기에 죽을힘을 다해 찾는 것이다. 믿음이란 이런 것이다. 보여지는 것을 누가 믿지 않겠는가! 보여 지는 보화를 누가 취하지 않겠는

가! 하나님께서는 보화를 감추어두시고 믿음이 있는 자가 찾아 발견하여 취하게 하신다. 성령체험으로 그 사람의 믿음을 알 수 없다. 성령체험이란 내 힘이 아니고 성령의 힘을 받아 내 육체를 복종시키기 때문에 믿음의 깊은 곳까지 사람의 마음을 알 수 없다는 것이다. 단 성령체험을 통해 하나님이 살아 계심을 알게 되고, 그 다음 단계는 냉랭한 신앙의 암흑기 훈련이다. 신앙의 모든 믿음의 선배들이 신앙의 암흑기를 통해 더 큰 믿음의 사람으로 세워졌음을 알아야 된다. 술람미는 신앙의 암흑기를 죽을 힘을 다하여 찾고 찾았음을 엿볼 수 있다. "내 혼이 나갔구나 그를 찾아도 못 만났고 불러도 응답이 없구나" 술람미 앞에서 숨어계시는 예수님이 우리의 예수님이시다.

> "믿음이 없이는 기쁘시게 못하나니 하나님께 나아가는 자는 반드시 그가 계신 것과 또한 그가 자기를 찾는 자들에게 상 주시는 이심을 믿어야 할지니라" 히 11:6

믿음이 없이는 하나님을 기쁘시게 할 수 없다. 하나님을 찾는 자에게는 분명히 축복이 있다. 험난한 천로역정 죽을 고비를 몇 번이나 넘기면서도 말씀의 끈을 놓지 않는 자 그가 하나님이 찾으시는 술람미 신부이다. 하나님은 이러한 자를 찾으신다. 믿음은 말씀을 믿고 기다려야 한다.

> "주께서 인생으로 고생하며 근심하게 하심이 본심이 아니시로다" 애 3:33

나의 사랑 나의 신부야 일어나 함께 가자

"우리가 스스로 행위를 조사하고 여호와께로 돌아가자" 애 3:40

우리의 인생은 하나님께로 돌아가지 않고는 답이 없다. 하나님의 말씀을 모르면 믿음의 성장도 어렵고 신앙도 무기력하게 된다. 교회에 나와서 예배를 드리고 기도를 해도 응답이 없거나 응답이 지체되면 말씀이 없는 자는 무기력하게 된다. 말씀은 비밀이다. 말씀의 비밀을 아는 자만이 하나님의 거룩한 성품에 참여하여 말씀을 믿고 기다린다. 하나님은 우리의 기도를 들으시고 우리들의 행동을 다 보고 계신다. 그러나 하나님이 보이지 않는 것은 우리가 힘든 가운데, 고난 가운데 하나님을 믿고 찾아 발견하는 시간이 필요하기 때문이다. 예수님을 찾는 그 시간이 힘들고 아픈 시간들이지만 기다리고 인내하는 그 시간이 참된 믿음의 성숙을 만든다. 믿음의 인내 가운데 믿음의 성장이 이루어지는 매우 중요한 시간이다.

"사람이 여호와의 구원을 바라고 잠잠히 기다림이 좋도다" 애 3:26

하나님은 우리 옆에 계신다. 하나님의 말씀을 믿는다면 하나님을 찾고 기다려야 한다. 힘들고 어려운 환경을 하나님께 풀어달라고 믿음을 가지고 구해보아야 한다. 찾지 않고, 구하지 않고, 기다리지 않는다면 그들은 결론적으로 하나님을 믿지 않는 것이다.

찾는 자가 힘들이지 않고 그냥 찾아지겠는가? 두드리는 자가 조금 두드린다 해서 바로 열리겠는가? 기다리는 자가 믿음이 없이 기다리겠는가? 말씀은 비밀이다. 믿지 못하는 자는 조금 찾다가 조금 기다리다가 돌아선다. 그러나 믿는 자가 결국 끈질긴 기도로 찾아내고, 끈질기게 기도하는 자가 기도의 응답을 받는다.

"구하라 그러면 너희에게 주실 것이요 찾으라 그러면 찾을 것이요 문을 두드리라 그러면 너희에게 열릴 것이니 구하는 이마다 얻을 것이요 찾는 이가 찾을 것이요 두드리는 이에게 열릴 것이니라" 마 7:7~8

우리가 하나님을 사랑하고 말씀으로 돌아와 마음의 문을 열었다 해서 바로 주님의 음성이 들려오고 주님과 함께 함을 힘 있게 느낀다면 얼마나 기쁘겠는가? 그러나 신앙생활은 힘듦 가운데서 주님을 믿고 인내하며 찾아야 한다. 이것이 우리의 믿음을 성장시키시고 말씀으로 키워가는 과정이다.

우리의 생각을 버리고 말씀대로 믿는 자가 복이 있다. 세상은 말씀으로 세워졌고 이전 시대나 지금까지도 말씀은 하나도 틀린 것이 없이 말씀대로 이루어졌고 이루어져 가고 있다. 그럼에도 세상은 하나님을 버리고 종말을 향해 죄가 힘을 얻는 시대이다. 선을 선이라 말하지 않고 악을 악하다 말하지 않고 사람의 유익을 따라간다. 사회가 질서가 없고 가정이 무너지고 교회가 교회답지 못하는 시대가 지금 시대다. 우리의 구원주로 오신 예수님을 빌라도에게 "십자가에 못 박게 하소서 악당 죄수 바라바를 풀어주소서" 하는 분별력 없는 시대가 지금 이 시대다. 자기의 유익을 위해서라면 언제든지 마음을 바꾸어 악을 선하다 말하고 선을 악하다 말하는 죄악이 관영한 세대, 그러나 하나님은 말씀대로 세상을 심판 하실 것이다. 이러한 하나님의 신비를

나의 사랑 나의 신부야 일어나 함께 가자

알지 못하는 자는 여전히 육의 소욕에서 떠나지 않고 가진 것을 자랑하고 세상적 기준으로 판단한다. 하지만 그의 신비에 참여한 자는 시대를 본받지 않고 열심을 가지고 기도하고 헌신하고 전도한다. 육적으로 보면 당장 얻어지는 유익이 없는데 뭔가에 홀린듯하게 보인다. 영적인 사람은 영적인 것을 말하고 영적인 것을 찾는다. 이들은 육적인 이익을 버리고 남들이 보지 못한, 남들이 알지 못한 신의 성품에 참여하는 자들이다. 왜냐하면 그들은 남들이 듣지 못한 것을 들었고 보지 못한 것을 보았기 때문이다. 세상은 알지도 못하는 기쁨이 영적인 사람에게 있다. 이것이 믿음이다. 영적인 자는 하나님의 말씀을 기뻐하며 그의 말씀 안에 비밀을 찾고 세상에 어떤 것하고도 바꿀 수 없는 믿음이 있다. 그 믿음 안에는 하나님의 오른손과 왼손이 있다.

"그 우편 손에는 장수가 있고 그 좌편 손에는 부귀가 있나니 그 길은 즐거운 길이요 그 첩경은 다 평강이니라" 잠 3:16~17

하나님의 말씀을 믿고 따르는 자에게는 하나님의 능력이 나타난다. 예수님께서는 백부장의 믿음을 "이스라엘에서 이만한 믿음을 보겠느냐"하며 칭찬하셨다. "주여 말씀만 하옵소서 내 종이 낫겠나이다"하는 백부장의 고백은 자신이 백부장의 위치에서 말로 지시만 해도 내 종더러 가라 하면 가고 오라 하면 오는데 만왕의 왕이시고 천지를 창조하신 하나님의 말씀이 살아있으니 오직 말씀만 하시면 말씀의 능력이 실행되리라는 믿음의 고백인 것이다.

우리는 어떤 믿음일까? 성경말씀을 하나님의 말씀으로 몇 프로나 믿고 있는가? 믿음이 없이는 하나님을 기쁘시게 할 수 없다. 하나님을 찾고 말씀대로 살겠다고 신앙고백을 하고, 마음을 다해 신앙생활을 할 것 같은 믿음의 신부가 얼마 못되어 마음에 변심을 한다. 적당하게 세상과 타협하며 하나님을 속이며 살아가는 신앙인들이 이 시대에 너무나 많다. 말씀이 없는 길은 낭떠러지 패망의 길이다. 평강이 없다. 그들은 결국 하나님을 떠나 인생의 실패 앞에서 다시 하나님을 찾는다. 병마로 인한 죽음 앞에서, 자녀들의 어려움 앞에서, 물질이 막히고 권력이 비방을 당하고 이런 저런 문제 앞에서 해결점을 찾지 못할 때 말씀의 자리로 기도의 자리로 다시 나온다. 인생의 어려움 앞에서 주님을 찾을 때 예수님은 다시 속아 주시고 문을 열어 축복의 길로 인도하신다. 그렇지만 육의 소욕이 채워지면 그 믿음은 오래가지 못하고 그들은 다시 여전히 인본주의로 세상 것에 기웃거린다. 그럼에도 불구하고 하나님은 우리를 찾으시고 기다려주시고 기회를 열어주시고 오래 참으신다. 행여나 혹시나 하시면서 예수님은 우리가 말씀 안에서 믿음이 성숙되기를 기다려 주신다.

아가서 5장 7절 성중에서 행순하는 자들이 나를 만나매 나를 쳐서 상하게 하였고 성벽을 파수하는 자들이 나의 웃옷을 벗겨 취하였구나

예수 믿기로 작정을 했다면 어떤 고난 속에서도 예수님을 찾고, 어떤 수치 속에서도 예수님을 찾고 기다리는 것이 진실된 믿음이다. 우리는 술람미 여자의 그 믿음을 본받아야 한다. 마음이 동하여진 신부가 마음의 문을 열었지만 약속의 말씀과는 달리 환경은 막히고 힘들

때 과연 우리는 어떻게 할 것인가? 믿음이 없이는 신앙의 길을 갈 수 없다. 믿음은 바랄 수 없는 중에 믿고 바라는 것이 믿음이다. 그럼에 도 찾고 그리할지라도 바라고 나아가는 것이 참된 믿음이다. 힘든 어려움 속에서 끝까지 믿음의 손을 예수님을 향해 내어 밀어야 한다. 신 앙은 고통 없이 믿음이 성숙되지 않는다. 술람미도 예외는 아니다. 성 중에서 행순하는 자들이 술람미 여자를 힘들게 했다. 사람으로부터 오는 고통이다. 교회가 다 거룩한 하나님의 백성만 모여 있는 곳이 아 니다. 하나님의 백성을 훈련하시기 위해 양무리 가운데 염소들이 들 어있다. 이것은 믿음의 백성을 훈련하시려는 하나님의 교육 방법이 다. 그들의 겉모습으로는 알 수 없다. 과장된 천사이기 때문이다. 변 장술이 강해서 우리의 눈으로는 발견 할 수 없지만 그들의 행동을 보 고 짐작할 뿐이다. 먼저 믿었지만 하나님의 말씀으로 들어오지 못하 고 교회 건물을 섬기는 율법사 서기관들이다. 말씀은 지식적으로 아 는데 주님의 음성을 듣지 못하고 말씀의 거룩한 나라를 보지 못한 자 들이다. 말은 그럴싸하게 믿음 있는 소리들을 하지만 교회 건물 안에 서 왕초 노릇을 한다. 이들은 교회 안에서 자기의 권위가 위협을 받으 면 무슨 수를 써서라도 하나님의 백성을 짓밟는다. 이들은 하나님을 두려워하는 마음이 없기 때문에 하나님의 사람이 예배하는 자리에 있 든 기도하는 자리에 있든 전도하는 자리에 있든 상관하지 않는다. 교 회를 교회답지 못하게 하는 작은 여우들이다. 하나님의 말씀의 권위 를 무너뜨리고 하나님의 백성을 괴롭게 하는 자들이다.

요즘은 명품 교회가 있다. 이름 있는 큰 교회를 다니면서 으스대는 교인이 있다. 예수님을 자랑하는 것이 아니라 교회 건물, 인원수, 예산 이것을 마치 자기 것인 양 자기의 힘으로 삼는 자들이 있다. 이러한 자는 하나님을 사랑하고 하나님을 향해 열심을 내는 자들을 힘들게 한다. 이러한 자는 세월이 흘러도 여전히 이전 시대나 지금 시대나 교회마다 있다. 그들의 열심은 성령에 취해 신앙생활을 하는 자를 괴롭히고 구박한다. "웃옷을 벗겼구나" 라는 구절처럼 그들은 믿음의 길을 가는 사람을 모함하고 사람들 앞에서 하나님의 사람을 부끄럽게 설 자리가 없도록 만든다는 것이다. 이러한 자의 특징은 말쟁이들이 많다. 이러한 말쟁이들이 모여 성령에 취해 복음을 전하는 스데반 집사를 신앙의 반역자로 모함해 죽였다.

신앙에는 이러한 비웃음과 조롱이 따른다. 성령을 알지 못하는 자들은 우리를 위해 오신 예수님의 옷을 벗기고, 그의 얼굴에 침을 뱉고, 조롱하고, 옷을 찢어 나누어 비웃으며 예수님을 조롱했다. 그렇지만 하나님은 그 아들 예수님을 십자가에 못 박기까지 환경을 바꾸어 주시지 않으셨다. 왜 그러셨을까? 그 길이 예수님께서 우리를 구원하시는 길이기 때문이다. 말씀의 약속은 말씀대로 풀어진다. 하나님께서 우리의 환경이 힘들다고 당장 기도를 들어주지 않으시기도 하시지만 우리는 그 힘듦 가운데서 말씀의 순종을 배우고 순종 가운데서 믿음이 성숙해져 간다. 믿음이 성숙되지 않고는 하나님의 거룩한 신부로 세워질 수가 없다. 하나님의 속성을 알아야만이 우리의 믿음이 하나님을 기쁘시게 할 수 있다. 우리가 말씀 안에서 하나님의 뜻을 알아야 우리의 믿음이 성장을 한다. 하나님께서는 악인들을 왜 당장 벌하지 않으시고 그들에게 이 땅에서 더 잘되는 길을 허락하시는 걸까. 이

나의 사랑 나의 신부야 일어나 함께 가자

와 같은 모든 것이 사람의 생각으로 이해로 풀어지는 것이 아니다.

"볼찌어다 이들은 악인이라 그런데 악인들이 항상 평안하고 재물은 더하도다, 나는 종일 재앙을 당하며 아침마다 징책을 보았도다" 시 73:12,14

하나님의 사람이 하나님의 말씀의 깊이를 알지 못하면 감사를 모르고 살아간다. 인생의 해답은 말씀 안에 있다.

"너희 딸들이 행음하며 너희 며느리들이 간음하여도 내가 벌하지 아니하리니 이는 남자들도 창기와 함께 나가며 음부와 함께 희생을 드림이니라 깨닫지 못하는 백성은 패망하리라" 호 4:14

악인들을 당장 벌하지 않으시는 이유는 하나님의 백성을 훈련하시기 위함이다. 이것을 깨닫지 못하고 세상 유혹에 마음을 빼앗긴 자는 이미 죽음의 덫에 걸려든 것이다. 새가 그물에 걸려드는 것처럼 한 번 걸려들면 몸부림을 쳐도 자기의 힘으로는 빠져나올 수 없는 함정이다. 다윗은 하나님께서 이스라엘 사울 왕 다음으로 왕위를 약속하셨지만 사울에게 쫓기고 쫓기는 신세였다. 하지만 그의 너무나 많은 환난이 다윗을 다윗 되게 만들었다. 우리들 또한 힘들고 어려움 속에서 교회 안의 믿음의 동료들에게 비웃음, 조롱, 업신여김을 당하는 것을 이겨내야 한다.

신앙생활을 열심히 한다고 해서 우리에게 칭찬이 돌아오는 것이 아니다. 믿음의 성장에는 필히 고난과 비웃음과 조롱과 모함이 있는 신앙의 길을 통과해야 한다. 믿음의 사람은 죽기까지 훈련된다. 그렇지만 세상에 어떤 것 하고도 바꿀 수 없는 기쁨이 있다. 예수님 안에 있는 보화이다. 세상이 줄 수 없는 기쁨, 세상은 알지도 못하고 알 수도 없는 기쁨이 있기에 우리는 기꺼이 주님을 따른다. 여기서 필자는 아가서를 좀 더 쉽게 이해하기 위해 많은 분들이 알고 있는 천로역정을 소개하고자 한다. 천로역정은 Alleqory 라는 문학적 기법을 사용해 크리스천Christian을 주인공으로 기독교인들의 삶의 여정을 나타낸 것이다. 천로역정 크리스천Christian은 천국에 대한 하나님의 말씀을 읽고 장망성 멸망의 도시에 소망을 갖지 않고 천국 가는 구원의 길을 선택한다.

그 길을 가족들과 함께 가고 싶었지만 아무리 아내에게 권유를 해도 복음을 받아들이지 못하는 아내와 가족을 뒤로하고 혼자 신앙의 길을 가는 여정이다. 그 믿음의 길에서 함께하는 친구들도 있어 힘이 되었지만 얼마 못 가 그 친구들은 힘들고 어려움 속에서 하나 둘 떠나 버리고 결국 크리스천 혼자 믿음의 길을 가는 천로역정이다. 막상 천국 가는 길을 선택했지만 신앙생활이 마냥 즐겁지만 않다. 인생의 짐을 짊어지고 복음의 자유함을 누리지 못한 크리스천은 여러 가지 힘든 일들을 만나 죽을 고비를 몇 번이나 넘긴다. 그러한 가운데서 크리스천의 믿음이 성장하게 되고 빛 가운데로 가까이 갈 때 복음의 자유함과 소망의 기쁨을 누린다. 하지만 그 빛 가운데서도 여전히 여러 가지 고통이 따른다. 믿음의 길을 함께했던 동료가 순교하는 아픔도 겪게 된다. 또한 크리스천에게 세상의 넓은 길, 평안한 길이 유혹을 한다. 편안하게 신앙생활을 하고자 넓은 길을 선택한 크리스천은 결국

나의 사랑 나의 신부야 일어나 함께 가자

천국 가는 길이 막히게 되고 다시 돌아 좁은 길 말씀의 길을 간다. 말씀의 길에서도 여전히 악한 사탄의 공격을 받지만 하나님의 전신갑주를 입고 말씀으로 대항하며 하나님을 믿고 천국 가는 크리스천이다.

> "그러므로 하나님의 전신갑주를 취하라 이는 악한 날에 너희가 능히 대적하고 모든 일을 행한 후에 서기 위함이라" 엡 6:13

술람미도 얼마나 많은 어려운 상황들이 신앙의 길을 가로막고 슬럼프에 빠지게 했는지 모른다. 그럼에도 신랑 되신 예수님을 향해 달려가는 길은 천로역정의 길과 같다. 우리가 예수 이름으로 살다 보면 뜻하지 않게 병에 걸리기도 하고 물질을 빼앗기기도 하지만 어떤 상황이든 예수님을 놓치면 안 된다. 그것이 믿음이다. 믿음이 없이는 결단코 천국을 갈 수 없다. 돈을 주고도 갈 수 없고 인간의 모든 방법을 동원해 힘쓰고 애를 써도 갈 수 없는 나라가 천국이다. 오직 하나님의 감동으로 쓰여진 말씀으로 거듭나야 천국에 갈 수 있다.

믿음의 사람이 말씀대로 살기 위해 예배도 드리고 복음도 전하고 열심을 다해 믿음으로 살고자 하지만 현실은 어렵다. 신앙의 열심을 내지 않는 자들이 신앙의 자존심을 건드리기도 한다. 그렇지만 이것 또한 우리 믿음의 성장을 위하여 하나님께서 허락하신 것이다. 예수님은 하나님의 아들이지만 조롱과 핍박 업신여김을 당하셨다. 신앙은 우리의 십자가를 지고 예수님께서 가신 그 길을 따라가는 것이다. 세상 것이 아무리 좋아 보여도 마음을 빼앗기면 안 된다. 세상 유혹에 마음을 빼앗긴 자는 하나님의 나라를 소유할 수 없다. 세상 것은 영원하지가 않다. 돈이 있는 자나 없는 자나, 유명한 자나 천한 자나, 죽음을 피할 사람은 이 세상에 한 사람도 없다. 오고 가는 세상 가운데 죽지 않고 살아남아 있는 자가 있는가? 단 한 사람도 없다. 이것이 우리의 인생이다. 말씀을 따라 십자가의 길을 걷는 자는 기쁨이 있는 천국의 선물이 주어지고, 말씀을 무시하고 인생을 살아온 자는 지옥의 형벌이 주어진다. 사도 바울은 이 땅에서 결혼도 하지 않았다. 집 한 채도 가지지 못했다. 오직 예수님의 이름으로 하나님의 백성을 찾고 믿음이 약한 자를 말씀으로 세우고 가르쳤다. 우리의 신분은 십자가의 군병이다. 사명을 잃어버리면 안 된다. 우리를 통해 하나님의 나라가 이 땅에 이루어지므로 우리 삶에는 여전히 어려운 일들이 신앙의 길을 막고 환경을 어렵게 할 것이다. 그러나 믿는 자는 두려워할 것이 아니다. 그 어떤 환경도 예수 안에 있는 자를 악한 사탄은 해치지 못한다. 우리는 예수 이름으로 모든 환경을 이겨내는 승리자가 되어야한다.

믿음은 사랑하는 자를 찾아가는 것이다. 우리는 믿음의 첫사랑을 회복해야 한다. 말씀의 신비를 경험하지 못한 어린 믿음의 신부는 말씀을 경험해야 한다. 그렇지 않고는 세상을 이길 수가 없다. 예수님과 만나 몰약 즙이 뚝뚝 떨어지는 사랑을 나눈 술람미 여자인데도 믿음의 성장 속에서 어려움이 있다는 것을 기억하자. 술람미도 막상 예수님의 말씀대로 살려 하니까 주님은 어디에 숨으셨는지 음성도 들을 수 없고 신앙의 길이 너무나 힘이 들었다. 기도를 해도 어려운 일들이 생기고 가까운 사람들의 비웃음과 교회 안에서의 수군거림이 있더라도 이것은 우리의 믿음을 테스트 하는 과정이다. 믿음은 그럼에도 불구하고 말씀을 따라 순종하는 것이며, 믿음은 그리할지라도 주님 안에 평안을 누리는 것이다. 이것이 믿음이다.

아가서 5장 8~9절 예루살렘 여자들아 너희에게 내가 부탁한다 너희가 나의 사랑하는 자를 만나거든 내가 사랑하므로 병이 났다고 하려무나 여자 중 극히 어여쁜 자야 너의 사랑하는 자가 남의 사랑하는 자보다 나은 것이 무엇인가 너의 사랑하는 자가 남의 사랑하는 자보다 나은 것이 무엇이기에 이같이 우리에게 부탁하는가

술람미가 예수님을 사랑하는 열심이다. 신앙에는 열심 없이 하나님의 사람으로 온전히 세워질 수가 없다. 예수님을 찾아 헤매며 몸이 상하기도 하고 수치를 당하기도 한다. 예수님도 스데반 집사도 사도 바울도 이단의 괴수라는 말을 들었다. 예수님은 하나님의 아들이라고 하니까 십자가에서 죽임 당하셨고, 스데반 집사는 성령으로 나타나신 예수님을 말하니까 돌에 맞아 죽었으며, 사도 바울은 십자가의 능력을 전함으로 미쳤다는 소리를 듣고 사십 대에 감한 매를 다섯 번이나 맞았다. 예수 믿는 사람이 어려움이 없었다면 그는 자신의 신앙을 점검할 필요가 있다. 믿음이 없거나 세상과 적당히 타협하는 신앙은 고난이 없을 수도 있기 때문이다.

술람미도 많은 어려움 속에 믿음이 성장 하였다. 예수님을 찾다가 사람들에게 맞아 몸이 상하기도 하고 웃옷을 벗김을 당하기도 했다 (아 5:7). 하지만 신앙생활이 너무 힘이 들어 잠자리에서 일어나기가 싫다고 했던 술람미가 이제는 적극적으로 예수님 자랑에 나섰다. 믿

음의 성장이다. 술람미는 신앙생활을 하는 믿음의 동역자들에게 자기가 찾는 신랑을 소개하면서 예수님을 만나고 싶은 마음에 사랑의 병이 났다.

하지만 믿음의 동역자들의 반응은 "여자 중 어여쁜 자야" 너의 믿음이 특심이 있는 신앙인 것은 알겠지만 너의 믿음이 나의 믿음보다 더 나은 것이 무엇이냐? 너가 사랑하는 것이 내가 사랑하는 것보다 무엇이 더 좋길래 이같이 우리에게 부탁하는가? 라고 대답한다. 말씀으로 거듭난 자는 술람미가 목숨을 걸고 찾는 신앙이 이해가 되고 부럽기까지 할 것이다. 그러나 성령으로 거듭나지 않은 자는 그녀가 이해가 안 된다. 한마디로 별나게 '신앙생활 하네! 잘못된 신앙이 아닌가!' 의심하는 것이다.

교회 안에서도 믿음을 시기하고 서로 자기의 믿음을 자랑하는 경우가 많다. 신앙은 시기의 상대가 아니다. 협력하고 세워주는 관계가 되어야 한다. 욥의 세 친구들처럼 세상 가치관에 속한 믿음이 있고 오직 예수님만 찾는 신부가 있다. 오직 예수님만 찾는 신부는 조롱당하고 왕따를 당하는 경우가 많다. 그러나 주위를 의식하지 말고 오직 말씀으로 나아가면 진리의 길에서 신랑 되신 예수님을 만나게 될 것이다.

술람미 여자가 사랑하는 신랑을 가리켜 자랑한다. "입은 심히 다니"(아 5:16) 이것은 하나님의 말씀이 너무 달고 좋다는 것이다. 말씀 전체가 권위가 있고 사랑스럽다는 것이다.

"주의 말씀의 맛이 내게 어찌 그리 단지요 내 입에 꿀보다 더 하나이다" 시 119:103

나의 사랑 나의 신부야 일어나 함께 가자

이러한 신앙으로 달려 나오는 자를 예수님께서 이는 내 친구라고 하신다. "예루살렘 여자들아 이는 내가 사랑하는 자요 나의 친구일지라"

"이제부터는 너희를 종이라 하지 아니하리니 종은 주인의 하는 것을 알지 못함이라 너희를 친구라 하였노라 내가 내 아버지께 들은 것을 다 너희에게 알게 하였음이니라" 요 15:15

예수님과 어떠한 관계가 되어야 하나님의 것을 알게 되고 예수님과 은밀한 대화를 나눌 수 있는 친구 같은 관계가 되는지 우리는 말씀의 깊이를 알아야 한다. 예수님의 이름으로 살기 위해서는 하나님의 말씀대로 사는 것을 기뻐하고 자기의 생명을 내놓는 자라야 한다. 그러한 자를 향해 "예루살렘 여자들아 이는 내가 사랑하는 자요 나의 친구다" 라고 하신다.

2. 나의 자랑

<u>아가서 5장 10절</u> 나의 사랑하는 자는 희고도 붉어 만 사람에 뛰어난다

술람미의 믿음의 깊이가 암흑기를 지나 얼마나 성장 되었는지를 보여주는 말씀이다. 말씀을 통해 우리는 그녀의 믿음의 깊이를 알 수 있다.

솔로몬이 저자가 되어 솔로몬 왕을 신랑으로, 술람미 여자를 신부로 그려낸 아가서가 신학적으로는 술람미 지역에 사는 여자를 솔로몬이 사랑하여 현실적인 인물이라고 한다. 술람미 지역을 꼬집어 말한 바, 나의 누이라고 말한 바, 술람미 지역에 포도원을 언급한 바 있으므로 실질적인 인물로 해석하기도 한다. 하지만 필자는 술람미 여자가 현실적인 인물인지 아니면 가상적인 술람미 여자를 두고 논한 말씀인지 알 수 없지만 아마도 하나님의 신부를 표현하기 위하여 천로역정과 같이 Allegory 라는 문학적 기법을 사용해 비유적으로 기독교인의 삶의 여정을 보여주는 작품이기에 술람미가 가상적 인물이 아닐까라고 필자는 조심스럽게 생각해본다.

술람미 여자의 신앙고백을 듣고자 한다. 그녀는 "나의 사랑하는 자는 피부가 희면서도 붉다"라고 말한다. 여기서 "희다"라고 표현한 것은 점이나 주름 잡힌 것 없이 죄가 없으신 완전한 예수님을 의미하며, "붉다"라는 말씀은 신랑 되신 예수님께서 십자가에서 흘리신 보혈의 피를 상징하는 말씀이다. 그리고 "만 사람에 뛰어난다"는 세상을 구원하실 예수님을 나타낸다. 이처럼 술람미는 확실한 믿음의 가치를 알고 그리스도의 향기를 품어냈다.

아가서 5장 11절 머리는 정금 같고 머리털은 고불고불하고 까마귀같이 검구나 눈은 시냇가의 비둘기 같은데 젖으로 씻은 듯하고 아름답게도 박혔구가

"머리는 정금 같다"는 왕의 권위, "머리털은 고불고불 까마귀처럼 검다"는 만왕의 왕이신 하나님께서 육의 소욕으로 하나님을 배반한

나의 사랑 나의 신부야 일어나 함께 가자

자기 백성을 구원하시기 위해 인간의 죄악을 담당하셨다는 말씀이다. 사람은 어릴 때부터 생각하는 것이 악하다.

"이는 사람의 마음의 계획하는 바가 어려서부터 악함이라" 창 8:21

어릴 때는 표현하지 못해서 악한 것이 나타나지 않을 뿐이지 사람은 성장을 하면서 그 속 사람이 들어난다. 사람은 근본이 악하여 고불고불 악한 생각으로 얽히고 설켜 자기를 품고 있는 하나님의 본체를 스스로는 알지 못한다. 사람은 태어날 때부터 아담과 하와로부터 유전된 원죄를 가지고 태어났기에 세상에는 의인은 한 사람도 없다.

"기록한바 의인은 없나니 하나도 없으며 깨닫는 자도 없고 하나님을 찾는 자도 없고 다 치우쳐 한가지로 무익하게 되고 선을 행하는 자는 없나니 하나도 없도다 저희 목구멍은 열린 무덤이요 그 혀로는 속임을 베풀며 그 입술에는 독사의 독이 있고 그 입에는 저주와 악독이 가득하고 그 발은 피 흘리는 데 빠른지라 파멸과 고생이 그 길에 있어 평강의 길을 알지 못하였고 저희 눈앞에 하나님을 두려워함이 없느니라" 롬 3:10~18

"원죄"는 썩어질 육체만을 위해 먹고 마시고 하나님 없이 살아가는 것이다. 예수 이름으로 거듭나지 않은 자는 다 원죄에 머물러 있다. 까마귀처럼 썩은 음식을 좋아한다. 말씀은 세상적 관점으로 기록한 것이 아니라 하나님의 관점으로 기록된 말씀이다. 창조주 하나님을 인정하지 않으면서 세상에서 선한 행실을 많이 하였다 하여도 하나님 앞에서는 칭찬 받지 못한다. 하나님을 알지 못하는 것이 죄 중에 가장 큰 죄다. 하나님을 스스로 찾는 자가 없기 때문에 하나님께서 인간의 몸을 입으시고 찾아오신 것이다. 하나님께서 이 땅에 오심은 영생을 주시기 위함이다. 검은 죄를 희게 해 주시는 하나님의 자비하심이다.

말씀 안에서 일하시는 하나님을 보지 못하는 자는 살아있으나 영적인 장님이다. 술람미의 신앙의 고백은 단순히 "머리는 정금 같다", "머리털은 고불고불하다", "까마귀같이 검다"라고 표현한 것이 아니다. 이것은 술람미가 사랑하는 예수님은 만왕의 왕이시라는 신앙고백이다. 만왕의 왕이신 예수님은 죄 없으신 분이지만 죄가 있는 것 같이 "머리털은 고불고불 까마귀같이 검구나"로 표현하였다. 즉, 사람의 몸으로 이 땅에 오셔서 인간의 죄악을 친히 담당하실 예수님을 술람미가 고백하고 있다. 술람미를 가리켜 사랑 중에 사랑이라고 표현함을 볼 때 술람미가 가진 신앙이 너무나 놀랍다.

우리도 심판 주로 오실 예수님을 볼 수 있어야 한다. 노아 홍수 때처럼 먹고 마시고 육의 소욕으로 살아간다면 부활의 예수님은 만날 수 없다. 왕이신 하나님께서 인간의 얽히고 설킨 죄악을 위해 머리에 가시 면류관을 쓰시고 인간의 검은 죄악을 대신 하여 십자가를 담당하셨다.

"그가 찔림은 우리의 허물을 인함이요 그가 상함은 우리의 죄악을 인함이라 그가 징계를 받음으로 우리가 평화를 누리고 그가 채찍에 맞음으로 우리가 나음을 입었도다" 사 53:5

그 십자가의 사랑이 시냇가의 비둘기같이 온유하고 젖으로 씻은

나의 사랑 나의 신부야 일어나 함께 가자

듯 순전하고 깨끗한 모습으로 우리를 죽음에서 생명으로 옮겨주셨다. 우리는 그의 소유된 백성이다. 우리를 구원의 길로 인도하시는 것이 하나님의 뜻이다. 우리는 하나님의 영광의 자리로 나아가지 않고는 유황 불 못으로 간다.

아가서 5장 13절 뺨은 향기로운 꽃밭 같고 향기로운 풀언덕과도 같고 입술은 백합화 같고 몰약의 즙이 뚝뚝 떨어진다

술람미는 예수님의 얼굴을 "꽃밭 같고 풀언덕 같고 그 입술에서 몰약즙이 떨어진다"로 표현했다. 예수님의 얼굴을 구하는 자에게 기쁨이 있다. 인생이 힘들 때 피곤할 때 쉼을 얻고 부활의 기쁨과 십자가의 은혜를 입는다. 한마디로 인생의 기쁨은 하나님의 얼굴을 구하는 자에게 주어지는 축복이다. 필자는 여기서 술람미가 본 예수님의 얼굴과 요한이 본 하나님의 형상을 함께 소개하고자 한다. 요한이 본 하나님의 형상과 술람미가 본 예수님의 얼굴이 다소 차이가 있다. 술람미는 기쁨의 예수님을 보았다면 요한은 재림 예수로 세상을 심판하실 예수님을 보았다.

"촛대 사이에 인자 같은 이가 발에 끌리는 옷을 입고 가슴에 금띠를 띠고 그 머리와 털의 희기가 흰 양털 같고 눈 같으며 그의 눈은 불꽃 같고 그의 발은 풀무에 단련한 빛난 주석 같고 그의 음성은 많은 물 소리와 같으며 그 오른 손에 일곱 별이 있고 그 입에서 좌우에 날선 검이 나오고 그 얼굴은 해가 힘 있게 비취는 것 같더라" 계 1:13~16

요한은 재림 예수님으로 세상을 심판하실 하나님의 형상을 본 것이다. "인자"란 예수님이시다. "가슴의 금띠"는 만왕의 왕이신 예수님이시다. 신부를 품어주실 가슴이다. '그 머리는 희기가 양털 같고 눈 같이 희다'는 죄가 아주 없으셔서 주름 잡힌 것이 없는 하나님의 형상이다. 이러한 하나님께서 인생을 말씀의 푸른 초원으로 부르시고 가르치셨다. 술람미같이 예수님의 얼굴을 구하고 말씀을 따라 살아온 자는 인생의 죽음 앞에서 금띠를 띠신 예수님 품에 안기지만 하나님의 말씀으로 준비되지 못한 자는 그의 얼굴을 뵈올 수 없다. 예수님의 얼굴에서 인생의 길을 찾지 않는 자는 그 불꽃같이 살피시는 눈을 피할 수 없다. 요한이 본 그의 발은 풀무에 단련한 주석 같다 하였다. 예수님의 말씀대로 살아온 자는 세상에서 살아온 모든 것에 대한 위로함을 받는 왕의 신부가 되지만, 하나님의 말씀을 떠나 준비하지 못한 자는 그 풀무에 단련된 주석과 같은 발에 밟혀 산산조각이 난다. 그 주석과 같은 발은 세상을 심판하실 하나님의 발이다. 세상에서 화려하게 살았던 모든 것이 그 발에 밟혀 깨어진다.

> "내가 너로 여자와 원수가 되게 하고 너의 후손도 여자의 후손과 원수가 되게 하리니 여자의 후손은 네 머리를 상하게 할 것이요 너는 그의 발꿈치를 상하게 할 것이니라" 창 3:15

창조의 시작이다. 하나님의 말씀을 거역하도록 하와를 유혹한 사탄은 산 자의 어미, 하와와 원수가 되고 그 후손들도 세상 끝 날까지 원수관계가 되어 사탄의 공격을 받지만 그 계략이 아무리 뛰어나도

나의 사랑 나의 신부야 일어나 함께 가자

그 발꿈치를 상하게 할 뿐이다. 예수를 믿고 살아가는 자들을 사탄은 방해하고 요리저리 숨어 다녀도 세상 종말에는 풀무에 단련한 주석과 같은 발로 완전히 사탄의 머리를 밟아버리므로 사탄의 계략은 끝이 난다. 요한은 그의 음성을 많은 물소리와 같다 하였다. 반면 술람미가 본 예수님의 얼굴은 푸른 언덕과도 같다 하였다. 요한이 표현한 많은 물은 심판을 의미하며, 술람미가 표현한 풀언덕의 쉴만한 물가는 평안을 표현한 말씀이다. 예수님의 말씀을 사랑하고 하나님의 자녀로 살아온 자에게는 예수님의 음성이 우렁차고 힘이 있어 많은 물 소리와도 같이 들리지만, 신앙의 길을 준비하지 못한 자에게는 하나님의 음성 앞에 귀 고막이 갈기갈기 터져 찢어지는 것이다. 더 이상 하나님의 음성을 들을 수 없다. 기회가 끝이 난 것이다. 그의 얼굴을 뵈올 수도 없고 처참한 몸이 되어 지옥으로 간다. 더 이상 푸른 초장으로 인도함을 받지 못한다. 더 이상 주님의 음성을 들을 수 없다. 인생의 축복의 기회가 끝이 났다.

요한은 "하나님의 얼굴이 해가 힘 있게 비치는 것 같더라"했다. 하나님 앞에서 죄가 가리움을 받지 못하고 낱낱이 들어난다. 하나님의 말씀으로 순종한 자만이 그의 얼굴을 뵈올 수 있다. 우리는 핑계치 못한다. 얼마나 다정한 예수님으로 우리 가운데 오셔서 말씀으로 돌아오라고 말씀 안에서 살아가라고 권유하고 달래도 보고 위로하시고 했던가! "귀 있는 자는 들으라" 사람에게 귀가 있다면 하나님의 말씀을 들으라고 하셨다.

우리에게 기회가 있다면 술람미가 본 예수님의 얼굴을 구하고 예수님의 향취를 맡고 말씀으로 돌아가야 한다. 인생의 시간이 다 되어 우리가 예수님 앞에 설 때는 술람미가 본 예수님의 얼굴이 아니라 요한이 본 하나님의 형상이다. 술람미가 본 하나님의 형상은 우리에게 기회가 있다는 것이다. "돌아오고 돌아오라 술람미 여자야 어찌 마하나임에서 춤추는 것을 보게 하려느냐" 하나님의 얼굴을 구하고 인생의 남은 때를 말씀 안에서 준비하라는 부르심이다. 하지만 요한이 본 예수님의 형상은 마지막 나팔소리와도 같다. "회개하라 천국이 가까이 왔느니라" 귀 있는 자는 들으라는 주님의 음성이다. 말씀대로 순종한 자에게는 축복이지만 믿지 않은 자는 인생의 살아온 모든 시간을 빼앗기고 그 풀무불 가운데 달련 된 주석과 같은 발에 밟혀 산산조각 날 것이다. 이것이 지옥이다. 풀무불을 밟고 계시는 하나님의 발을 누가 밀고 나올 수 있겠는가! 그 눈은 불꽃같이 살피시고 그의 얼굴은 해같이 빛이 나는데 세상에 어떤 것도 해를 가릴 수가 없다. 이것이 하나님의 힘이시다. 하나님은 말씀대로 세상을 심판하신다. 하나님의 심판은 교회를 향해 있다.

일곱 교회란 하나님의 숫자이다. 세상의 모든 교회를 뜻한다. 일곱 교회는 상징적인 비유이다. 에베소교회, 서머나교회, 버가모교회, 두아디라교회, 사데교회, 빌라델비아교회, 라오디아교회 목회자의 자리가 하나님의 심판이 있음을 말씀함이며 교인 한 사람 한 사람이 어떻게 신앙생활을 해야 하는지를 말씀하신다.

아가서는 신랑 예수님과 신부 된 교회를 향해 기록한 말씀이다. 어떠한 교회가 예수님의 신부로 세워질 수 있는지 신랑 되신 예수님을 기쁘게 할 수 있는지 잠시 일곱 교회를 심방하고자 한다.

나의 사랑 나의 신부야 일어나 함께 가자

"에베소교회"가 세워질 때는 예수님의 얼굴을 구하고 예수님의 향취를 맡으면서 성도들이 예수님의 이름으로 말씀의 푸른 초원에서 신앙생활 했었다. 그러나 점차 시간이 지나면서 형식적인 신앙으로 가고 있다. 이것은 교회의 모양은 있는데 하나님의 능력을 부인하는 교회이다. 하나님의 첫사랑이 회복되지 않으면 하나님의 능력이 나타나지 않는다.

"경건의 모양은 있으나 경건의 능력은 부인하는 자니 이와 같은 자들에게서 네가 돌아서라" 딤후 3:5

지금의 한국 교회가 너무나 형식적인 예배로 나아가고 있다. 과거 성령의 바람이 한국 교회에 일어나 얼마나 많은 영혼을 깨우고 얼마나 많은 선교사의 파송으로 이루어졌던가! 거리거리마다 복음지를 들고 나가 집집마다 방문하며 복음을 전했던 한국을 하나님께서 축복하셨다. 지구 상에 조그마한 나라가 세계 강대국들과 어깨를 나란히 하도록 하나님께서 한국의 발전을 허락하셨다. 세상 사람이 믿던 안 믿던 한국의 발전은 믿는 자들로 이루어졌다. 누가 부인할 것인가! 그런데 지금은 한국 교회가 사회의 지탄을 받고 손가락질을 받는다. 왜 이렇게 되었는가! 우리가 신앙의 초심을 잃고 기도하지 않았기 때문이다. 하나님보다 세상적 풍요를 더 좋아하는 소리가 교회 안에 가득하다. 이러한 우리의 신앙의 변질은 기도를 해도 하나님의 능력을 믿지 않고 세상 방법으로 적당하게 대치한다. 점점 신앙의 혼합주의로 가고 있다는 것이다. 이제는 코로나가 세상을 덮었다. 이것은 그저 자연적인 재앙일까! 아니다 분명 하나님의 진노다. 그럼에도 교회 안에 회개 기도가 없다. 하나님께 도와 달라고만 한다. 마스크를 벗겨 달라고만 기도한다. 진정 우리 잘못된 신앙의 회개는 없다. 과연 하나님의 능력을 믿는가! 하는 의문이 든다. 하나님의 능력을 믿지 않는다는 것은 곧 하나님을 믿지 않는 것이다. 하나님께서는 깨어 있는 자는 그들에게서 돌아서서 말씀으로 돌아오라 말씀하신다.

술람미가 본 예수님의 얼굴은 말씀이 꽃밭이고, 말씀이 능력이고, 말씀이 예수님의 향취다. 우리도 늦기 전에 술람미가 본 예수님의 얼굴을 찾아야 한다.

"서머나교회"를 들여다본다. 하나님의 말씀으로 똘똘 뭉쳐있는 교회이다. 사람의 눈으로 볼 때는 가난한 교회다. 교인수도 적고 여러모로 연약하다. 그런데 하나님께서 너희 교회는 부요한 교회라고 말씀하셨다. 영적으로 깨어있는 교회, 말씀으로 순종하는 교회, 술람미가 본 예수님의 얼굴이 나타나는 교회이다. 향기로운 꽃밭 같은 예수님의 얼굴을 구하는 자는 평안과 기쁨이 있다. 예수님의 얼굴은 천국이다. 평안과 기쁨 속에도 환난이 있을 것을 말씀하신다. 그러나 죽도록 충성하라. 그리하면 생명의 면류관을 서머나교회 성도들에게 주시겠다는 것이다.

교회가 얼마나 큰 성전을 가졌느냐가 자랑이 아니다. 하나님의 성전은 하나님의 거룩한 몸을 상징해야 하며 모인 성도들은 하나님의 거룩한 의의 옷을 입은 하나님의 백성이 되어야 한다. 서머나 같은 교회가 하나님의 기쁨이다.

"버가모교회"는 순교의 정신이 있는 교회다. 예수 믿는다는 이유

하나만으로 교인 한 사람 안디바가 사단들에게 죽임을 당할 때에도 하나님을 원망하지 않고 신앙의 길을 바르게 갔다. 그런데 교회 안에 발람의 교훈을 따르는 자가 있다는 것이다. 물욕이 하나님의 축복을 막고 있다. 아나니아와 그의 아내 삽비라는 발람의 교훈을 따른 자이다. 재물의 유혹을 내려놓지 못하고 하나님을 속인 결과로 그 부부는 죽임을 당했다.

"베드로가 가로되 아나니아야 어찌하여 사단이 네 마음에 가득하여 네가 성령을 속이고 땅 값 얼마를 감추었느냐" 행 5:3

발람의 교훈을 따르는 자는 하나님과 싸움이다. 교회 안에는 물질이 우선시 되면 아무리 순교의 정신을 가지고 신앙생활을 했다 하더라도 하나님의 능력이 나타나지 않고 말씀의 검을 받는다. 이스라엘 백성이 여리고성을 함락시켰지만 아간이 범죄 함으로 하나님의 능력이 나타나지 않아 아이성을 무너뜨리는 일에 1차 실패를 했다. 아간은 하나님께 바친 물건을 도적질하고 사기하여 자기 기구 가운데 두었다(수 7:11). 이로 말미암아 아간은 죽임을 당했다. 하나님의 사람은 발람에 교훈을 떠나지 않으면 하나님께서 함께하시지 않으신다. 우리의 신앙은 철저하게 말씀 중심이 되어야 한다. 한국 교회는 발람 교훈의 신앙 점검이 필요하다. 교회들마다 물욕으로 몸살을 앓는다. 우리는 다시 초대교회인 서머나교회로 돌아가야 한다. 물욕에 취해 있다면 돌아서서 회개해야 한다. 그리할 때 우리의 기도가 열납 된다. 술람미가 어떠한 신앙의 길을 걸었는지를 찾아야 한다.

"두아디라교회"는 행위가 하나님 나라에 헌신을 한 교회이다. 목회자를 통해 교회가 많은 하나님의 선한 일들을 했지만 여자 이세벨을 용납했다. 이는 세상과 적당하게 타협하는 신앙관이다. 지금의 한국 교회는 이세벨을 용납하고 적당하게 그럴싸하게 교회 안의 중심부를 자리 잡았다. 누가 아니라고 말할 수 있겠는가! 교회는 순교 정신을 잃은 지가 오래되었다. 자기의 유익을 위해 발람의 교훈을 좇고 자기 이름을 드러내기 위해 이세벨의 세상적 가치가 교회 안에서 소리를 친다. 이세벨 그는 누구인가 하나님과 정면 싸움을 한 자이다. 그는 하나님의 사람 엘리사를 죽이기 위해 많은 계략을 꾸미고 나봇의 포도원을 빼앗기 위해 나봇을 죽인 자다. 그런데 교회 안에 이세벨의 종교를 끌어들였다.

과연 지금의 우리들의 교회는 안전한가! 이세벨의 우상을 끌어 드리는 것은 주의 종들이다. 주의 종이 깨어있다면 이러한 것들이 발을 붙이지 못한다. 교회가 지난 날 하나님의 거룩함을 드러내었다 할지라도 하나님께서는 지금의 현재 신앙을 보신다. 회개하지 않고 머물러 있다면 그를 침상에 던질 것이요, 행위를 회개치 아니하면 큰 환난 가운데 던지고 우리의 자녀들은 영적으로 죽을 것이다. 복음의 후세들이 없어진다는 것이다. 지금의 한국 교회는 이미 주일 학교와 젊은 청년들이 점점 사라지고 있다. 모든 교회는 하나님께서 우리의 마음을 살피시는 줄 깨달아야 한다. 지금의 한국 교회는 "사데교회" 같은 모습으로 가고 있다. 겉으로는 예배를 드리고, 절기를 지키고, 선교도하는 나름 교회다운 모습인 것 같지만 그 내면에는 육의 소욕으로 돈과 명예를 하나님의 영광보다 더 좋아하고 말씀의 능력을 부인하는 교회이다. 성령의 인도함을 거절하고 점점 인본주의의 형식적인 신앙으로 채워져 가는 교회를 향한 하나님의 깊은 탄식이 터져나온다. 성도들은 교회를 보고 한탄하고 목회자는 성도를 보고 한탄한다. "너 잘났니 못났니" 하는 서로를 향한 원망의 소리가 교회 안에 가득하다. 우리는 각자에 위치에서 하나님의 거룩한 삶을 살아야 한다.

하나님의 눈은 하나님의 사람을 살피신다. 죽은 것 같은 사데교회에도 세상 것으로 더럽히지 않고 바른 신앙의 길을 가는 하나님의 소수의 백성이 있었다고 말씀하신다. 그 몇 명 중에 우리의 이름이 있기를 바란다. 그 이름을 생명 책에서 흐리지 아니하고 반드시 그 이름을 내 아버지 앞과 천사들 앞에서 시인해 주신다 약속하셨다. 교회가 성령 충만하고 하나님의 거룩함을 드러내는 교회라 할지라도 나자신이 하나님의 말씀으로 세워져 있지 않다면 나에게 무슨 유익이 있겠는가!

"사람이 만일 온 천하를 얻고도 제 목숨을 잃으면 무엇이 유익하리요 사람이 무엇을 주고 제 목숨을 바꾸겠느냐 인자가 아버지의 영광으로 그 천사들과 함께 오리니 그 때에 각 사람의 행한 대로 갚으리라" 마 16:26~27

지금 이 시대는 신앙의 길을 바르게 가기가 어렵다. 하지만 그리할지라도 믿는 자는 말씀의 소리를 듣고 하나님의 백성으로 살아야 한다. 귀 있는 자는 성령이 하시는 음성을 들으라 하셨다.

"빌라델비아교회"는 작은 능력을 가지고도 마음을 다하여 하나님의 거룩함을 드러낸 교회이다.

"네가 나의 인내의 말씀을 지켰은즉 내가 또한 너를 지키어 시험의 때를 면하게 하리니 이는 장차 온 세상에 임하여 땅에 거하는 자들을 시험할 때라"

계 3:10

책망할 것이 없는 빌라델비아교회 성도들이다. 술람미의 신앙이 빌라델비아 성도의 모습과 같다. 포도원지기로서 예수님을 사랑하여 말씀대로 얼마나 많은 영혼을 깨워 하나님의 백성으로 열매를 맺었는가! 술람미는 그 육체를 하나님의 영광을 위해 복음의 능력으로 나타낸 아름다운 신앙이다. 이러한 자는 시험의 때를 면하게 해주시겠다는 하나님의 약속이다.

지금 시대는 사람이 좋은 대로 생활하는 악한 시대이다. 그러나, 그럼에도 불구하고 신앙의 기회를 누릴 수 있는 복이 있는 시대를 우리는 살아가고 있다. 지금 이 시대 너머에 과연 복음의 길이 있을까! 필자는 의문을 가져본다. 술람이가 본 예수님의 얼굴은 꽃밭 같고 향기가 나는 풀언덕, 쉴 만한 물가가 있는 평안이다. 말씀은 사람이 살아가는 산소이며 말씀은 사람이 먹어야 될 양식이다. 그리고 말씀은 천국 가는 지도이다. 말씀을 떠난 자는 죽음이다. 누가 이러한 지혜를 깨달아서 인생의 기회를 놓치지 않고 인생을 준비했던 슬기로운 다섯 처녀가 되어 신랑 되신 예수님을 맞이할 것인가! 귀 있는 자는 들으라 하신다.

"라오디아교회"는 복음의 열심이 없고 교회 안에 인생의 자랑이 가득찬 교회다. 신앙의 열심은 버린 지가 오래되었다. 그냥 시간이 흐르는 대로 적당하게 신앙생활 하는 교회다. 지금 시대에는 이런 교회가 너무나 많다. 열심이 멈춰버리고 끼리끼리 적당하게 신앙생활하

나의 사랑 나의 신부야 일어나 함께 가자

고, 교회 와서는 세상 것으로 자신을 자랑하고 신앙의 나눔은 찾아보기가 어려운 지금의 한국 교회 모습이다.

"볼찌어다 내가 문 밖에 서서 두드리노니 누구든지 내 음성을 듣고 문을 열면 내가 그에게로 들어가 그로 더불어 먹고 그는 나로 더불어 먹으리라, 귀 있는 자는 성령이 교회들에게 하시는 말씀을 들을찌어다" 계 3:20;22

하나님의 택함을 입은 자는 십자가의 사랑을 마음에 품어야 인생의 쉼을 얻고, 십자가 안에서 부활을 보아야 기쁨과 평안을 얻는다. 예수님과 함께하는 삶이 인생의 회복이다. 예수님의 얼굴을 구할 때 몰약즙이 뚝뚝 떨어진다. 예수님의 보혈의 피는 믿는 자에게 떨어져 삶의 회복과 육체의 회복이 일어난다. 예수님의 보혈의 피는 생명이므로 모든 것이 재생되고 회복이 된다. 또한 예수님의 보혈의 피는 세상의 죄악을 태우고 하나님의 백성을 구원하신다. 술람미의 신앙고백이 나의 고백이 되길 바라고 원한다.

아가서 5장 14절 손은 황옥을 물린 황금 노리개 같고 몸은 아로새긴 상아에 청옥을 입힌 듯하구나 다리는 정금 받침에 세운 화반석 기둥 같고 형상은 레바논 같고 백향목 처럼 보기 좋고

십자가에서 예수님의 양손에 못 박힌 자국을 "황옥을 물린 노리개"로 표현하였다. 술람미는 예수님께서 이 땅에 오시기전 약 960년 전 사람이지만, 예수님은 창세 전부터 부활체 하나님으로 존재 하셨

다는 것을 말씀한다. 아가서는 B. C. 965년경에 기록이 되었고, 예수님은 약 B. C. 4년경에 이 땅에 오셨다. 무엇을 말씀함일까! 세상은 창세 전부터 모든 것이 하나님의 주권 아래에 있다는 것이다. 사람은 하나님을 떠나서는 살 수 없다. 이전 시대나 앞으로 세상 끝 날까지 세상의 모든 것이 하나님의 주권 가운데 있다.

술람미가 말씀을 완전히 이루실 하나님의 능력을 고백한다. 하나님의 약속은 말씀대로 성취된다. "몸은 아로새긴 상아에 청옥을 입힌 듯하구나" 예수님은 이 땅에 오셔서 채찍으로 온 몸의 살이 찢기시고 피로 물들으셨다. 상아 하얀 이빨을 아로새겨 청옥을 박아 입힌 듯 십자가의 흔적을 가지신 부활체 예수님의 육체의 형상을 표현하였다. 우리도 술람미처럼 부활의 예수님을 만나야 한다. 하나님의 말씀대로 언약은 이루어진다. 우리가 천국에서 만나는 예수님의 모습은 술람미가 본 변화된 모습이다. 예수님의 손은 황옥을 물린 것 같고 몸은 아로새겨 청옥을 입으신 듯하며 다리는 정금 받침에 세운 화반석처럼 뼈가 꺾이지 않으셨고, 레바논 백향목처럼 천국의 백성을 품으신다. 십자가의 흔적은 거룩함으로 변화되어 이 땅을 심판하실 만왕의 왕이 되셨다. 자기 십자가를 지고 예수님을 따르는 자기 백성을 맞아주실 우리의 아버지시다.

아가서 5장 15절 다리는 정금 받침에 세운 화반석 기둥 같고 형상은 레바논 같고 백향목처럼 보기 좋고

세상의 온갖 음모로 하나님의 아들 예수님을 십자가에 못 박았다.

나의 사랑 나의 신부야 일어나 함께 가자

하지만 예수님의 뼈가 꺾이지 않음은 하나님의 왕권이 꺾이지 않았음을 말씀한다. 세상에서 예수님을 못 박은 것 같이 보이지만 모든 것이 하나님의 말씀대로 하나님의 계획대로 이루어졌음을 말한다. 여자의 후손으로 이 땅에 오신 것, 동정녀 마리아를 통해 이 땅에 오신 것, 십자가에서 못 박히신 것 그리고 뼈가 꺾이지 않음도 말씀 그대로 이루신 것이다.

"그 뼈를 하나도 꺾지 말아서 유월절 모든 율례대로 지킬 것이니라" 민 9:12

"예수께 이르러는 이미 죽은 것을 보고 다리를 꺾지 아니하고, 이 일이 이룬 것은 그 뼈가 하나도 꺾이우지 아니하리라 한 성경을 응하게 하려 함이라" 요 19:33,36

그러므로 우리들의 삶은 하나님을 떠나서는 아무것도 아니며 하나님의 말씀으로 거룩한 신부로 돌아오지 않고는 행복이 없다. 이 세상은 말씀대로 심판이 반드시 이루어진다. 술람미가 이런 신랑을 목숨 걸고 찾았다. 우리는 술람미 여자의 신앙고백을 통해 주님의 음성을 듣고 신앙의 변화가 말씀 가운데서 일어나야 된다.

People who have wealth but lack under-
standing are like the beasts that perish
존귀하나 깨닫지 못하는 사람은 멸망하는 짐승 같도다 _시49:20

나의 사랑

십자가 믿음은 나 자신을 이기고
세상을 이기는 기쁨이다

Song of Songs
Solomon's Song of Songs

아가서 6장 1절 여자 중 극히 어여쁜 자야 너의 사랑하는 자가 어디로 갔는가 너의 사랑하는 자가 어디로 돌이켰는가 우리가 너와 함께 찾으리라

이 말씀은 두 가지 측면에서 볼 수 있다. 하나는 술람미를 통해 믿음이 성장한 친구들이 술람미가 사랑하는 예수님을 함께 찾아보자는 친구들의 고백과 또 하나는 술람미가 신앙의 힘을 잃고 있는 모습이 안타까워 믿음의 친구들이 술람미를 일으켜 세우는 신앙고백이다. 필자는 두 번째로 보고 있다.

신앙은 굽이 굽이마다 슬럼프가 있다. 하나님의 은혜를 많이 체험했다고 항상 성령 충만함으로 기쁨이 유지되는 것이 아니다. 많이 체험한 만큼 더 힘든 고난의 터널을 넘어가야 한다. 하나님의 사람은 고난을 통해 믿음이 더 성숙해지기 때문이다. 세례 요한도 술람미처럼 신앙의 슬럼프에 빠졌다. 요한이 복음을 전하다가 옥에 갇혀 힘든 고난이 덮치는데도 예수님께서 요한의 문제를 해결해 주시지 않는 과정에서 세례 요한이 자기 제자를 예수님께 보내어 "오실 그 이가 당신이 맞습니까? 우리가 다른 이를 기다리오리까?" 라고 물어보았다. 우리는 여기서 예수님의 답변을 통해 신앙의 답을 얻어야 한다.

나의 사랑 나의 신부야 일어나 함께 가자

"대답하여 가라사대 너희가 가서 보고 들은 것을 요한에게 고하되 소경이 보며 앉은뱅이가 걸으며 문둥이가 깨끗함을 받으며 귀머거리가 들으며 죽은 자가 살아나며 가난한 자에게 복음이 전파된다 하라" 눅 7:22

예수님은 예수님의 사명이 있고 요한은 요한에 사명이 있다는 것이다(사 61:1). 예수님께서 하시는 일을 보고 말씀을 바르게 깨달아 바른 신앙의 길을 가라는 것이다. 환경이 막히고 힘들고 어렵더라도 사명자는 사명의 길을 가는 것이다. "너희가 무엇을 보려고 광야에 나가서 복음을 전했느냐"고 우리에게 물으신다. 부자가 되려고 신앙 생활을 하는지, 아니면 사람들에게 인정받고 싶어 신앙생활을 하는지, 아니면 믿음의 확신이 서지 않아 갈대처럼 믿음이 흔들리는지, 우리는 말씀을 바르게 깨닫지 못하면 바른 신앙생활을 할 수 없다.

하나님의 말씀을 따라 신앙의 고백을 하는 술람미도 신앙의 슬럼프를 느끼고 있다. 신앙생활에는 어느 누구든지 슬럼프에 빠질 수가 있다. 하나님의 능력을 나타내었다고 슬럼프에 빠지지 않는 것이 아니다. 엘리야는 성령에 감동되어 3년 6개월 동안 비가 내리지 않아 백성들이 죽게 되었을 때 간절히 기도하여 비를 끌어내리는 기도의 능력자였다. 또한 바알과 아세라 선지자와 850대 1로 싸워 하나님의 능력을 나타낸 자였지만 신앙의 힘을 잃고 아합의 부인 이세벨을 두려워하여 죽기를 바라기도 했다.

"로뎀나무 아래 앉아서 죽기를 구하여 가로되 여호와여 넉넉하오니 지금 내 생명을 취하옵소서 나는 내 열조보다 낫지 못하니이다" 왕상 19:4

술람미 역시 힘을 잃고 엘리야처럼 죽기를 바라고 있다. 신앙의 힘을 잃고 있는 술람미를 하나님께서는 믿음의 동역자들을 통해 다시 일으키신다. 믿음의 동역자들은 하나님께서 우리에게 붙여주신 자들이다. 우리는 동물의 왕국에서 지혜를 얻어야 한다. 동물의 무리에서 벗어난 동물은 다른 동물의 먹잇감이 되고 만다. 동물들도 협동체를 통해 살아간다. 우리의 신앙도 똑같다. 신앙의 동역자가 없는 자는 옳은 신앙인이라 말할 수 없다. 신앙도 협동이고 나눔이다. 중풍병자는 혼자 걸어갈 수 없지만 그가 믿음의 동역자들을 통해 예수님 앞으로 나아가 일어서는 것을 우리는 말씀을 통해 보아야 한다.

믿음의 힘을 잃지 않기 위해서 우리는 날마다 말씀과 기도로 하나님의 거룩한 백성으로 살기 위한 몸부림이 있어야 한다. 기도와 말씀으로 호흡하며 성령의 인도하심을 받는 자라야 믿음의 힘을 잃지 않는다. 믿음의 에너지는 말씀과 기도로 얻어진다. 말씀 안에서 깨어있지 못하면 예수님을 잊어버리는 것이다. 그러므로 우리를 어디로 이끄시는지 말씀 가운데 주님의 음성을 듣지 못하면 신앙은 혼돈이 오고 신앙의 기쁨이 없다.

성경에는 예수님의 부모가 예수님을 잊어버린 사건이 나온다. 예수님의 부모는 예수님이 동행 중에 있는 줄로 생각하고 있었는데 예수님을 찾으니 없었다. 마리아는 성령으로 잉태된 하나님의 아들 예수님을 육의 아들로 생각하고 찾았다.

"예수께서 가라사대 어찌하여 나를 찾으셨나이까 내가 내 아버지 집에 있어야 될 줄을 알지 못하셨나이까" 눅 2:49

나의 사랑 나의 신부야 일어나 함께 가자

예수님은 말씀대로 이 땅에 오시고 말씀 안에서 일하시고 계신다. 예수님은 당신의 종을 통해 말씀을 전하시고 당신의 종들과 함께 양들을 살피는 곳에 계신다. 우리가 예수님과 함께 할 수 있는 길은 예배하는 곳, 전도하는 곳, 양무리를 살피는 곳에서 예수님과 함께 할 수 있다.

인간의 소욕으로 머물러 말씀으로 일어서지 못하고 자기 자만심에 빠져 신앙의 우월감을 드러내는 자리에는 예수님이 없다. 술람미 여자가 신앙의 힘을 잃고 무기력하게 있는 모습을 보고 믿음의 동역자들이 신앙의 힘을 내라고 권유한다. 신앙의 힘을 얻을 수 있도록 도와주겠다고 한다. 믿음의 동산은 사랑이 있고, 믿음의 동산은 협동체가 있다. 말씀이 곧 예수님이시다. 우리는 말씀을 벗어나서는 예수님을 만날 수가 없다.

"태초에 말씀이 계시니라 이 말씀이 하나님과 함께 계셨으니 이 말씀은 곧 하나님이시니라" 요 1:1

믿음의 동역자들은 서로를 살펴 신앙의 힘을 잃지 않도록 말씀으로 격려하고 믿음을 세워 나가야 한다. 이것이 예수님을 사랑하는 것이다.

"새 계명을 너희에게 주노니 서로 사랑하라 내가 너희를 사랑한 것같이 너희도 서로 사랑하라 너희가 서로 사랑하면 이로써 모든 사람이 너희가 내 제자인 줄 알리라" 요 13:34~35

아가서 6장 2절 나의 사랑하는 자가 자기 동산으로 내려가 향기로운 꽃밭에 이르러서 동산 가운데서 양 떼를 먹이며 백합화를 꺾는구나

말씀의 약속대로 성령 하나님께서 인간 세상에 내려오심을 표현한 말씀이다. 믿음으로 순종하는 하나님의 사람을 말씀으로 먹이시고 그들의 기도를 받고 계시는 예수님을 술람미가 사랑했다. 술람미는 다시 신앙이 회복된다. 우리는 얼마나 예수님을 사랑하고 말씀의 깊이를 알아 하나님과 동행함이 이루어지는가? 우리는 말씀 안에서 예수님을 만나지 못하면 세상 어느 곳에서도 예수님을 만날 수가 없다. 왜 그럴까? 말씀이 곧 예수님의 동산이며 예수님이 일하시는 작업실이시기 때문이다.

예수님은 말씀으로 운행하신다. 우리가 말씀으로 돌아오지 않고는 예수님의 신부로 나아갈 수 없다. 목사로, 장로로, 집사로, 권사로 열심을 가지고 예수님을 따른다 하더라도 말씀 안에서 행하지 못한다면 말씀을 전하는 것도, 기도하는 것도, 헌신도 모든 것이 가증된 것이며 하나님께로부터 인정받을 수가 없다. 경기하는 자가 그 경기의 규칙대로 따르지 않으면 절대로 상을 얻을 수 없다. 예수님께서도 약속을 따라 이 땅에 오셨고 약속대로 부활하셔서 하늘에 오르사 하나님의 우편에 앉으시고 보혜사 하나님을 우리에게 보내주셨다. 하나님은 말씀의 약속대로 일하시는 하나님이시므로 우리들도 말씀을 따라 예수님의 향기를 드러내야 한다. 기도, 전도, 헌금, 복음전함, 그리고 교회 안에서와 열심을 내는 모든 것이 다 예수님께 초점이 맞추어져야 된다. 교회의 주인은 예수님이시다.

나의 사랑 나의 신부야 일어나 함께 가자

헌신의 열심을 내던 마르다의 신앙고백을 기억해보자. 자기는 하는 일이 많고 자기는 열심을 내어 음식준비를 하는데 마리아는 예수님 앞에서 말씀만 듣고 있으니 화가 났다. 그래서 마르다가 예수님께 도움을 요청한다. 내가 하는 일이 바쁘니까 마리아에게 좀 도와주라고 말을 전해 달라는 것이다. 마르다의 신앙은 예수님을 믿고 신앙생활을 하지만 우선순위가 말씀 중심이 아니고 육적인 일, 헌신하는 일에 열심을 낸다. 누가 봐도 그 열심히 신앙생활을 잘하는 것같이 보인다. 그러나 예수님은 "마르다야 마르다야 너무 분주한 생활을 하지 말고 한 가지만으로도 족하니 너무 많은 헌신에 취해 다른 사람을 판단하고 기쁨이 없는 그런 신앙생활을 하지말라" 하신다. 그리고 "마리아는 신앙생활 중에서도 가장 좋은 말씀 듣는 편을 선택했으니 마리아를 괴롭히지 말라"하신다.

"마리아는 지극히 비싼 향유 곧 순전한 나드 한 근을 가져다가 예수의 발에 붓고 자기 머리털로 그의 발을 씻으니 향유냄새가 집에 가득하더라" 요 12:3

말씀으로 성장된 마리아의 신앙 고백이다. 마리아는 예수님의 말씀 안에서 우리를 구원하시려 이 땅에 오신 예수님을 보게 되었다. 하나님의 말씀의 깊이와 높이와 길이와 너비를 깨달았다. 신앙은 말씀의 깊이만큼 예수님을 사랑한다.

신앙은 심는 대로 거둔다. 말씀을 사모하는 자는 말씀 따라 신앙의 길을 갈 것이다. 말씀으로 훈련되지 못한 신부는 세상에 헛된 것으로 믿음의 집을 짓는다.

"자기 육체를 위하여 심는 자는 육체로부터 썩어진 것을 거두고 성령을 위하여 심는 자는 성령으로부터 영생을 거두리라" 갈 6:8

그러므로 우리는 예수님을 사랑하고 말씀대로 살아가야 한다. 하나님의 은혜를 입었다면 구원받은 백성이라면 말씀 안에서 예수님의 제자를 키워야 한다. 말씀으로 키워진 그들이 또한 예수님을 자랑하고 전하여 세상 끝 날까지 복음의 향기를 나타내게 될 것이다. 복음의 향기는 에겐디 포도원의 고벨화 꽃향기처럼 복음에서 복음으로 전해지며 그 복음의 능력으로 많은 영혼이 예수님의 이름으로 돌아오리라고 필자는 믿는다.

우리들의 헌신 가운데서 양무리를 말씀으로 키우는 일이 우선이다. 말씀을 먹고 자란 성도는 믿음이 성장이 되어 기도와 말씀 묵상을 가까이 하고 주님의 음성 듣기를 기뻐해야 한다. 그러므로 말씀을 가르치는 자는 말씀을 받은 자가 하나님 말씀과 기도로 믿음이 성장하고 있는지를 늘 관심을 갖고 살펴야 할 것이다. 그들의 영혼에 대한 관심을 가질 때 비로소 하나님께서는 우리가 힘들어하는 물질의 고민, 자녀의 고민, 사람과 관계의 고민 등 우리들의 신음소리를 들으시며 해결 해 주신다.

"너희는 먼저 그의 나라와 그의 의를 구하라 그리하면 이 모든 것을 너희에게 더하시리라" 마 6:33

말씀대로 나아가는 신앙은 우리가 생각하는 이상으로 축복해 주신

나의 사랑 나의 신부야 일어나 함께 가자

다. 우리가 받지 못함은 하나님의 말씀 가운데서 살지 못하고 하나님의 능력을 믿고 구하지 않았기 때문이다. "두드리라 열릴 것이요 찾으라 찾을 것이요" 처럼 하나님의 절대주권은 말씀 안에 있다. 말씀을 믿는 자는 신앙의 기쁨이 해결 될 것이다.

하나님을 사랑하는 자가 범사가 잘되고 강건한 삶을 살 수 있다. 하나님의 말씀은 예수님의 얼굴이고 향기로운 꽃밭이며 풀 언덕 즉, 우리가 쉴만한 언덕이다. 예수님의 목적은 신부를 말씀의 동산으로 이끄셔서 그 말씀 안에서 하나님의 약속을 두고 사랑을 나누는 것이다.

하나님의 약속이 없는 곳에서는 예수님과 사랑을 나눌 수가 없다. 술람미가 사랑하는 예수님은 자기 "동산" 말씀 안에서 "백합화"를 꺾는다. 이것은 예수님을 사랑하여 믿는 자들의 기도를 받으신다는 것이다. 말씀으로 가까이 가는 신부는 신랑 예수님께 절대적인 사랑을 표현해야 한다. 우리의 생각과 마음을 다 아시는 하나님 앞에서 투정부리는 모습의 신앙은 있을 수가 없다. 하나님은 창조주 하나님이시다. "주님 사랑해요, 주님 좋아해요, 주님을 이렇게 사랑하는 내 마음을 어찌해요." 하며 무시로 예수님과 대화를 하는 것이 믿음이고 사랑이다. 순간순간마다 예수님이 생각나는 자는 그는 분명 예수님을 사랑하는 자다. 그러나 하루에 두세 번 가끔 어쩌다 생각난다면 그가 예수님을 사랑한다고 말할 수가 없다.

아 6장 3절 나는 나의 사랑하는 자에게 속하였고 나의 사랑하는 자는 내게 속하였다 그가 백합화 가운데서 그 양 떼를 먹이는구나

"누구든지 내 음성을 듣고 문을 열면 내가 그에게로 들어가 그로 더불어 먹고 그는 나로 더불어 먹으리라" 계 3:20

생각과 마음이 온전히 예수 이름으로 살아갈 때, 그 마음 안에 예수님이 동행하신다. 내가 주님 안에 주님은 내 안에 동행할 때 세상을 이길 수 있는 축복이 있다. 예수님은 우리를 위해 이 땅에 오셔서 우리와 함께 할 수 있는 생명의 길을 내어주셨다. 그 생명의 길이 십자가의 길이다. 우리는 십자가의 길을 걷지 않고는 천국 백성이 될 수 없다. 세상에서 아무리 선한 영향력을 끼친다 하여도 고아들을 돌아보고 가난한 자들과 함께했다 할지라도 말씀 안에서 예수님을 사랑하지 않는 길은 하나님의 기쁨이 될 수 없다

"내가 내게 있는 모든 것으로 구제하고 또 내 몸을 불사르게 내어줄찌라도 사랑이 없으면 내게 아무 유익이 없느니라" 고 13:3

우리는 예수님을 따라가야 한다. 자기의 십자가를 지고 말씀을 따르지 않고는 그의 백성이 될 수가 없다. 자기 십자가란 자기 생각을 내려놓고 하나님의 말씀을 따라 사는 것이다.

"예수님께서 제자들에게 이르시되 아무든지 나를 따라오려거든 자기를 부

인하고 자기 십자가를 지고 나를 좇을 것이니라" 마 16:24

자기를 부인한다는 것은 우선 순위가 하나님의 말씀을 따른다는 것이다. 교회 안에서 아무리 잘난 척 해도 말씀으로 살지 않은 신앙은 인본주의의 신앙이라고 할 수 있다. 하나님은 절대적으로 말씀 안에서 당신의 뜻을 이루신다. 하나님은 말씀을 사랑하는 자를 기뻐하시고 예수님을 찾는 자에게 하나님의 말씀의 비밀을 풀어 주시며 말씀으로 거듭나게 하신다. 말씀은 우리의 건강이 되고 기쁨이 된다.

"그것을 얻는 자에게 생명이 되며 그 온 육체의 건강이 됨이니라" 잠 4:22

말씀을 믿는 자에게는 그 말씀이 날선 검이 되어 세상을 이길 수 있는 능력을 주신다. 그런데 말씀 없는 신앙생활, 믿음, 헌신의 인본주의는 하나님을 기쁘시게 할 수 없다. 율법적으로 예배하고 헌금하고 금식도하고 유창한 기도를 하는 자에게 하나님께서 그들을 향해 편토장 회칠한 무덤이라고 하셨다. 사람에 눈에는 편토장 무덤이 보이지 않지만 하나님은 우리의 속사람을 알고 계신다. 교회 안에서 믿음이 있는 척 사람들을 속이고 하나님을 업신여기는 바리새인들이다.
신앙은 누구의 말을 듣고 하는 것이 아니다. 말씀을 따라 가야 한다. 예수님께서는 하나님의 신분이시면서도 우리를 구원하시려 사람의 몸으로 이 땅에 말씀의 약속을 따라 오셔서 천국의 복음을 전하시고 말씀의 길을 따라 십자가를 지셨다. 성경말씀은 천국 가는 지도다.

인생의 구불구불 힘듦과 아픔을 가지고 말씀의 지도를 보고 십자가의 길을 가야 한다.

1. 믿음의 깃발

아가서 6장 4절 내 사랑아 너의 어여쁨이 디르사 같고 너의 고움이 예루살렘 같고 엄위함이 기치를 벌인 군대 같구나

예수님께서 술람미 여자에게 사랑고백을 하신다. "너의 신앙이 정말 어여쁘다 너는 나의 기쁨이요 너의 신앙의 깊이는 놀랍고 기이하구나 너의 믿음의 깃발을 통해 얻어진 많은 영혼이 군대같다"고 하신다. "너의 어여쁨이 디르사 같다"는 표현은 말씀의 정원수가 잘 가꾸어진 교회를 의미한다. 이러한 교회는 믿음이 있고, 십자가의 사랑이 있고, 인생의 기쁨이 있으며 이러한 교회는 하나님의 능력이 솟구쳐 나오는 교회다. 그래서 많은 사람이 말씀의 정원수에서 쉼을 얻고 인생의 해답을 얻어 예수 믿는 기쁨이 넘쳐나는 교회이다.

"디르사"는 기쁨이라는 뜻이다. 기쁨이 되는 교회는 믿음의 깃발이 세워진 교회다. 말씀의 지조가 있는 교회, 말씀으로 성도들을 인도하는 교회, 말씀의 깃발을 높이 세운 교회, 이러한 교회는 기치를 벌린 군대처럼 말씀으로 하나 됨을 보여주는 것이다.

말씀으로 잘 가꾸어진 교회를 "예루살렘" 같다고 한다. 하나님의 백성들이 모여 있는 교회가 "엄위"가 있어 믿음의 위풍당당 "기치"

나의 사랑 나의 신부야 일어나 함께 가자

를 벌인 군대같이 믿음의 "깃발"을 들고 많은 영혼들을 옳은 대로 인도하는 군대를 이루었다는 것이다. 한 교회가 많은 영혼들을 말씀으로 양육시켰음을 말씀한다. 술람미처럼 예수님을 사랑하고 복음의 열매를 맺은 한국 교회의 옥한흠 목사님, 그분은 분명 술람미 신부였다. 호랑이는 죽어서 가죽을 남기고 사람은 죽어서 그 이름을 남긴다고 하였다. 옥한흠 목사님 그 이름이 흙에 새겨지지 않고 영원한 하나님의 복음을 전하는 자로 새겨졌다. 지금도 그 이름은 살아서 옥한흠 목사님을 통해 복음이 전해지고 많은 사람이 예수님의 품으로 돌아오는 것을 우리는 보고 있지 않는가! 한국 교회는 옥한흠 목사님처럼 말씀으로 나아가야 한다. 신앙의 기회는 항상 주어지는 것이 아니다. 기회가 주어졌을 때 마음과 힘을 다하고 뜻을 오로지하여 하나님의 복음의 사명자로 살아가야 한다. 우리는 사명자이다. 보내심을 입은 자는 각자의 위치에서 복음의 사명을 다하는 것이 술람미처럼 사명의 길을 가는 것이다. 이러한 사명자의 길을 가는 자에게 "내 사랑아 너의 어여쁨이 디르사 같이 너는 나의 기쁨이야"라고 칭찬하시는 우리의 신랑 되신 예수님이시다.

아가서 6장 5~6절 네 눈이 나를 놀래니 돌이켜 나를 보지 말라 네 머리털은 길르앗 산기슭에 누운 염소 떼 같고 네 이는 목욕장에서 나온 암양 떼 곧 새끼 없는 것은 하나도 없이 각각 쌍태를 낳은 양 같고

"너희가 먼저 그의 나라와 의를 구하라"하신 하나님의 말씀을 순종하여 많은 영혼을 옳은 대로 인도하여 그 복음의 열매로 하나님을

놀라게 했다. 예수님과 일심동체에서 믿음의 열매가 소개된다. 얼마나 많은 영혼을 옳은 대로 인도했는지 그 머리털이 많은 "염소 떼" 같이 보였기 때문이다. 예수님이 너무 놀라서 신부를 칭찬하신다. 신부의 온 육체 가운데 말씀의 순종으로 많은 생명이 복음의 열매가 되어 너무나 싱그럽게 탐스럽게 맺혀 있기 때문이다.

그리고 웃는 치아는 털을 잘 깎은 목욕장에서 나온 암양 그것도 새끼 없는 것은 하나도 없이 쌍태를 낳은 것 같다고 하신다. 이것은 신부가 입을 열어 하나님의 복음을 전해 그 입 기운으로 키운 양무리를 보고 놀랐다고 표현하신 것이다. 이렇게 많은 영혼을 하나님의 말씀으로 인도했음에도 겸손하다. 자기 자랑이 없는 신앙의 겸손은 믿음, 소망, 사랑이 함축되어 있다.

아가서 6장 7절 너울 속에 너의 뺨은 석류 한 쪽 같구나

그 겸손한 그의 얼굴은 석류 한 쪽 같다고 비유하셨다. 석류를 반으로 쪼개어 보면 알알이 박혀 붉게 물들어 있다. 붉은 석류는 예수님의 보혈을 상징하는데 그 보혈의 피로 물들인 영혼들이 알알이 박혀 채워져 있는 것을 보시고 예수님도 놀랐다. 우리의 사명은 우리 육체 가운데 채워야 한다. 예수님의 사랑을 입은 자라면 우리의 입을 열어 예수님을 전하고 각자의 위치에서 복음의 능력을 나타내야 한다. 교회는 교회다운 모습으로, 성도는 성도다운 모습으로 예수님의 거룩함을 드러내야 한다.

나의 사랑 나의 신부야 일어나 함께 가자

아가서 6장 8~9절 왕후가 육십이요 비빈이 팔십이요 시녀가 무수하되 나의 비둘기, 나의 완전한 자는 하나뿐이로구나 그는 그 어미의 외딸이요 그 낳은 자의 귀중히 여기는 자로구나 여자들이 그를 보고 복된 자라 하고 왕후와 비빈들도 그를 칭찬하는구나

솔로몬이 Song of Songs 을 통해 그린 술람미 여자의 사랑은 하나님의 아들 예수님과 믿음의 딸 신부를 나타낸 사랑이다. 이렇게 하나님의 말씀으로 살아간 술람미 여자를 왕후도 비빈들도 칭찬을 아끼지 않았다.

술람미 여자는 술람미라는 지역에 사는 포도원 과수원을 가지고 있는 외딸이라고 솔로몬은 소개하고 있다. 그렇다면 솔로몬이 말하고자 하는 것이 무엇일까? 외딸 상속자를 말하고자 소개한 글이라 필자는 생각한다. 예수님도 하나님의 상속자이니 죽이자 하였다. 솔로몬은 하나님의 말씀을 묵상하고 궁구하여 잠언을 많이 지었으며 전도서는 자신이 전도자가 되어 쓴 말씀이 진리의 말씀이라 하였다(전 12:9-10). 그렇다면 아가서는 예수님과 그의 백성을 사랑으로 노래한 Song of songs이다

말씀에서 술람미 어머니가 재혼해서 낳은 딸인지는 확인되는 말씀은 없지만 말씀으로 보아 그 어미의 외딸 임에는 틀림이 없다. 그렇다면 술람미 아버지에게는 자식이 하나뿐인 외딸 포도원의 상속자라는 것이다. 그런데 여기서 술람미 그 어미에게 아들들이 있다고 소개되는 바 술람미 어머니가 전 남편에게서 얻은 아들들을 데리고 술람미 아버지와 재혼을 해서 얻은 딸이 술람미인 것 같다. 하지만 술람미

아버지가 소개되는 부분이 없는 것으로 보아 아버지가 죽어 술람미가 포도원의 상속자인 듯하다. 그 어미에게 사랑을 받는 외딸에게 아버지가 없으니까 오라비들이 시기하고 질투하여 포도원지기로 삼았다고 볼 수 있다. 주인이 객이 되고 객이 주인이 된 상황이다. 하지만 술람미를 포도원의 상속녀, 그 환경을 뛰어넘어 예수님을 향한 복음으로 신앙의 열매를 드린 믿음의 신부로 솔로몬은 소개한다. 사방으로 우겨쌈을 당했지만 굴하지 않고 오직 예수 이름으로 자기의 가진 모든 것을 마리아처럼 예수님께 부어드린 믿음의 신부다.

믿음의 신부는 자기 자신을 말씀으로 잘 양육하여 복음을 낳는다. 이것이 믿음의 신부이다. 우리는 말씀 가운데서 신앙의 교훈을 받아야 한다. 육의 재산을 얻으려고 많은 사람들이 시간을 낭비함을 필자는 보았다. 육의 재산을 기다리며 싸우는 자가 설사 그 재산을 얻는다 하더라도 그 삶에는 기쁨이 없다. 우리는 그리스도인이다. 환경을 초월하여 하나님의 음성을 듣고 하나님의 백성으로 살아가야 한다. 그리할 때 하나님의 인도하심과 육의 재산을 초월하여 더 나은 것으로 축복해 주신다. 우리의 체질을 다 아시는 하나님이시다. 솔로몬은 이스라엘 왕이고 당시 가장 강대국인 솔로몬 왕이 술람미에게 있는 포도원이 무엇이 그리 대단하다고 소개를 하겠는가? 이것은 포도원을 비유를 들어 우리를 말씀으로 깨닫게 하고 육의 소욕에 머물지 말고 하나님의 말씀으로 살아가라는 것이다. 솔로몬은 눈으로 보고 싶은 것, 하고 싶은 것은 다 해보았지만, 세상이 주는 기쁨은 잠깐 있다가 없어지는 안개와 같고 모든 것이 헛되어 바람을 잡으려는 것 같다고 표현하였다.

"일의 결국을 다 들었으니 하나님을 경외하고 그 명령을 지킬찌어다 이것이 사람의 본분이니라 하나님은 모든 행위와 모든 은밀한 일을 선악간에 심판하시리라" 전 12:13~14

아가서 6장 9절 나의 비둘기, 나의 완전한 자는 하나뿐이로구나 그는 그 어미의 외딸이요 그 낳은 자의 귀중히 여기는 자로구나 여자들이 그를 보고 복된 자라 하고 왕후와 비빈들도 그를 칭찬하는구나

솔로몬 왕이 술람미 여자의 신분을 들어 "나의 완전한 자는 하나뿐이구나"했다. 세상에는 수 없이 많은 신앙인들이 살아가지만 하나님과 나의 관계는 신랑과 신부로 일대일이다. 하나님은 영이시기에 사람과 같이 두루뭉실 넘어가지 않으신다.

솔로몬의 입장에서 세상의 많은 여자들과 사랑도 해봤지만 술람미 여자같이 순수한 사랑을 가지고 자기의 유익을 구하지 않는 여자가 없다는 것이다. 사랑 중에서 어떤 것도 첨가되지 않은 사랑이 진정한 아가페 사랑이다. 사랑은 오래 참고 인내해야 한다. 사랑에는 거짓이 없어야 한다. 자기의 유익을 구하는 사랑은 거짓이다.

나무는 그 열매를 보고 안다. 좋은 나무에서 좋은 열매가 열리고 나쁜 나무에서 나쁜 열매가 열린다. 예수님은 우리를 사랑하는 증거를 십자가 사랑으로 보여주셨다. 우리가 십자가의 은혜를 입어 생명으로 옮겨졌다면 복음의 열매를 맺어야 한다.

그런데 십자가를 전하고 싶은 마음이 없다면 거짓 사랑이다. 술람미는 얼마나 적극적으로 사랑을 표현하였는지를 말씀 안에서 보아야 한다. 사랑은 표현하는 것이다. 술람미는 포도원의 상속 자리를 버리고 십자가의 사랑을 선택했다. 십자가의 사랑으로 키워지기까지 비록 오빠들의 구박이 있었고 얼굴은 검게 그을리고 모습은 초라하게 보였지만 그는 왕의 신부로 사랑의 열매를 맺었다.

이러한 술람미를 솔로몬 왕이 뜬금없이 "그는 외딸이다. 그 어미에게는 사랑 받는 딸이다, 이러한 술람미를 왕후들도 비빈들도 칭찬을 했다."는 표현을 왜 말하고 있는가? 술람미는 세상적으로 화려한 신분도 아니다. 여기서 솔로몬이 말하고자 하는 것은 그 낳은 어미가 술람미를 귀중히 여기기 때문에 포도원의 상속자로 세워질 수 있었지만, 이부異父 오빠들과 재산 싸움하지 않고 자기를 부인하고 신앙의 길을 우선순위로 삼았다는 칭찬이다.

인생의 선택은 우리 몫이다. 육의 소욕에 머물 것인가 아니면 영원한 나라 하나님의 상속을 바라고 살 것인가! 우리 나이가 몇 살이든 상관없다. 지금 위치에서 선택한 길은 내가 선택한 길이다. 하나님 앞에서 변명할 수가 없다. 이 땅에서 육의 소욕으로 머물러 산다면 우리의 인생은 죽은 후에 영원한 지옥으로 갈 것이다. 그러나 하나님을 바라고 하나님의 거룩한 신부의 길을 선택한다면 죽음 후에 하나님의 백성 곧 그의 소유된 백성으로서의 신분이 주어진다. 술람미 여자는 그 어미의 사랑에 머물지 않고, 그 재산을 차지하려고 이부異父 오빠들과 싸우지 않고 오직 신랑 되신 예수님을 찾았다. 그리고 힘들고 어려운 고난의 길을 오직 예수님만 바라고 달려왔다. 그 복음의 길에서

나의 사랑 나의 신부야 일어나 함께 가자

예수님을 자랑하고 하나님의 말씀을 바르게 깨달아 많은 영혼을 구원의 길로 인도한 것이다. 그 술람미의 복음의 열매를 보시고 예수님께서 나의 비둘기 나의 완전한 자라 자랑하셨다. 예수님을 그토록 사랑하고 그분의 신부로 많은 영혼을 예수님께로 인도한 술람미 모습에서 왕후도 비빈들도 칭찬했다.

예수님은 술람미의 위치를 왕후들이 칭찬할 정도로 사람들 앞에서도 세워 주셨으며 그녀를 세상 사람들이 부러워하는 위치로 포도원의 상속자의 위치보다 더 높은 위치로 만들어주셨다. 만일에 술람미가 상속을 받기 위해 오빠들과 싸웠다면 포도원은 상속을 받았을지 몰라도 그의 모습은 초라한 모습으로 머물렀을 것이다. 신앙의 승리는 당장 앞에 보이는 탐욕으로 싸우는 것이 아니라 하나님의 약속을 믿고 나아가는 것이다. 인생의 길은 길게 보면 하나님의 축복이 보인다. 말씀의 길을 묵묵히 걸어가는 가나안의 성도는 시간이 흘러 그 열매가 하나님의 축복으로 채워져 있다.

우리들의 신앙이 얼마나 하나님을 사랑하고, 그의 말씀 듣기를 기뻐하며, 그와 동행하기 위해 항상 기도하면서, 예수님의 사랑을 실천하였는지 우리의 자신을 돌아보고 말씀으로 돌아가길 바란다.

아가서 6장 10절 아침 빛같이 뚜렷하고 달같이 아름답고 해같이 맑고 기치를 벌인 군대같이 엄위한 여자가 누구인가?

신앙은 "아침 빛같이" 분명한 소망을 가져야 한다. 또한 "달같이" 소망을 가진 자는 세상에 어둔 곳을 비춰 소망이 없는 자에게 예수 이름으로 등불이 되어 주어야 한다. "해와" "달은" 신랑과 신부를 의미하고 있다 그 복음의 등불로 얻어진 열매들이 "기치를 벌인 군대같이" 많은 복음의 열매들을 얻었고, 얻어진 그들을 하나님의 말씀으로 이끄는 왕 같은 제사장의 삶을 살아가는 여자가 누구인가? 말씀하신다. 믿음은 그 열매를 보고 안다.

> "그의 열매로 그들을 알찌니 가시나무에서 포도를, 또는 엉겅퀴에서 무화과를 따겠느냐 좋은 나무가 나쁜 열매를 맺을 수 없고 못된 나무가 아름다운 열매를 맺을 수 없느니라" 마 7:16~18

신앙의 길은 사람의 생각으로 상황에 따라 믿음의 길을 선택하는 것이 아니다. 신앙의 길은 말씀의 지도를 보고 믿고 따라가는 것이다. 인생의 미로와 같은 길 속에서도 바르게 천국을 가는 지도가 말씀과 기도다. 그런데 말씀은 보지 않고 기도도 하지 않고서는 올바른 신앙의 길을 갈 수 없다.

천국 가는 길은 미로와 같고 너무나 좁아서 세상 것과 자기의 많은 생각들을 가지고는 갈 수가 없다. 몸에 품을 수 있는 것이 두 개뿐이다. 그것은 바로 말씀과 기도다. 말씀은 길을 보게 하고, 기도는 말씀의 길을 만드신 주인에게 도움을 요청하는 것이다. 말씀을 믿는 믿음을 통해서만이 기도의 소리가 하나님의 귀에 들린다. 말씀을 따르지 않는 믿음은 하나님을 기쁘시게 할 수 없다. 또한 믿음이 없이는 말씀의 길을 갈 수도 없다. 하나님은 공의의 하나님이시다. 하나님의 법을 떠나서는 일하시지 않으시는 하나님이시다. 말씀의 정확한 길을 찾는

나의 사랑 나의 신부야 일어나 함께 가자

자에게 하나님의 권위를 통해 일하시고 약속을 지키시는 하나님이시다. 이러한 하나님의 공의와 정의는 오직 말씀과 기도 안에서 열린다.

"동산 가운데서 양 떼를 먹이며 백합화를 꺾는구나" 아 6:2

동산 가운데는 십자가를 두고 말씀으로 먹이고 그 말씀을 믿고 기도하는 성도들의 기도를 받으신다. 신앙의 길이 분명하지 못해 물질이 중심이 되고 권력의 중심이 되어 상황에 따라 말씀을 해석하여 사람의 마음을 얻거나 책망하고자 사용하는 것은 말씀이 아니다. 말씀은 예수님이 중심이 되어 복음을 전하는 것이다. 오직 예수 안에 생명을 전하는 것이다.

예수님은 말씀 안에 순종하는 자를 사랑하고 좋아하신다. 왜 그럴까? 하나님의 말씀을 믿는 자가 하나님을 존중히 여기며 하나님을 경외하기 때문이다. 아침 빛같이 떠오르는 해가 분명하게 빛을 발하는 것처럼 우리의 믿음의 색깔도 분명해야 한다.

"오직 너희는 택하신 족속이요 왕 같은 제사장들이요 거룩한 나라요 그의 소유된 백성이니 이는 너희를 어두운 데서 불러 내어 그의 기이한 빛에 들어가게 하신 자의 아름다운 덕을 선전하게 하려 하심이라" 벧전 2:9

솔로몬의 왕권이 술람미 신부에게 전해지는 것같이 하나님을 사랑하는 하나님의 백성에게서 하나님의 권위가 드러나고 하나님을 선전한다. 말씀의 권위는 말씀을 믿는 자에게 나타난다. 우리들 또한 말씀으로 빛을 발해야 한다. 그것이 우리의 본분이며 하나님 보시기에 아름다운 것이다. 달은 혼자 일을 할 수가 없다. 태양의 빛으로 인해 달은 움직인다(자전과 공전). 달의 사명과 같이 우리도 말씀의 빛 안에서 거룩한 신부로 살아가야 한다. 이러한 믿음의 깃발은 복음의 등불이 되어 예수의 이름으로 빛을 발하는 사명자가 되게 한다.

2. 성령체험
성령체험은 우리의 믿음을 성장시키는 일에 매우 중요한 부분이다.

아가서 6장 11~12절 골짜기에 푸른 초목을 보려고 포도나무가 순이 났는가 석류나무가 꽃이 피었는가 알려고 내가 호도동산으로 내려갔을 때에 부지중에 내 마음이 나로 내 귀한 백성의 수레 가운데 이르게 하였구나

술람미의 신앙고백이다. 술람미가 복음을 전한 자들이 하나님의 말씀으로 신앙생활을 잘하고 있는지 가정심방을 하다 부지중에 예수님을 만나는 기쁨이다. "수레 가운데 이르게 하였구나" 이러한 신앙의 경험이 우리에게도 많이 있다. 기도하기 싫어서 갈까 말까 고민 하면서 기도의 자리에 나갔다가 성령 하나님을 뜨겁게 만나고 행복해했던 일, 말씀집회에 가기 싫어 하다가 갔더니 주님이 거기에 계셨던 일, 이렇게 부지중에 예수님의 음성이 들려올 때가 있다. 술람미도 영

나의 사랑 나의 신부야 일어나 함께 가자

혼들을 살피는 중에 예수님의 수레 가운데 이르렀다

각자의 위치에서 얼마나 사명을 잘 감당하고 있는지를 보려고 성령 하나님께서 우리의 중심에 찾아오신다. "수레 가운데 이르게 하였구나" 하시는 말씀은 사명자의 중심에 성령 하나님께서 찾아오심을 말한다. 술람미가 사명자의 힘을 잃고 잠을 자려할 때 술람미에게 문틈으로 손을 내미시고 술람미를 일으켜 세우신다. 인간과 하나님의 만남은 온 몸의 전율이 흐른다. 술람미가 예수님의 손을 잡을 때 몰약 즙이 손에서 뚝뚝 떨어졌다고 했다. 예수님과의 만남은 우리의 삶이 하나님의 사람으로 바꾸어지는 축복이다. 우리의 마음 문을 열면 그는 나로 더불어 먹고 나는 그로 더불어 먹는다고 하셨다. 그분이 우리의 중심에 오시면 나의 모든 것이 바뀌어지는 축복이 일어난다. 하나님의 은혜를 체험한 술람미는 향낭 주머니가 되어 몰약 예수님의 십자가를 마음 중심에 품은 신앙의 여인이다.

우리는 각자의 위치에서 하나님을 사랑하는 흔적을 남기고 살아가야 한다. "골짜기에 초목을 보려고 포도나무가 순이 났는지 석류꽃이 피었는지"를 알고자 "호도동산"으로 내려갔을 때에 "부지중에 수레 가운데 이르렀다"고 하신다. 여기서 "호도동산"은 예수님께서 백합화를 꺾는 자리로 우리의 기도를 받으시는 자리이다. 하나님의 사람은 하나님을 찬양하는 자리, 기도하는 자리, 사명을 감당하는 그 자리에 있을 때 부지중에 성령 하나님을 만나는 것이다. "수레"는 나의 믿음이다. 하나님께서는 나의 믿음의 중심을 보신다. 언제 어느 때 성령님의 강한 임재가 내 중심에 임하실지 모른다. 종종 하나님의 사람들

중에 믿음을 은사에 치중하는 경우가 있다. 그러나 은사는 하나님의 말씀의 신비를 조금 맛보는 것이다. 물론 방언의 은사, 병 고치는 은사, 예언의 은사 여러 가지 등을 통해 하나님의 속성을 더 깊이 알게 되고 하나님의 사람으로 세워지는 것을 부인할 수 없다.

그러나 그러한 은사에 너무 몰입하는 것은 예수님을 버리고 은사에 더욱 치중을 두는 것이 된다. 가장 중요한 것은 나 자신이 말씀 안에 살아가는 것이다. 은사를 통해 하나님을 더 많이 사랑하는 믿음이 되어야 한다. 모든 은사는 예수님을 사랑하고 그의 빛에 참여하여 예수님의 사랑을 전하는 것이다. 너무 은사에만 매달리는 것은 매우 위험한 신앙이다. 하나님의 속성을 알아야 우리 안에 그리스도의 빛이 반사되어 복음의 능력이 나온다.

"주의 환상과 계시를 말하리라… 그가 세째 하늘에 이끌려 간 자라 그가 몸 안에 있었는지 몸 밖에 있었는지 나는 모르거니와 하나님은 아시느니라… 그가 낙원으로 이끌려 가서 말할 수 없는 말을 들었으니 사람이 가히 이르지 못할 말이로다" 고후 12:2~4

사도 바울은 이러한 하나님의 신비를 자랑하지 않았다. 왜 그랬을까? 성령체험은 자신과 하나님의 만남이다. 자기 중심에 찾아오신 하나님을 발견하고 신의 성품에 참여하는 데에 많은 유익이 있다. 하지만 신비의 체험으로는 사람이 거듭날 수가 없다. 하나님의 백성은 말씀으로 거듭나지 않고는 온전한 하나님의 백성으로 세워질 수가 없다. 말씀 없는 신비는 넘어짐에 앞잡이가 된다. 그러므로 우리는 말씀

나의 사랑 나의 신부야 일어나 함께 가자

으로 거듭남으로 하나님의 백성으로 세워지도록 애써야 한다. 우리는 사명자이다. 우리 믿음의 수레에 생명을 태우는 것이다. 김 집사는 신앙생활을 잘하고 있는지, 이 집사는 혹시 힘든 일로 신앙생활을 소홀히 하고 있지는 않은지 늘 생각이 주님 안에서 생명을 품고 있어야 한다. 청년들을 품고, 중고등부를 품고, 어린 유초등부를 품고, 기도하고 그들과 함께하는 길이 우리 안에 있는 복음의 능력이다.

"네 이는 목욕장에서 나온 암양 떼 곧 새끼 없는 것은 하나도 없이 각각 쌍태를 낳은 양 같고 너울 속에 너의 뺨은 석류 한 쪽 같구나" 아 6:6~7

아 6장 12~14절 부지중에 내 마음이 나로 내 귀한 백성의 수레 가운데 이르게 하였구나 돌아오고 돌아오라 술람미 여자야 돌아오고 돌아오라 우리로 너를 보게 하라 너희가 어찌하여 마하나임의 춤추는 것을 보는 것처럼 술람미 여자를 보려느냐

한국 교회는 말씀중심으로 돌아와야 한다. 우리는 하나님의 백성, 그의 소유된 백성이다. 우리의 중심을 달아보시는 하나님께서 당신 백성의 "수레 가운데" 이르게 되었다고 말씀하신다. 교회 안에 헌신과 예배와 기도가 하나님 말씀의 중심이 되어서 하는지를 하나님께은 보시고 계신다. "수레"는 사람의 노동의 수단으로 사용한다. 우리의 육체를 가리켜 "수레"로 비유한 것이다. 우리의 육체 가운데서 어떠한 삶을 살았는지, 육체 가운데 중심이 무엇을 향해 살았는지, 예수 믿는 자의 헌신을 비유한 것이다. 육체의 우선순위를 세상의 돈과 명

예로 찾는 자는 하나님께 영광을 돌릴 수가 없다. 세상 풍요 속에 살아가는 자는 하나님의 거룩함에 참여 할 수 없다. 세상에 보암직도 하고 먹음직도 하여 그것에 마음을 빼앗긴다면 그 길은 패망하는 길이다.

사람은 이 땅에서 영원하지가 않다. 하나님 없이 숨어서 먹는 떡이 달게 보이지만 하나님의 말씀을 떠나서 먹는 떡은 곧 사망이다. 하나님의 말씀을 떠난 자들이 잘되는 것 같고 물질이 더 풍부해져 더 건강한 삶을 살아가는 것 같이 보이지만 그 길은 분명 미끄러지는 위험한 길이다. 언제 어느 때 홀연히 그들의 발길을 막으시는 날이 온다. 하나님의 자녀는 성령의 지배를 받아 하나님의 거룩함을 드러내야 한다. 그 길이 더딘 것 같지만 그 길이 축복의 길이고 인생의 지름길이다.

"마하나임"은 하나님의 군대들을 의미한다. 군인들이 전쟁을 치르기 전 승리의 춤을 추는데 잘못된 신앙의 길에서 "마하나임"의 춤을 추고 있으면서 술람미 여자의 신앙의 길을 간다고 스스로 착각하지 말라는 것이다. 현대 교인들이 말씀을 떠나 인본주의로 "마하나임"의 춤을 추는 것이 너무 많다. 우리는 말씀 안에서 바른 신앙의 분별력을 가지고 신앙생활을 해야 한다. 하나님의 말씀으로 예배와 기도와 헌신과 복음의 능력을 나타내야 한다. 우리들은 사명자이다. 말씀은 아침 빛같이 희망을 주며 어두운 곳을 비추는 달빛같이 복음을 전하는 외침과 함께 우리들도 더 성숙된 믿음으로 돌아가야 한다.

Blessed are all who fear the LORD who walk in obedience to him

여호와를 경외하며 그의 길을 걷는 자마다 복이 있도다 _시 128:1

나의 사랑 나의 신부야 일어나 함께 가자

기름을 채워라

내 등불에 믿음의 등불은
내 육체가 등경이 되어 밝히는것이다

Song of Songs
Solomon's Song of Songs

아가서 7장 1절 귀한 자의 딸아 신을 신은 네 발이 어찌 그리 아름다
운가 네 넓적다리는 둥글어서 공교한 장식의 만든 구슬 꿰미 같구나

하나님의 자녀는 평안의 예비한 것으로 복음의 신발을 신어야 한
다(엡 6:5). 술람미의 복음을 향한 그 열심이 멋지고 아름답다고 표현
하셨다. "네 발이 어찌 그리 아름다운가" 그녀의 열심을 "넓적다리"
에 비유하여 너의 부지런함을 영혼을 살리는데 사용하였구나 하는 칭
찬을 하신다.

우리도 술람미처럼 각자 믿음의 신을 신고 복음의 흔적이 "공교한
장식으로 만든 구슬 꿰미" 같이 한 영혼 한 영혼을 마음에 품어야 한
다. 그리고 육체의 "넓적다리"에서 나오는 근육의 힘을 복음의 능력
을 나타내는 일에 사용해야 한다. 사람의 넓적다리 근육의 힘을 하나
님의 영광을 위해 사용하지 않는 신앙은 가짜 믿음이다. 명품 믿음과
짝퉁 믿음의 차이는 믿음 안에 구원의 기쁨과 십자가의 길을 걸어간
흔적들이 있는가다. 가짜는 구원의 기쁨이 없고 신앙을 지키려는 흔
적도 없다. 육신의 모습은 기름진데 하나님의 영광을 드러내는 일에
는 인색하다. 겉모습이 세상적으로 잘 살고 잘 된다 하여 신앙의 가치
를 육의 소욕에 두면 안 된다. 기름진 삶이 어디에 쓰여 졌는지가 중

나의 사랑 나의 신부야 일어나 함께 가자

요하다.

　마리아는 향유옥합을 예수님께 드림으로 신앙의 공교한 장식을 만들어내었다. "넓적다리가 둥글다"는 표현은 몸을 지탱할 수 있는 기둥을 말한다. 집을 짓는 사람은 집을 받치는 기둥 위에 집 천장 대들보를 얹고 서까래를 얹는다. 기둥이 부실하면 집은 무너진다. 우리의 넓적다리 힘은 온 몸을 받치고 있는 기둥이다. 즉, 기둥은 믿음이다. 믿음의 힘에 따라 하나님의 능력이 되는 대들보와 서까래를 연결하여 우리를 보호하시는 하나님이시다.

　각자가 가진 넓적다리의 근육 힘을 가지고 육의 소욕을 쫓아 살 것인지 하나님의 영광을 따라 살 것인지 선택해야 한다. 우리는 과연 육체의 힘을 어디에 사용할 것인가? 술람미는 예수님을 사랑함으로 많은 영혼을 얻어 하나님께 영광 돌렸다. 모세는 바로의 공주 아들이라 칭함을 거절하고 하나님의 백성과 함께 고난을 받으며 하나님의 거룩함을 드러내었다. 그 외에도 기드온, 삼손, 입다, 다윗, 사무엘, 예수님의 제자들을 말하려면 시간이 부족하다. 많은 믿음의 선조들은 복음을 위해 살고 복음을 위해 죽었다.

　복음의 기회를 놓치는 자는 어리석은 자다. 사람에게는 항상 기회가 주어지지 않는다. 젊음의 힘은 하나님의 영광을 위해 헌신해야 한다. 사람은 늙으면 남자나 여자나 넓적다리의 힘이 제일 먼저 없어져서 앉고 일어서는 것도 힘이 든다. 넓적다리의 힘이 언제까지 우리에게 머물러 있지 않는다. 넓적다리의 근육의 힘이 빠지기 전에 마음을 다하고 힘을 다하여 복음의 능력을 나타내는 믿음의 거룩한 신부가 되어야 할 것이다. 우리들의 신체의 건강 속에서 신앙의 기회를 놓치면 안 된다.

아가서 7장 2절 배꼽은 섞은 포도주를 가득히 부은 둥근 잔 같고 허리는 백합화로 두른 밀단 같구나

말씀의 깊이를 보기 전에 솔로몬이 왜 아가서를 통해 술람미 여인을 대상으로 삼아 이렇게 섹시한 표현을 했는가를 말씀에서 필자는 보려 한다. 솔로몬 그의 지혜는 잠언 삼천을 말하였고 그의 노래는 일천 다섯이며 솔로몬은 초목을 논하고 레바논 백향목으로부터 담에 나는 우슬초를 논하고 또 짐승과 새, 기어 다니는 것 물고기까지 논했다고 말씀한다(왕상 4:32). 그러한 솔로몬이 여자가 아무리 예쁘다고 여자의 몸을 벌거벗겨 성적인 표현을 했다면 아가서는 성경으로는 적합하지 않다. 아가서는 예수님과 예수 믿는 신부들의 사랑의 관계를 논한 것이다.

"배꼽은 섞은 포도주를 가득 부은 잔 같고" 라는 표현하신 의미를 찾고자 한다. 사람은 탯줄을 끊어내지 않고는 살 수가 없다. 즉, 우리들의 육체는 배꼽으로부터 육체가 성숙 되어지고 호흡이 이루어진다. 엄마의 자궁 안에 있는 태아는 태반을 통해 영양분의 흡수와 호흡을 한다. 태반은 아이에게 안식처이며 아이가 태반을 통해 열 달 동안 건강한 아이로 성장되는 것이다. 그렇지만 아이가 세상에 태어나면 제일 먼저 태반을 끊어내야 살 수 있다. 그 태반을 끊어낸 자국이 배꼽이다. 만일에 아이에게 태반을 끊어주지 않는다면 아이는 죽는다. 이

렇듯 하나님의 백성도 육의 소욕을 끊어내지 않으면 영원한 생명을 얻지 못한다.

하나님의 사람은 두 개의 배꼽을 가져야 한다. 하나는 태로부터 끊어낸 배꼽이고, 두 번째는 예수님을 영접하여 하나님의 자녀로 거듭난 배꼽의 흔적이다.

술람미의 "배꼽은 섞은 포도주를 가득 부은 잔" 같다고 한다. 오래 묵은 포도주가 아니다. 인생의 여러 가지 아픔, 슬픔, 온갖 일들을 예수 이름으로 육체를 복종시키라는 것이다. 인생의 아픔과 괴로움들 속에서도 내 육체를 복종시켜 하나님의 영광을 위하여 십자가의 피로 인생의 잔에 채우라는 것이다.

"내가 이제 너희를 위하여 받는 괴로움을 기뻐하고 그리스도의 남은 고난을 그의 몸 된 교회를 위하여 내 육체에 채우노라" 골 1:24

우리도 남은 때를 우리의 육체 가운데 복음의 고난의 잔으로 채워야 한다. "허리는 백합화로 두른 밀단 같구나"표현은 믿음의 향이 온 몸을 두름같이 신앙의 힘과 믿음의 향기가 진하다는 의미다. "백합화"는 구원 역사에 빠질 수 없는 꽃으로 순결과 부활을 상징한다. 술람미가 부활의 예수님을 나타내는 향기가 "밀단"을 엮는 것처럼 예수 그리스도의 힘으로 살았다는 것이다.

술람미가 어떻게 살았기에 이렇게 최고의 칭찬을 하셨을까? 3절과 4절에서 술람미의 흔적을 찾으려 한다.

아가서 7장 3~4절 두 유방은 암사슴의 쌍태 새끼 같고 목은 상아 망대 같구나 눈은 헤스본 바드랍빔 문 곁에 못 같고 코는 다멕섹을 향한 레바논 망대 같구나

숙람미의 "두 유방이 암사슴의 쌍태 새끼같다"는 칭찬을 받는다. 그 의미를 찾아보자. 여자의 유방은 자녀를 키우기 위해서 주신 하나님의 선물이다. 아담과 하와가 범죄 함으로 에덴동산에서 쫓겨나게 된다. 그로 인해 남자는 노동을 통하여 이마의 땀을 흘러야 식물을 먹고, 여자는 잉태하는 고통을 크게 더하리니 네가 수고하고 자식을 낳을 것이며' 하셨다(창 3:16~17).

아이를 낳은 모든 엄마들은 신체의 변화를 똑같이 느낀다. 아이를 해산하면 아기가 먹을 음식이 여자의 유방에서 젖줄이 되어 흘러나온다. 유방은 어린 자녀를 키울 수 있는 젖줄이다. 그런데 신부의 두 유방을 들어 "암사슴의 쌍태 새끼 같고"라고 말씀한다. 무슨 의미가 담겨 있을까! 두 유방의 젖줄을 통해 어린아이를 키우는 것과 같이 하나님의 말씀으로 믿음이 약한 어린 하나님의 백성을 키우라는 것이다. 믿음이 성장한 자는 믿음의 자녀를 낳아 말씀으로 키워내야 하는 사명자의 역할을 가졌음을 말한다. 말씀의 젖줄에서 복음을 전하고 가르치는 것이다. 내가 키운 전도자는 분명히 또 누군가를 전도하여 복음에서 복음으로 나아가야 한다. 말씀은 전체적으로 암양을 노래하고 있다. 신부의 치아를 보고도 "암양이 새끼를 품었고"라고 표현함은 전도 받은 자가 말씀으로 성장되어 또 복음을 낳는다는 것이다.

나의 사랑 나의 신부야 일어나 함께 가자

"하나님의 말씀은 살았고 운동력이 있어 좌우에 날선 어떤 검보다도 예리하여 혼과 영과 및 관절과 골수를 찔러 쪼개기까지 하며 또 마음의 생각과 뜻을 감찰하시나니" 히 4:12

생명을 살리는 일에는 말씀 밖에 다른 유로는 사람을 변화시킬 수가 없다. 사람의 지혜로 힘으로 되는 것이 아니다. 하나님을 사랑하고 하나님의 말씀을 믿는 자를 통해 하나님의 말씀은 더 힘 있게 전해진다. 하나님의 사람으로 사용되어지기 위해서는 적극적인 믿음으로 하나님을 사랑하고 힘을 다하여 기도와 헌신으로 사랑하는 표현들을 드러내야 한다. 우리가 인생 가운데 무엇을 생각하며 무엇을 계획하든지 하나님은 우리들의 깊은 마음을 다 알고 계신다.

"지으신 것이 하나라도 그 앞에 나타나지 않음이 없고 오직 만물이 우리를 상관하시는 자의 눈앞에 벌거벗은 것 같이 드러나느니라" 히 4:13

신앙 생활을 하다 보면 남다른 열심으로 살아가는 자를 비아냥거리고 수근 거리는 경우가 있다. 하지만 신앙의 목을 굽히지 말아야 한다. "내 목은 상아 망대 같구나" 코끼리 상아는 코끼리의 자존심이다. 말씀 안에서 복음으로 나아가는 신부는 믿음의 자존심을 지켜야 한다. 상아 뼈가 구부러지지 않는 것처럼 상황에 따라 믿음이 흔들리고 좌우를 분별치 못하면 안 된다. 믿음의 자존심은 내 자존심이 아니다. 하나님의 영적인 권위의 자존심이다. 하나님의 뜻이 성취될 수 있도록 사람들의 말에 기죽지 말고 상아 망대처럼 목을 세우고 확신 있는 믿음을 드러내야 한다.

술람미의 눈을 "헤스본 바드랍빔 문 곁에 못 같고"라고 말씀하신다. "바드랍빔"은 군중에 딸이라는 뜻으로 "헤스본"의 성문 이름이다. "헤스본"에는 하나님의 백성을 괴롭게 하는 "시혼 왕"이 살고 있었다. 그는 이스라엘 백성이 자기 땅으로 통과하여 가나안으로 들어가는 것을(신 2:26-37) 절대적으로 방해했던 악한 왕이다. 절대적으로 방해했던 악한 왕이다. 반기를 든 시혼 왕은 하나님을 거역함으로 죽게 되고, 하나님께서는 그 땅을 이스라엘 백성에게 붙여 주셨다. 그 헤스본 근처에 있는 맑고 아름다운 두 호수를 가리켜 술람미 여자의 눈으로 비유하였다. 이것은 믿음의 승리를 말씀한다. 우리가 하나님의 말씀을 순종하면 모든 것이 승리다. 환경이 막혀 힘들고 앞이 보이지 않는다 할지라도 하나님을 믿고 기도하면 믿음의 기도는 승리다. 믿음의 기도는 죽을 병에서도 회복되고, 믿음의 기도는 막힌 환경도 열리게 한다. 이렇듯 믿음의 기도는 모든 것을 회복하는 능력이 있다. 말씀 안에 축복의 땅을 바라보지 못하는 자는 믿음의 승리를 할 수 없다.

하나님의 축복을 바랬던 야곱은 얍복강 가에서 에서의 손에 죽을 수밖에 없는 환경이었지만 하나님을 믿고 죽으면 죽으리라 매달려 기도하여 에서의 손에서 건짐 받았다. 그 믿음의 기도로 이스라엘이라는 축복을 받았다. 하나님은 자기 백성을 지키시는 하나님이시다. 믿음 안에서 죽고자 하는 자는 살 것이고 살고자 하는 자는 죽는다. 무엇을 말씀함일까? 인간적인 계산으로 살고자 기도한다면 죽는다는 것이다. 말씀을 믿고 죽음을 각오하고 매달리는 자에게는 승리다. 신

나의 사랑 나의 신부야 일어나 함께 가자

앙은 절대 주권자를 믿는 것이다. 사람은 코의 호흡이 끊어지면 육체는 흙으로 돌아간다. 하나님의 권위는 호흡을 할 때 하나님의 권위를 드러낼 수 있는 기회이다. 호흡이 끊어진 육체는 참으로 초라하다. 하나님의 사람은 호흡하는 동안에 여호와를 찬양하며 기도의 호흡을 이어가야 한다.

"호흡이 있는 자마다 여호와를 찬양할찌어다 할렐루야" 시 150:6

1. 하나님의 권위를 가진 자 승리는 내 것일세

아가서 7장 5~6절 머리는 갈멜산 같고 드리운 머리털은 자주 빛이 있으니 왕이 그 머리카락에 매이었구나 사랑아 내가 어찌 그리 아름다운지, 어찌 그리 화창한지 쾌락하게 하는구나

술람미 여자의 머리는 "갈멜산"같고 드리운 머리털은 "자주 빛이" 있으니 왕의 마음이 그 머리카락에 반했다 한다. 술람미 여자의 머리가 "갈멜산"같다는 말씀은 술람미 여자의 믿음에는 하나님의 거룩한 승리가 많았음을 보여주는 표현이며, 그 "머리털은 자주 빛이 있으니"는 왕의 권위가 술람미에게 보인다는 표현이다. 그리고 그 머리카락에 매인다의 표현은 그녀의 믿음의 열매를 하나님께서 보시고 기뻐하셨다는 의미다. 하나님의 권위는 말씀을 믿고 나아가는 자를 통해 일하신다. 우리는 믿음으로 하나님의 권위를 드러내야 한다. 소극적

인 믿음으로는 하나님의 영광을 드러낼 수가 없다.

예수 믿는 자가 잘 되어야 하는 이유는 하나님의 권위가 예수 믿는 자에게 있기 때문이다. 육체의 유익을 위해 무얼 먹을까, 무얼 마실까, 무얼 입을까, 세상의 염려함으로 기도하고 환경과 싸운다면 결국 실패다. 실패는 당장 사람에게 보여 지지 않기 때문에 현재 보이는 먹음직도 하고 보암직도 하는 환경에 속한다. 그러나 세월이 흐르면 확연하게 승자와 패배자의 삶이 보인다. 인생은 시간을 길게 보아야 한다. 당장 얻어지는 것이 축복이 아니라 저주가 될 수 있다. 에서는 당장 배고픔으로 팥죽 한 그릇을 먹기 위해 장자의 명분을 쉽게 여겨 팔아버렸고 결국 그의 삶은 하나님의 축복권을 울며 구해도 받지 못했다. 그러나 당장 배고픔보다 허기진 배를 참으며 하나님의 축복을 바랐던 야곱에게는 장자의 축복이 주어졌다. 그 축복은 야곱의 하나님으로 대대손손 이어받았고 그 후손을 통해 예수님이 이 땅에 오셨다. 하나님의 백성은 그분의 뜻이 이 땅에 거룩함으로 드러나길 기도해야 한다.

교회는 교회다운 모습으로 하나님의 거룩함을 드러내며, 믿음의 후손들을 키워 하나님의 권위를 드러내야 한다. 믿음의 가정들이 예수 이름으로 하나님의 권위를 드러낸다면, 우리가 신음하고 묶여있는 여러 가지 힘든 부분들의 실타래가 풀려지듯이 하나하나 풀어질 것이다.

"너희는 먼저 그의 나라와 그의 의를 구하라 그리하면 이 모든 것을 너희에게 더하시리라 그러므로 내일 일을 위하여 염려하지 말라 내일 일은 내일 염려할 것이요 한날 괴로움은 그 날에 족하니라" 마 6:33~34

나의 사랑 나의 신부야 일어나 함께 가자

하나님의 뜻을 이루는 일에는 믿음의 협력이 없이는 하나님의 거룩한 뜻을 나타낼 수가 없다. 아말렉과 이스라엘의 전쟁에서 모세, 아론, 여호수아, 훌이 협력하여 아말렉 전쟁에서 승리하게 되었다. 모세는 손을 들고 하나님께 기도하고 여호수아는 전쟁에 나가 싸울 때 모세가 너무 힘들어 손이 내려오면 아말렉이 이기고, 모세가 손을 올리면 이스라엘이 이겼다. 아론과 훌이 모세의 팔이 해가 질 때까지 내려오지 않도록 협력하였더니 이스라엘의 승리로 끝난 것이다. 이러한 협력은 각 교회들 사이에서도 일어나야 한다. 한국 교회가 예수 이름으로 하나 되지 못하면 세상의 힘을 상대로 승리하기가 어렵다. 교회는 크든 작든 예수 이름으로 똘똘 뭉쳐 복음의 깃발을 들고 미스바로 모여야 한다. 이것이 하나님의 능력이다. 복음을 대적하는 법들이 소리치지 못하도록 기도로 함성 소리를 내야 한다. 하나님께서는 여리고성을 어떻게 무너뜨리셨는지 그 승리의 방법을 우리에게 가르쳐 주셨다. 사람의 지혜나 지식으로 되는 것이 아니라 먼저 하나님의 말씀으로 하나되어 일치 해야 한다. 각자의 소리를 내지 말고 신앙의 일치를 이루어 마음을 모아 기도하는 것이다. 교회가 하나님의 말씀으로 하나되지 못하고는 국가를 상대로 소리칠 수가 없다. 우리가 하나되지 못하고 어떻게 이 악한 시대를 이길 수 있겠는가? 여리고 성을 무너뜨림과 같이 교회마다 주의 종들이 하나되어 양각 나팔을 잡고 하나님의 권위를 대적하는 이 악한 시대를 향해 복음의 함성을 높인다면 어떻게 동성애가 소리를 낼 수 있겠는가! 어떻게 국가가 하나님께 드리는 예배를 세상 법으로 다스릴 수 있겠는가! 교회가 분리되는 것은 하나님께서 기뻐하시는 것이 아니다. 한국 교회가 당을 지어 분리

되면 교회는 점점 힘을 잃게 된다. 하나님의 일은 사람의 열심으로, 지혜로 하는 것이 아니다. 우리가 말씀으로 일치를 이룰 때 하나님께서 우리를 위해 앞서 일하신다.

"너희는 가만히 있어 내가 하나님 됨을 알찌어다 내가 열방과 세계 중에서 높임을 받으리라" 시 46:10

"그는 너희 앞서 행하시며 장막 칠 곳을 찾으시고 밤에는 불로, 낮에는 구름으로 너희의 행할 길을 지시하신 자니라" 신 1:33

"우리의 씨름은 혈과 육에 대한 것이 아니요 정사와 권세와 이 어두움에 세상 주관자들과 하늘에 있는 악에 영들에게 대함이라" 엡 6:12

그런데 지금의 한국 교회는 총회도 있고 노회도 있지만 예수님을 위해 과연 열정을 내고 있는가! 복음을 위해 싸울 생각이 없는 것 같다. 예수 믿는 힘들을 산산이 분산시켜 육의 소욕으로 사용하고 있다. 누가 아니라고 말할 수 있을까? 한국 교회가 신랑 되신 예수님 앞에서 칭찬을 받을 수 있을지 교회들마다 돌아보아야 할 것이다. 앞이 보이지 않고 뒤로도 물러설 수 없는(진퇴양난) 환경 속에서도 믿는 자는 하나님의 말씀을 믿고 믿음의 싸움을 해야 한다. 이스라엘 백성이 골리앗 앞에서 어찌할 바 몰라할 때 다윗은 보이는 환경을 두려워하지 않고 죽으면 죽으리라 하는 믿음을 보여주었다. 이러한 다윗을 하나님께서 높여 주셨다. 소망에는 분명한 믿음의 싸움이 있고, 사랑에는

나의 사랑 나의 신부야 일어나 함께 가자

죽음을 각오한 믿음이 있다.

"너희는 가만히 있어 내가 하나님 됨을 알찌어다 내가 열방과 세계 중에서 높임을 받으리라" 시 46:10

우리의 싸움은 하나님의 권위를 세상 가운데 드러내는 것이다. 술람미 역시 하나님을 사랑하여 하나님의 권위를 세상에 드러냄으로 많은 복음의 열매를 맺었다. 아가서는 예수님과 예수님의 피로 사신 교회를 신부로 묘사한 부분이지만 우리들의 신앙의 유익은 나 개인의 하나님으로 만나지 않으면 주님의 음성을 들을 수가 없다. 교회의 건물은 하나님의 백성이 모여서 예배 드리는 장소일 뿐이다. 예배당 안의 우리 한 사람 한 사람이 바로 교회이다.

"너희가 하나님의 성전인 것과 하나님의 성령이 너희 안에 거하시는 것을 알지 못하느뇨" 고전 3:16

아가서 7장 6~7절 사랑아 네가 어찌 그리 아름다운지, 어찌 그리 화창한지 쾌락하게 하는구나 네 키는 종려나무 같고 네 유방은 그 열매 송이 같구나

술람미 여자의 믿음의 성장이 구부러진 것이 없이 "종려나무" 처럼 곧게 뻗어 너무나 어여쁘고 어여쁘다고 하신다. 믿음의 성장에는 분명한 복음의 열매가 있다. 종려나무 열매를 말한 바 예수님 안에서

신의 성품에 참여하여 복음의 능력들을 많이 나타내었다는 것이다. "네 유방은 그 열매송이로구나"로 표현하심은 너의 믿음의 젖줄로 많은 영혼들을 얻어 그들이 하나님의 말씀으로 돌아와 구원의 길을 가는 열매들이 포도송이처럼 알알이 맺혔다고 칭찬하신다. 이러한 믿음이 하나님을 기쁘시게 하는 믿음이다. 우리들의 신앙고백이 거짓되지 않길 바란다. 입술로는 하나님의 백성으로 복음의 열매를 맺고 살겠다고 종려나무 가지를 흔들며 "호산나 다윗의 자손이여 찬송 하리로다"라는 신앙고백을 하면서도 복음의 열매들을 내지 못하고 살아간다면 아나니아와 삽비라처럼 하나님을 속이는 것이다.

"나더러 주여 주여 하는 자마다 천국에 다 들어갈 것이 아니요 다만 하늘에 계신 내 아버지의 뜻대로 행하는 자라야 들어가리라" 마 7:21

아가서 7장 8절 내가 말하기를 종려나무에 올라가서 그 가지를 잡으리라 하였나니 네 유방은 포도송이 같고 네 콧김은 사과 냄새 같고

"종려나무에 올라가서 그 가지를 잡으리라" 가지 사이에는 종려나무 열매가 포도송이처럼 열려있다. 그 복음의 열매를 받으시겠다는 것이다. 믿음의 성장에는 분명한 열매가 있고 열매 맺지 못하는 나무는 주인을 기쁘게 할 수 없다. "네 콧김은 사과 냄새 같고" 는 숨쉬는 순간마다 전심을 다하여 하나님께 영광 돌리며 하나님의 마음을 쾌활하게 했다는 의미이다. 즉, 너의 믿음의 젖줄이 생명을 살렸고, 너의 호흡은 오직 예수이름으로 호흡하며 살았구나 하시며 술람미 여자에

나의 사랑 나의 신부야 일어나 함께 가자

게 믿음의 극찬을 아끼지 않으신다.

"나는 포도나무요 너희는 가지니 저가 내 안에, 내가 저 안에 있으면 이 사람은 과실을 많이 맺나니 나를 떠나서는 너희가 아무것도 할 수 없음이라" 요 15:5

믿음은 말씀 안에서 성장이 되어 지고 말씀 안에서 열매를 얻는다. 하나님은 우리들의 믿음의 성장만큼 일하신다. 하나님께서는 술람미의 믿음이 너무나 어여쁘고 어여뻐서 그녀의 신앙고백을 받으시겠다고 말하신다.

아가서 7장 9절 **네 입은 좋은 포도주 같을 것이니 이 포도주는 나의 사랑하는 자를 위하여 미끄럽게 흘러 내려서 자는 자의 입으로 움직이게 하느니라**

성령의 충만을 받으면 시와 찬미와 신령한 노래들로 서로 화답하고, 우리의 마음을 다해 주께 찬송하게 된다. 하나님 말씀의 기쁨은 그의 백성에게 흘러내려 잠자는 자기 백성을 일으켜 세우시고 그 입을 열어 복음을 전하는 자로 세우신다.

"네 입은 좋은 포도주 같을 것이라"에서는 하나님의 속성을 드러내고 있다. 하나님의 말씀은 하나님을 사랑하고 믿고 따르는 자에게 생명의 양식이 된다. 생명의 양식을 먹는 자가 하나님의 유전을 받은 자녀이다. "미끄럽게 흘러내려서 자는 자의 입을 움직이게 한다."의 의미는 죽어가는 영혼들을 말씀으로 깨우고 그들이 또 다른 영혼들을 깨우는 것을 표현한다. 이것이 살아있는 하나님의 능력이다.

"하나님께 속한 자는 하나님의 말씀을 듣나니 너희가 듣지 아니함은 하나님께 속하지 아니하였음이로다" 요 8:47

지구 상에 아무리 많은 사람들이 살아가더라도 하나님의 백성만이 주인의 음성을 듣는다. 사람도 태어날 때 부모의 유전자를 받아 태어나듯이 하나님의 백성도 하나님의 유전자를 가지고 태어났다. 그들은 말씀을 받으며 하나님을 아바 아버지라 부른다.

필자는 펭귄들의 생태기를 본적이 있다. 말 못하는 펭귄들이 알을 낳으면 부부 펭귄은 교대하며 목숨을 걸고 먹을 것을 구해 아기펭귄을 지킨다. 너무나 신기한 것은 어미 펭귄이 가족의 품을 한 달 가까이 떠나서 먹을 것을 구해 가족을 찾아온다. 수천 마리 펭귄들이 모여 있는 집단 가운데서 어떻게 가족을 찾을 수 있을까? 무엇보다 아기 펭귄은 알에서 부화한지 얼마 안 되어 헤어진 엄마 펭귄을 알아 볼 수 있을까? 그런데 어미 펭귄이 소리를 내어 아기 펭귄을 부르면 아기 펭귄이 어미 펭귄 소리를 알아 듣는 것이 아닌가! 너무나 신기했다.

우리는 하나님의 자녀다. 하나님의 자녀는 아버지의 음성을 듣고 아바 아버지라 부른다. 오고 가는 세상에 이렇게 많은 사람들이 공존하고 살아가지만 하나님의 자녀는 하나님의 음성이 들린다. 그리고 하나님의 자녀의 음성은 우리를 지으신 이가 들으신다. 우리를 보내신 이도 하나님이시며 우리의 모든 것을 간섭하시는 이도 하나님이시다.

나의 사랑 나의 신부야 일어나 함께 가자

말씀을 믿음으로 받는 자를 거룩한 신부로 세우신다. 성경말씀은 믿는 자들에게는 길이고 진리이다. 하나님께서는 그 말씀의 가치가 얼마나 큰지 비유를 들어 땅에 묻힌 진주로 설명하셨다. 일하는 일꾼이 밭을 갈다가 땅에 묻혀있는 진주를 발견 하고는 자기의 전 재산을 다 털어 그 밭을 샀다. 천국은 그 비밀을 아는 자들만이 자기의 모든 삶을 드려 거룩한 백성으로 살아간다.

"천국은 마치 밭에 감추인 보화와 같으니 사람이 이를 발견한 후 숨겨 두고 기뻐하여 돌아가서 자기의 소유를 다 팔아 그 밭을 샀느니라" 마 13:44

하나님의 말씀의 가치를 아는 신부는 이 땅에 소망을 두지 않고 하늘의 소망을 가지고 영원한 나라 거룩한 하나님의 백성으로 살아간다. 술람미 여자는 신랑 되신 예수님을 열심으로 찾고 자랑하여 많은 영혼들을 말씀으로 인도하여 복음의 열매를 맺었다. 이렇듯 신앙의 열심은 복음으로 흘러 보내야 한다.

"그 때에 저는 자는 사슴같이 뛸 것이며 벙어리의 혀는 노래하리니 이는 광야에서 물이 솟겠고 사막에서 시내가 흐를 것임이라" 사 35:6

말씀은 받는 자에게는 죽음에서 생명으로 옮겨지는 생명의 양식이 된다. 그리고 소극적으로 신앙생활을 했던 자에게는 적극적으로 신앙생활을 하게하며 닫혀있는 입에서 복음의 소리를 내게 한다.

예수님을 참으로 만난 자는 소극적으로 신앙생활을 하지 않는다.

술에 취한 사람이 횡설 수설 자기 수치를 담대하게 드러내듯 성령에 취한 사람은 그 마음의 기쁨과 소망과, 하나님의 살아계심을 힘 있게 드러낸다. 세상 것에 취하면 방탕의 지름길이지만, 성령에 취하면 복음전함으로 하나님의 축복으로 나아간다. 성령에 취한 자에게는 죽어가는 자를 살리는 하나님의 능력이 있지만 성령에 취하지 못한 자는 복음을 흘러 보내지 못한다. 미지근한 신앙은 죽은 믿음이다. 물이 고여 있으면 생명력이 없어 시간이 지나면 그 물은 썩어 병충해가 알을 낳고 온통 썩은 냄새가 난다. 예수님과 사랑도 멈추면 그 사람에게서 죽음의 냄새가 난다. 예수님을 자랑해야 될 그 입이 온통 세상 것으로 자랑하고 그 마음이 온통 섞여진 세상 것으로 채워져 하나님의 영광을 나타내지 못한다.

아가서 7장 10절 나는 나의 사랑하는 자에게 속하였구나 그가 나를 사모하는구나

"나의 나 된 것은 하나님의 은혜로 된 것이니 내게 주신 그의 은혜가 헛되지 아니하여 내가 모든 사도보다 더 많이 수고하였으나 내가 아니요 오직 나와 함께하신 하나님의 은혜로라" 고전 15:10

예수님은 누구의 편이신가? 예수님을 사랑하는 자의 편이다. 예수님은 누구의 기도를 들어주시는가? 예수님을 마음에 품고 예수님을 전심으로 사모하는 자의 기도를 들어주신다. 우리는 얼마나 예수님을 사랑하고 얼마나 하나님의 능력을 믿고 나의 나 된 것이 하나님의 은혜라 신앙고백을 하며 살아가는가? 예수님은 예수님을 사랑하는 자에게 속했다고 말씀하신다. 예수님을 사랑하는 자에게서 하나님의 능력의 날선 검이 나온다.

예수님을 믿는 자는 말씀을 떠나서는 하나님의 능력을 나타낼 수가 없다. 우리들의 마음이 말씀으로 동화되어 복음을 전하는 자체가 하나님의 능력이다. 하나님의 말씀이 우리의 생각을 조정하시고 우리들의 마음을 움직이시기 때문에 우리가 입을 열어 예수님을 자랑하고 복음을 전할 수 있다. 말씀이 우리 마음 안에 임재 하지 않고는 인간의 힘으로 하나님의 능력을 나타낼 수가 없다. 우리는 날마다 우리의 신앙을 점검해야 된다. 말씀으로 하루를 시작하고 말씀의 거룩함을 삶으로 드러내고자 하는 열심이 우리 안에 있다면 우리는 분명 하나님의 자녀이며 거룩한 신부이다. 그러나 사람들로부터 인정받고 싶은 마음이 앞선다면 그는 분명 말씀 안에서 신앙의 점검이 필요하다. 영적인 병은 자신이 통증을 느끼지 못한다. 영적인 병은 말씀으로 비춰보아야 알 수 있다. 말씀은 영적인 병을 찾아내어 날선 검으로 치유하시는 하나님이시다. 우리의 신앙은 말씀 안에 거하여야 한다. 하나님의 말씀 안에 거하는 자가 복음의 열매를 맺을 수 있다.

"내 안에 거하라 나도 너희 안에 거하리라 가지가 포도나무에 붙어 있지 아니하면 절로 과실을 맺을 수 없음같이 너희도 내 안에 있지 아니하면 그러하리라" 요 15:4

"나는 나의 사랑하는 자에게 속하였구나" 무엇을 말씀함일까? 하나님의 마음은 하나님을 사랑하는 자 안에 있다. "그가 나를 사모하는구나" 하나님을 사랑하는 자를 하나님도 사랑하신다. 자녀 중에 유난히 부모를 좋아하고 부모님 말씀에 순종하는 자식은 더 믿음이 간다. 부모도 그 자식이 무엇을 부탁하면 힘이 닿는 대로 자식이 부탁한 말을 들어주고 싶다. 하지만 자식임에도 유난히 부모의 말을 무시하고 자기 할 말만 하는 자식이 있다. 이러한 자식은 부모에게는 근심덩어리다. 이러한 자식이 자기의 필요에 따라 부모에게 부탁을 하면 부모는 그 자식이 믿음이 가지 않아 그 부탁을 쉽게 들어주기가 어렵다. 똑같은 자식이지만 사랑받는 자식과 걱정거리 자식의 차이는 부모의 말을 귀담아 듣고 순종하느냐의 여부에 있다.

하나님의 마음도 똑같다. 자식을 사랑하지 않아서가 아니라 하나님을 사랑하는 믿음이 보이지 않기 때문에 기도의 응답이 안 되는 것이다. 결과적으로 하나님을 사랑하는 자를 통해 하나님께서도 일하신다. 예수님을 사랑하는 자에게 '나의 친구'라고 말씀하셨다. 우리가 어떻게 만왕의 왕이신 예수님과 친구가 될 수 있을까?

그런데 예수님을 사랑하고 하나님과 가까이 하기를 원하는 자를 하나님도 사랑하신다. 날마다 시간마다 무시로 하나님을 찾고 기도하며 영혼 구원의 마음을 같이하는 자를 향해 너의 범사가 잘되고 강건하기를 축복해주신다. 믿음의 쟁취는 천국을 침노하는 것이다. 믿음이 없이는 하나님을 기쁘시게 할 수 없다. 세상을 이길 수 있는 힘은 하나님을 사랑하는 힘에서 나온다. 그것이 믿음이다.

"세례 요한의 때부터 지금까지 천국은 침노를 당하나니 침노하는 자는 빼

나의 사랑 나의 신부야 일어나 함께 가자

앗느니라" 마 11:12

하나님의 말씀을 믿는 자는 천국이 저희 것임이요 천국을 소유한 자는 세상의 모든 것을 이길 수 있는 능력이 있다. 믿음이 모든 것을 이기는 승리이다.

우리는 신앙의 선배님들을 보며 믿음의 열심을 배워야 한다. 믿음의 아브라함을 통해 하나님께서 어떻게 일하셨는지, 이삭의 손을 잡고 어떻게 이끄셨는지, 야곱의 두려운 공포 속에서도 어떻게 축복해 주셨는지, 모세는 하나님 일에 어떠한 신앙의 길을 걸었는지, 여호수아를 왜 하나님이 쓰셨는지, 믿음의 선조들을 보며 우리들의 믿음도 성숙되어야 한다. 믿음은 보이지 않는 것을 말씀을 통해 보고 믿는 것이다. 또한 믿음은 자기 생명을 걸고 하나님과 동행하는 것이다. 사도 바울이 무엇 때문에 결혼도 하지 않고 복음을 전하는 일에 생명을 걸고, 세례 요한은 자기 목이 잘리면서까지 예수님을 왜 증거 했는가? 단 한 가지, 예수님이 창조주의 주인이시고 우리들의 영원한 나라의 주인이기 때문이다. 우리가 하나님의 소유된 백성이라면 하나님을 떠나서는 우리는 아무것도 아니며 이 땅에서도 잘될 수가 없다. 그 이유는 하나님의 백성은 하나님의 간섭을 받기 때문이다.

돌아오고 돌아오라 말씀하신다. 하나님의 자녀는 말씀으로 돌아오지 않고는 복을 얻지 못한다. 세상 사람이 잘되는 것은 하나님의 간섭이 없어서다. 그들은 하나님의 백성이 아니므로 세상 것에 먹고 마시고 육의 소욕으로 살다가 세상의 아비 마귀의 자식이 되어 영원한 지옥으로 간다.

"너희는 너희 아비 마귀에게서 났으니 너희 아비의 욕심을 너희도 행하고자 하느니라 저는 처음부터 살인한 자요 진리가 그 속에 없으므로 진리에 서지 못하고 거짓을 말할 때마다 제 것으로 말하나니 이는 저가 거짓말쟁이요 거짓의 아비가 되었음이니라" 요 8:44

아담으로부터 들어온 죄로 가인이 아벨을 죽이고, 그들의 죄를 또 자녀들에게 까지 유전을 시켜 죄를 벗지 못한다. 하나님의 말씀을 듣지 않고 세상 것을 벗지 못하여 육의 소욕으로 머물러 살아간다면 그들의 아비가 마귀라고 말씀하신다. 세상에 복음을 전하는 것은 하나님의 백성을 찾는 것이다. 하나님께서는 어떤 이유에서든 길을 잃은 하나님의 백성들을 고아와 같이 내버려두시지 않으시고 세상에 묶여 있는 자를 예수 이름으로 찾아오신다. 이것이 우리를 빛의 자녀로 보내신 이유다. 먼저 된 자나 나중 된 자든 예수를 믿는 자가 하나님의 소유된 백성이다.

"복 있는 사람은 악인의 꾀를 좇지 아니하며 죄인의 길에 서지 아니하며 오만한 자리에 앉지 아니하고 오직 여호와의 율법을 즐거워하여 그 율법을 주야로 묵상하는 자로다"(시 1:1.2) 말씀처럼 사는 삶이 하나님을 기쁘시게 하는 신앙의 길이다. 우리가 이러한 삶을 살아갈 때 왕이신 예수님과 하나가 되는 축복을 얻는다.

나의 사랑 나의 신부야 일어나 함께 가자

2. 동행
예수님과 동행은 막힌 환경이 열리는 기쁨이다

아가서 7장 11절 나의 사랑하는 자야 우리가 함께 들로 가서 동네에서 유숙하자

"함께 들로 가서 동네에서 유숙하자" 말씀하신다. 복음 사역에는 예수님과 함께 동행하는 것이다. "들"은 세상을 의미하며 "동네"는 이웃, 곧 내가 복음을 전해야 될 지역이다. '내 이웃을 네 몸 같이 사랑하라'(막 12:3) 하셨다. 사랑의 실천을 우리에게 말씀하고 계신다. "유숙"은 보내심을 입은 자가 죽어가는 영혼을 품고 기도하는 것을 의미한다. 사명자에게는 기도가 필수이다. 복음을 전하기 전에 먼저 예수님께 물어 보아야 한다. 정확한 응답이 없더라도 기도하고 나아갈 때 분명 그 발걸음은 성령 하나님께서 인도하신다. 하나님의 관심사는 이웃을 향해 복음을 전하는 일이다. 우리는 예수님과 코드가 맞아야 하나님을 기쁘시게 할 수 있다. 남녀의 사랑에도 신랑의 마음을 신부가 알고, 신부의 마음을 신랑이 알아야 행복하다. 서로의 마음을 맞추지 못하는 남녀는 행복할 수 없다.

하나님은 우리가 무엇을 원하는지 취향이 무엇인지 우리의 속사람을 다 알고 계신다. 무얼 먹을까 무얼 마실까 무얼 입을까 염려하지 말고 먼저 그의 나라 의를 구하면 우리에게 필요를 채워 주실 것을 약속하셨다.

그런데 우리는 하나님의 마음은 알고자 하지 않고 우리 것만 구한

다. 이러한 신앙의 길에는 믿음의 성장이 없다. 예수님을 향하는 마음은 때를 얻든지 못 얻든지 복음을 전해야 한다. 복음 전하는 일을 꼭 밖에 나가서 믿지 않는 사람을 데려오는 일이라고 착각하는 신앙인들이 많다. "강권하여 내 집을 채우라" 맞다. 그러나 복음 전함은 여러 가지 각자의 은사에 따라 나타난다. 어떤 은사로 나타나든 생명을 살리는 일에 사용되어야 한다. 목사님을 섬기는 마음은 목사님을 통해 말씀이 전해진다는 마음으로 섬기고, 교사로 보내심을 입은 자는 마음을 다해 청소년과 어린 자녀들을 말씀으로 잘 접붙여야 한다. 또 새 가족을 섬기는 자는 그들에게 복음이 스며들기를 기도하며 섬겨야 하고, 이웃의 어려운 자를 섬기는 자는 그들의 어려움을 해결해준다는 생각보다 그들이 하나님의 백성으로 믿음이 성장하기를 바라며 섬겨야 한다. 교회는 예수님을 사랑하는 사람이 많을수록 행복한 교회이다. 복음 전하는 일에는 어려움이 따를 수밖에 없다. 그러나 복음을 전하는 일에는 예수님도 당신의 나라를 세워가는 일에 동행하신다.

아가서 7장 12절 우리가 일찍이 일어나서 포도원으로 가서 포도 움이 돋았는지, 꽃술이 퍼졌는지 석류 꽃이 피었는지 보자 거기서 내가 나의 사랑을 네게 주리라

참으로 관심이 가는 말씀이다. 신랑이 신부에게 사랑을 주는 장소다. "거기서 내가 나의 사랑을 주리라" "거기"가 어디일까? 거기는 "가지"가 사명을 감당하는 곳이다. 생명을 살피는 일에 관심을 갖고 복음의 일을 하라는 것이다. 포도나무 가지는 하나님의 백성을 말씀

나의 사랑 나의 신부야 일어나 함께 가자

하신다. '움이 돋고 꽃술을 피우는 것'은 포도나무 가지들의 사명이다. 그 사명을 받은 가지가 포도나무에 붙어있지 않으면 생명을 얻을 수 없다. 가지에 움이 돋고 열매를 맺는 것은 포도나무의 영양 공급을 받아서 내는 열매이므로 당연히 우리들의 자랑은 생명을 주신 예수님만을 자랑 해야 한다.

> "나는 포도나무요 너희는 가지니 저가 내 안에, 내가 저 안에 있으면 이 사람은 과실을 많이 맺나니 나를 떠나서는 너희가 아무것도 할 수 없음이라"
> 요 15:5

예수님을 사랑하는 자는 영혼을 살피는 것이 신앙의 기본이다. 전도된 자가 예수님 안에서 바르게 신앙 생활을 하고 있는지 그들이 또 다른 영혼을 품고 기도하고 있는지 살펴야 한다.

"석류꽃이 피었는지"는 영혼을 품은 믿음의 성장을 의미한다. 우리가 하나님의 말씀을 전했다면 그 전도된 자의 신앙을 살펴야 한다. 마음을 엉뚱한 곳에 두고 하나님의 일을 하는 척 하지 말아야 한다. 생명을 돌아보는 일에는 성령 하나님께서 동행하신다. 말씀을 전하는 자가 복음의 소리를 내야 될 자리에서 자기의 자랑을 하고 자기 잘난 것을 드러낸다면 그와 동행하시는 하나님을 업신여기는 것이다. 보내심을 입은 자의 사명은 오직 예수님만 전하는 것이다. 종이 주인과 함께 동행 하면서 주인을 높이지 않고 종의 위치를 높여 자랑한다면 그 주인이 기뻐하겠는가? 상전을 높이지 않고 자기를 드러내는 자는 어리석은 자다. 하나님은 자기 백성들을 돌아보고 살피는 그 열심을 보시고 "거기"서 축복해주시며 주님의 음성을 들려 주신다. 즉, 하나님의 백성을 살피고 위로하는 그곳에서 하나님의 사랑을 주시겠다는 말씀이다.

"거기서 내가 나의 사랑을 주리라" 그 길이 기도의 응답을 받는 자리이다.

> "너희 하나님이 가라사대 너희는 위로하라 내 백성을 위로 하라, 말하는 자의 소리여 가로되 외치라 대답하되 내가 무어라 외치리이까 가로되 모든 육체는 풀이요 그 모든 아름다움은 들의 꽃 같으니 풀은 마르고 꽃은 시듦은 여호와의 기운이 그 위에 붊이라 이 백성은 실로 풀이로다 풀은 마르고 꽃은 시드나 우리 하나님의 말씀은 영영히 서리라 하라" 사 40:1,6~8

사람의 지식으로 복음을 전하지 말고 하나님의 말씀으로 하나님의 백성을 위로하라 하신다. 그런데 우리는 엉뚱한 자리에서 자기 유익을 위해 기도하고 열심을 내고 자기가 만든 신앙의 열심으로 신앙생활을 한다. 그러니 열심을 내어 헌신을 하여도 응답이 없다. 사람의 관점에서 하는 열심은 하나님께서 돌아보지 않으신다. 이것이 죽은 믿음이다. 하나님은 세상을 창조하신 창조주이시다. 우리에게 구걸하는 하나님이 아니다. 하나님의 관심은 복음이 흘러내려 죽어가는 영혼을 깨우는 것이다.

아가서 7장 13절 합환채가 향기를 토하고 우리의 문 앞에는 각양 귀한 실과가 새 것, 묵은 것이 구비하였구나 내가 나의 사랑하는 자 녀를 위하여 쌓아둔 것이로구나

"합환채"의 역할은 향기를 토하는 것이다. 이것은 영적인 잉태를 말씀한다. 레아의 아들 르우벤이 들에서 합환채를 얻어 그 어미 레아에게 주었다(창 30:15). 그런데 자녀를 낳지 못하는 라헬이 남편의 잠자리와 합환채를 바꾸었다. 라헬은 얼굴도 예쁘고 남편의 사랑을 독차지했지만 하나님을 섬기는 신앙은 경쟁의식, 인본주의 사상의 신앙을 가졌다. 하나님 없이 인간의 목마름 속에 라헬은 합환채를 약으로 먹었지만 자녀를 얻지 못했다. 하나님의 권위에 순종하지 못하는 라헬은 자녀를 얻지 못할 뿐 아니라 경쟁의식을 버리지 못해 더 힘든 삶의 터널 속을 걸었다. 언니 레아는 환합채를 라헬에게 빼앗기고도 다섯 번째 아들 잇사갈을 얻는다. 다시 레아의 몸에서 여섯 번째 아들 스불론까지 태어났다. 이럴 때 라헬이 얼마나 힘들었을지 짐작이 된다. 남편의 사랑은 받았지만 자녀를 얻지 못하는 라헬에게 하나님께서는 태의 문을 여시고 잉태하여 아들 요셉을 선물로 주셨다. "합환채가 향기를 토한다"는 뜻은 인간의 서러움을 돌아보셨다는 의미다. 열심을 다해 하나님을 찾는 자에게 믿음의 열매가 열려 향기를 토한다는 말씀이다. 향기를 토하는 것은 믿음의 능력이 나타나는 하나님의 축복이다. 우리의 필요를 채우시는 하나님의 능력은 "각양 귀한 실과가 새것 묵은 것이 구비하였구나" 처럼 하나님의 말씀을 믿는 자에게 나타난다. "새 것"은 율법의 말씀을 '예수님'의 이름으로 이루시

는 하나님의 능력이다. 하나님의 능력은 이미 우리에게 나타나셨다. 예수님께서 이 땅에 오셔서 십자가로 우리를 구원하셨고 그 십자가를 믿는 자에게는 구원의 능력이 성령 하나님으로 나타난다. "묵은 것" (구약) 은 오실 메시아를 기다리는 약속의 말씀이다. 하나님의 약속은 십자가의 사랑으로 "새 것"이 예수 이름으로 완성되었다. 십자가의 사랑으로 준비한 새 하늘과 새 땅이 우리가 들어가야 될 천국이다. 구약과 신약의 말씀을 바르게 깨달아야 복음의 능력이 나타난다. 예수님께서 "율법을 폐하러 온 줄로 생각하느냐 아니라 도리어 율법을 완전케 하려 왔느니라"하셨다.

> "내가 율법이나 선지자나 폐하러 온 줄로 생각지 말라 폐하러 온 것이 아니요 완전케 하려 함이로라 진실로 너희에게 이르노니 천지가 없어지기 전에는 율법의 일점 일획이라도 반드시 없어지지 아니하고 다 이루리라" 마 5:17~18

구약의 약속된 축복의 말씀을 '예수님'의 이름으로 구약의 말씀을 완성시키셨다. 그런데 우리가 말씀을 믿지 않고 행함이 없는 믿음으로 살아간다면 하나님의 능력을 경험 할 수가 없다. 인간의 욕심을 따라 죄의 속성으로 신앙의 길을 간다면 그 마음에는 평강이 없다. 하나님의 말씀은 살아있어 믿는 자에게 평안과 축복이 되는 생명의 말씀이다.

그러나 하나님의 말씀을 믿지 못하는 자에게는 이 땅에서도 행복하지 못하며 죽음 이후에도 새 하늘과 새 땅을 밟지 못한다. 그 땅은

나의 사랑 나의 신부야 일어나 함께 가자

거룩한 하나님의 나라다. 내 마음 안에 평강은 예수님과 함께 하는 축복이다. 하나님의 사람은 거짓의 영에게 속지 말아야 한다. 거짓 영에게도 그럴싸한 육의 소욕의 평강이 있다. 이것은 세상 가치관의 거짓 평강으로 인간의 세상 풍요 속에 인본주의 거짓 평강이다. 이러한 평강은 사람의 욕심으로 채워진 평강이며 지옥으로 가는 지름길이다.

He refreshes my soul He guides me along the right paths for his names sake

내 영혼을 소생시키고 자기 이름을 위하여 의의 길로 인도하시는도다

_시 23:3

사랑의 힘

내게 있는 모든 것을 주께 드리는 사랑

Song of Songs

Solomon's Song of Songs

아가서 8장 1절 네가 내 어미의 젖을 먹는 오라비 같았었더면 내가 밖에서 너를 만날 때에 입을 맞추어도 나를 업신여길 자가 없었을 것이라

예수 이름으로 살고자 하면 신앙은 고통이 따른다. 육의 소욕을 내려놓아야 하는 고통도 있지만 그보다 사람들로부터 오는 고통이 많다. 직계 가족 또한 예외는 아니다. 신앙은 참으로 외로운 길이다. 세상의 넓은 길을 두고 좁은 길, 사람들이 비웃는 그 길, 곧 말씀의 길을 걸어가는 것은 성령 하나님의 인도하심을 받지 않고는 도저히 불가능하다. 왜 그럴까? 세상의 넓은 길은 너무나 화려하며 시대의 흐름 속에서 발전해가는 첨단 과학은 하나님을 믿지 못하도록 우리 마음을 분리시키기 때문이다. 눈에 보이는 현실은 너무나 보암직도 하고 먹음직도 하여 하나님의 말씀만 믿고 나아간다는 것 자체가 힘들고 외로운 길이다.

술람미 여자는 술람미 지역의 포도원지기로 일하면서 신앙의 길을 가는 자이다. 하나님을 믿고 사는 이유 하나만으로 육신의 오빠들이 술람미를 괴롭혔다.

나의 사랑 나의 신부야 일어나 함께 가자

"네가 내 어미의 젖을 먹는 오라비 같았다면"에서 알 수 있듯 술람미와 오빠들은 한 엄마의 젖을 먹고 자랐지만 엄마 뱃속에서도 씨가 다른 남매다. "같았다면"에서 볼 수 있듯 오빠들과 아버지가 같은 혈육으로 태어났다면 이렇게 술람미 여자를 괴롭게 하지 않았을 것이라고 말한다. 아버지가 같다면 오빠들에게 포도원의 상속이 주어지기 때문에 술람미 여동생을 괴롭게 할 이유가 없다. 하지만 외딸인 술람미에게 상속권이 있으니까 미워했다고 볼 수 있다. 한 혈육을 나눈 오빠 동생 사이였다면 술람미가 밖에서 오빠들을 만나 입을 맞추어도 업신여기지 않고 동생을 반갑게 맞아 주었을 것이다. 이부異父 오빠들은 육적인 상속에 눈이 멀어 술람미를 사람들 앞에서도 핀잔을 주고 업신여겼다. 당시 시대적으로 서로의 안부를 묻는 입맞춤의 인사조차도 술람미는 오빠들과 나눌 수 없었다. 우리는 여기서 술람미와 오빠들의 관계를 육적인 관계가 아닌 영적인 관계로 말씀을 보아야 한다.

술람미가 예수님과 입맞춤이 이루어지므로 사탄은 악한 계략으로 하나님의 사람인 그녀를 미워하게 한다. 술람미가 하나님의 사람이었기 때문에 오빠들에게 구박을 받았다고 볼 수 있다. 어두움의 권세는 예수 믿는 자를 이유 없이 업신여기게 하고 사람들을 통해 수군거리게 하고, 비방하고, 신앙의 길을 가로 막는다. 어두움의 권세는 사람을 통해 괴롭힌다. 이것은 믿는 자의 마음을 상하게 하여 하나님 나라의 상속을 받지 못하게 하려는 사탄의 계략이다. 예수님께서도 하나님 나라 주인의 외아들이자 상속자이기에 십자가에 못 박힘을 당하셨다.

"농부들이 서로 말하되 이는 상속자니 자, 죽이자 그러면 그 유업이 우리 것이 되리라 하고 이에 잡아죽여 포도원 밖에 내어 던졌느니라" 막 12:7~8

하나님의 말씀을 모르면 신앙의 길에서 넘어져 사탄의 수종자가 될 수 밖에 없다. 술람미 오빠들은 육적인 상속에 눈이 멀어 시기와 질투로 술람미를 괴롭혔다. 우리들도 육적인 것을 놓지 못하고 육의 소욕이 강하면 시기와 질투로 하나님의 사람을 괴롭게 할 수 있다. 하나님의 사람을 괴롭히는 것은 하나님을 향해 대적하는 것이다. 단순히 믿는 자를 업신여기고 괴롭히는 것으로 끝나지 않는다. 사람의 입장에서도 다른 사람이 자신의 자녀를 괴롭게 하면 그것은 그 아이의 부모를 괴롭히는 것이다. 부모는 자신의 자녀를 괴롭게 하는 자를 그냥 보고 있지만은 않는다. 힘이 닿는 대로 자녀를 괴롭게 하는 자에게 대항할 것이다. 하나님께서도 당신의 자녀를 괴롭게 한 자를 모른 척 하지 않는다.

"내 사랑하는 자들아 너희가 친히 원수를 갚지 말고 진노하심에 맡기라 기록되었으되 원수 갚는 것이 내게 있으니 내가 갚으리라" 롬 12:19

하나님께서는 하나님의 자녀를 지켜주시고 괴롭게 한 만큼 하나님의 방법으로 갚아 주신다. 하지만 예수 믿는 자인 우리의 본분은 예수님만 바라고 나아가야 한다. 나를 괴롭게 하는 자들을 향해 분을 내어 싸우지 말고 그들이 주리면 먹이고 목마르면 마시게 하고 불평함으로 죄 짓지 말라고 하셨다.

나의 사랑 나의 신부야 일어나 함께 가자

"네 원수가 주리거든 먹이고 목마르거든 마시우라 그리함으로 네가 숯불을 그 머리에 쌓아 놓으리라 악에게 지지 말고 선으로 악을 이기라" 롬 12:20~21

술람미는 하나님의 비밀을 깨달아 그 마음이 온전히 예수님을 향해 복음의 열매를 맺었다. 하지만 이러한 비밀을 깨닫지 못한 술람미의 오빠들은 술람미를 괴롭게 하였다.

"그런즉 내가 너희에게 참된 말을 함으로 원수가 되었느냐" 갈 4:16

사도 바울 역시 율법 주의자들에게 너희가 십자가에 못 박아 죽인 예수님이 곧 하나님의 아들이시고 이제는 살아나셔서 성령 하나님으로 우리 가운데 계신다고 전했다. 그로 인해 무지한 자들은 사도 바울을 모함하고 억울한 누명을 씌워 옥에 가두고, 돌로 치고, 태장으로 때리며 사도 바울의 복음의 길을 막았다. 이렇듯 하나님의 말씀을 모르면 하나님의 사람을 알아보지 못한다.

우리는 하나님의 사람을 구분할 수 있는 영적인 분별력이 있어야 한다. 신앙생활을 하면서 영적 분별력이 없으면 하나님의 사람을 괴롭게 한다. 하나님의 사람을 모함하고 비웃는 것은 사람을 대적하는 것이 아니라 하나님을 비웃고 대적하는 행위다. 성령을 훼방하는 죄는 사함을 얻지 못한다. 모르고 하는 죄는 돌이켜 회개함으로 죄 사함을 얻지만, 알면서도 성령을 훼방하는 죄는 죄 사함을 받지 못한다. 하나님의 말씀에는 우리들의 모든 것을 회복할 수 있는 능력과 인생의 답이 있다. 말씀을 모르면 하나님의 사람을 분별하지 못하고 하나님과 원수관계가 된다.

"너희의 복이 지금 어디 있느냐 내가 너희에게 증거하노니 너희가 할 수만 있었더면 너희의 눈이라도 빼어 나를 주었으리라 그런즉 내가 너희에게 참된 말을 함으로 원수가 되었느냐" 갈 4:15~16

술람미의 오빠들이 하나님을 알았다면 먼저 열심을 내어 복음을 전한 동생을 사랑으로 안아주었을 것이다. 그런데 하나님의 선한 것을 드러내니까 미워하고 넘어뜨리고자 괴롭힌다.

"정직히 말하는 자를 싫어하는도다" 암 5:10

"이제 내가 사람들에게 좋게 하랴 하나님께 좋게 하랴 사람들에게 기쁨을 구하랴 내가 지금까지 사람의 기쁨을 구하는 것이었더면 그리스도의 종이 아니다" 갈 1:10

술람미의 신앙을 통해 우리의 믿음을 점검하는 회심이 있었으면 한다. 하나님의 사람을 두고 수군거리고 모함하는 자, 시기하고 질투하는 자, 또 하나님의 사람을 업신여기는 자, 하나님의 편에서 말을 하지 않는 자, 사람의 비위를 맞추는 자, 신앙의 주관이 없는 자, 그들은 다시 말씀의 거울을 보고 자신을 씻어 하나님의 거룩한 성품으로 돌아와야 한다.

나의 사랑 나의 신부야 일어나 함께 가자

아가서 8장 3절 너는 왼손으로 내 머리에 베개 하고 오른손으론 나를 안았었으리라

하나님의 사랑 안에서 하나 됨을 표현한 말씀이다. 오라비들은 하나님을 모르기 때문에 육적인 것에 마음을 빼앗겨 예수 이름으로 하나 되지 못하고 예수 믿는 동생을 구박했다. 만일 그들이 하나님의 사랑을 알았다면 하나님의 마음으로 복음을 품은 동생을 귀하게 안아주었을 것이라는 말씀이다.

필자는 여기서 요나단을 소개하려 한다. 요나단, 그는 누구인가? 이스라엘 1대 왕 사울 왕의 아들이다. 사울을 이어 왕의 자리에 앉을 왕자다. 이러한 요나단이 자기의 왕권을 내려놓고 하나님 편에 섰다. 사울의 입장에서는 다윗은 거침 돌이다. 사울 왕은 다윗을 죽여야만이 자기의 왕권이 유지될 거라 믿고 몇 번이나 다윗을 죽이려 했다. 그런데 남도 아니고 사울의 아들 요나단이 다윗에 편에 서서 보호한다면 요나단은 사울의 손에 죽을 수도 있다.

"사울이 요나단에게 노를 발하고 그에게 이르되 패역부도의 계집의 소생아 네가 이새의 아들을 택한 것이 네 수치와 네 어미의 벌거벗은 수치 됨을 내가 어찌 알지 못하랴" 삼상 20:30

그럼에도 불구하고 요나단은 다윗을 도와 이스라엘 왕권을 받게 했다. 이것이 믿음이고 하나님의 사람이다. 자기 유익을 구치 않고 하나님의 영광을 드러내는 일에 헌신하는 자다. 요나단은 자기가 가진

권력의 위치에서 다윗을 품고 오른손으로 다윗을 안았다. 이렇듯 요나단은 왕자의 권력을 하나님의 영광을 위해 사용한 자이다. 하지만 사울 왕은 다윗이 이스라엘 왕으로 세워질 것을 알았음에도 하나님의 영광에 초점을 맞추지 않고 자기 자신의 권력에 눈이 어두워 하나님의 일을 방해한 자가 되었다. 권력을 가진 자는 권력의 위치에 있을 때 복음을 위해 사용해야 한다. 권력의 위치에서 내려오면 더 이상 그 권력을 통해 하나님의 영광을 드러낼 수가 없다.

"보라 나는 네가 반드시 왕이 될 것을 알고 이스라엘 나라가 네 손에 견고히 설 것을 아노니" 삼상 24:20

사울은 권력의 자리에서 하나님의 뜻을 알고 있으면서도 하나님의 영광을 드러내지 못하고 하나님을 훼방한 자이다.

한국 교회는 부목회자들을 품어야 한다. 그들은 장차 하나님의 권위를 가지고 하나님의 영광을 드러낼 자들이다. 그들을 업신여기는 것은 하나님을 업신여기는 것이다. 하나님의 눈은 그들과 함께 있다. 복음의 미래가 그들에게 있으며 복음은 그들을 통해 흘러 갈 것이다.

교회는 이러한 하나님의 종들을 마땅히 양육해야 하는 사명이 있다. 교회가 어렵다하여 형편상 부목회자들의 사례비를 아끼는 것은 하나님 나라를 생각하지 않는 것이다. 예수님도 이 땅에 오셔서 12제자를 키우셨다. 하나님의 사람을 키우는 것은 교회가 마땅히 감당해야 되는 부분이다.

그런데 한국 교회는 양육의 차원을 넘어 교회 안에 넘쳐나는 일거

나의 사랑 나의 신부야 일어나 함께 가자

리로 말씀의 길을 막고 있다. 교회는 기업체가 아니다. 부목회 자리에서 말씀을 묵상하고 기도하는 시간을 충분히 주고 공부하는 학생은 학비 전액을 책임져야 한다. 이런 부분이 되어지지 않는다면 복음의 능력을 상실한 교회다. 교회는 체계적으로 일을 하지 않아도 말씀만 바로 전해진다면 교인들이 스스로 헌신을 하고 서로 협력한다.

1. 믿음의 담대함

아가서 8장 4절 예루살렘 여자들아 내가 너희에게 부탁한다 나의 사랑하는 자가 원하기 전에는 흔들지 말며 깨우지 말지니라

술람미가 무슨 이유에서인지 신앙의 동료들로 인해 힘들어하는 것 같다. 그녀는 자신이 가는 길을 방해하지 말라는 부탁을 하고 있다. 신앙생활을 방해하는 자들은 세상 사람만이 아니다. 교회 안에서 함께 말씀을 듣고 신앙고백을 하는 하나님의 백성들 중에도 있을 수 있다. 욥을 괴롭게 한 자들은 욥과 함께 했던 신앙의 동역자들이었다. 예수님을 모함하고 십자가에 못 박은 자들 또한 자칭 하나님을 잘 믿는다고 하는 바리새인, 율법학자, 서기관들이다. 성령의 운행하심을 믿지 않는 자는 하나님의 하시는 일을 알지 못한다. 예수를 믿는 자는 항상 본인의 위치가 말씀 안에 바로 서 있는지 하나님의 백성과 함께하는지 스스로의 신앙을 살펴야 한다. 하나님의 눈은 말씀을 믿고 따르는 자들과 함께한다.

술람미 여자도 신앙의 방해를 받고 있음을 볼 수 있다. 자기와 함께하시는 분은 하나님이시니 그분의 손을 붙들고 가는 신앙의 길에서 자신을 흔들지 말고 신앙의 꿈을 깨우지 말라 한다.

신앙생활에는 담대함이 있어야 한다. 사람들에 눈치를 보고 사람의 비위를 맞추는 신앙은 하나님께서 기뻐하는 신앙이 아니다. "우리의 싸움은 혈과 육의 대한 것이 아니라 하늘에 있는(공중권세) 악한 영들과 싸움"이다(엡 6:12). 복음의 사람들은 어떤 상황 속에서도 하나님의 권위를 담대하게 드러내야 한다. 하나님의 권위는 곧 말씀의 능력이다.

아가서 8장 5절 그 사랑하는 자를 의지하고 거친 들에서 올라오는 여자가 누구인고 너를 인하여 네 어미가 신고한, 너를 낳은 자가 애쓴 그 곳 사과나무 아래서 내가 너를 깨웠노라

신앙의 힘듦 속에서도 신앙을 지키며 말씀으로 달려 온 믿음의 신부를 향하여 예수님께서 말씀하신다. "야야 저렇게 힘든 가운데서도 하나님의 말씀을 의지하고 신앙의 길을 가는 저 여자가 누구냐?" 주님이 몰라서 이렇게 말씀하시는 것이 아니다. 너무나 좋으셔서, 너무나 기특해서 자랑하시는 소리다. 하나님께서 우리의 믿음을 굽이굽이 훈련하시고 테스트 하시는 이유는 더 큰 믿음으로 세우시기 위함이시다.

하나님께서 욥을 자랑하셨다.

나의 사랑 나의 신부야 일어나 함께 가자

"하루는 하나님의 아들들이 와서 여호와 앞에 섰고 사단도 그들 가운데 왔
는지라 여호께서 사단에게 이르시되 네가 어디서 왔느냐 사단이 여호와께
대답하여 가로되 땅에 두루 돌아 여기저기 다녀왔나이다 여호와께서 사단
에게 이르시되 네가 내 종 욥을 유의하여 보았느냐 그와 같이 순전하고 정
직하여 하나님을 경외 하며 악에서 떠난 자가 세상에는 없느니라" 욥 1:6~8

하나님은 사단 앞에서 믿음으로 달려 나온 욥을 자랑하셨다. "사단
은 고난이 없이 어찌 그 믿음을 알 수 있습니까 고난이 주어진다면 욥
은 분명 하나님을 배신할 것입니다." 라고 반문했다. 이러한 사단의
반문으로 하나님은 바로 욥을 고난의 풀무 불에서 믿음을 테스트 하
신다. 이것은 하나님께서 욥의 믿음의 깊이를 몰라서도 아니고 , 사탄
에게 욥의 믿음을 확증시키려고 믿음의 테스트를 하신 것도 아니다.
하나님께서는 욥이 고난 가운데서도 더 빛나는 믿음의 성장을 두고
훈련하신 것이다.

우리는 자기 자신이 얼마나 하나님을 사랑하는지, 어떤 환경 속에
서도 하나님의 영광과 바꾸지 않을 자신이 있는지, 내 안에 얼마나 성
령의 운행함을 느끼고 있는지, 스스로 믿음의 점검을 해봐야 한다. 믿
음이란 단순히 우리가 "믿습니다"라는 말로 되는 것이 아니다. 믿음
은 어떤 상황 속에서도 성령 하나님을 떠나서는 살 수 없음을 고백 하
는 것이다. 이러한 믿음을 가진 자에게 하나님께서는 성령 하나님의
속성을 알게 하시고 그 믿음을 지킬 수 있도록 도와 주신다.

"가라사대 너희는 나를 누구라 하느냐 시몬 베드로가 대답하여 가로되 주
는 그리스도시요 살아 계신 하나님의 아들이시니다 예수께서 대답하여 가
라사대 바요나 시몬아 네가 복이 있도다 이를 네게 알게 한 이는 혈육이 아
니요 하늘에 계신 내 아버지시니라" 마 16:15~17

이러한 신앙고백 앞에서도 사탄은 굶주린 사자처럼 우리들의 연약
한 부분들을 건드리며 힘들게 할 것이다. 그러나 우리는 믿음 안에서
온전히 보호되는 것을 믿어야 한다.

"시몬아, 시몬아, 보라 사단이 밀 까부르듯 하려고 너희를 청구 하였으나 그
러나 내가 너를 위하여 네 믿음이 떨어지지 않기를 기도하였노니 너는 돌
이킨 후에 네 형제를 굳게 하라" 눅 22:31~32

고난이 나에게 유익이라 하나님께서는 우리들이 고난 앞에서도 믿
음이 떨어지지 않게 훈련하신다. 우리의 힘과 열심으로 믿음이 유지
되는 것이 아니다. 베드로도 고난 앞에서 신앙의 고백이 무너지고 말
았다. 예수님께서 십자가를 지시기 전 베드로는 예수님의 제자라는
이유만으로 잡히면 죽게 될까 봐 두려워하여 그 환경을 벗어나고자
예수님을 모른다고 부인하는 연약한 믿음이었다. 그것도 세 번이나
모른다고 부인해버리는 나약한 믿음이었다(눅 22:57~60). 이러한 베
드로의 신앙 회복은 말씀 앞에서 심히 통곡하며 회개함으로 다시금
성령 하나님의 지배를 받아 거룩한 백성으로 일어섰다. 그는 회심 이
후 예수님의 참 제자로 많은 영혼들을 옳은 대로 인도하는 능력의 신

나의 사랑 나의 신부야 일어나 함께 가자

부로 순교자로, 사용되었다.

믿음은 말씀 안에서 기도하지 않고는 지켜 나갈 수가 없다. 하나님의 신부는 말씀 안에서 거듭남으로 믿음이 성숙 되어지고 성령의 지배를 받는다. 힘들고 어려움 속에서도 믿음을 지키고 하나님의 영광을 드러내는 신앙은 혼자만의 열심으로 되는 것이 아니다. 술람미 여자의 신앙 또한 혼자만의 힘으로 된 것이 아니라는 것을 말씀한다.

"너의 어미 너를 낳은 너의 어미가 하나님께 서원하여 낳은 자녀라" 네 어미가 너를 위해 기도하고 애쓴 신앙의 열매라 한다. 그렇지만 너의 신앙의 눈을 뜨게 한 것은 결국 말씀이라고 하신다. 나는 심었고 아볼로는 물을 주었으되 그 믿음을 자라게 하시는 것은 성령 하나님이시다.

우리가 세상에 태어날 때 부모 없이 세상에 태어난 사람은 한 사람도 없다. 좋은 부모였든 혹은 부모가 부모답지 못했든 우리 모두는 부모의 수고로 이 세상을 살아간다. 그렇다면 우리가 예수를 믿고 살아가는 일에도 전도자가 있었고, 신앙의 힘을 잃지 않도록 말씀으로 권유하는 자도 있었고, 누군가 나를 위해 기도하는 자도 있었다. 알게 모르게 이렇듯 많은 믿음의 사람들의 수고와 기도로 지금의 내가 신앙생활을 하는 것이다. 우리가 잘나서 혼자 세상에 태어났고 스스로의 힘으로 믿음생활을 하는 것이 아니다. 그저 우리가 지나간 과거 속에 있었던 믿음의 동역자들의 수고를 잊고 살아갈 뿐이다.

성령 하나님은 많은 하나님의 사람들을 우리에게 보내셔서 믿음을 성장시키셨다. 우리는 빚진 자다. 과거에 받은 사랑을 생각하며 신앙의 빛을 사랑으로 흘러 보내야 한다. 사랑이 멈춰있다면 죽음이고, 살아있는 사랑은 표현하는 사랑으로 흐른다. 술람미 여자도 거룩한 신부로 세워지기 까지 많은 사람들의 수고와 흔적들이 있었을 것이다. 그 중에 여기서는 그의 어미의 수고를 소개하고 있다. 신앙으로 서원한 자녀는 분명 하나님의 자녀로 복이 있다. 기도하는 자녀는 망하지 않는다. 기도하는 자녀는 세상에서 실패하지 않는다. 범사가 잘되는 축복이 기도하는 자녀에게 흐른다. 그 열매는 하나님의 때에 얻어진다. 인내가 없이는 그 열매를 맛을 볼 수 없다.

"너를 인하여 네 어미가 신고한 너를 낳은 자가 애쓴 그 곳 사과나무 아래서 내가 너를 깨웠노라" 네 어미가 힘쓰고 애쓴 그 곳 그 사과나무에서 너를 깨웠다고 말씀하신다. 사과나무는 선악을 알게 하는 실과를 말한다.

믿음은 어느 누구의 수고가 있었다 해도 사람의 힘으로 자라는 것이 아니다. 오직 말씀으로 믿음이 자란다. 그저 사람의 수고는 말씀으로 나아갈 수 있도록 도울 뿐이다. 헌신을 한다고 믿음이 자라고, 헌금을 많이 한다고 믿음이 자라는 것도 아니다. 세상에는 얼마나 많은 헌신들이 곳곳에 있으며, 좋은 일에 많은 돈을 기부하고, 절이나 우상 앞에서도 얼마나 많은 돈들이 넘쳐나는가! 그렇지만 이러한 돈들이 천국 가는 일하고는 전혀 상관이 없다.

오직 예수 이름으로 말씀 안에서 우리 믿음이 성장해야 된다. 믿음의 성장은 하나님 앞에서 분명한 헌신으로 나타나야 한다. "한 그루의 사과나무"는 예수님이시다. "그 그늘은" 말씀 안에서 기쁨과 위로

나의 사랑 나의 신부야 일어나 함께 가자

가 있음을 의미한다. 이러한 비밀을 깨달은 자가 하나님의 은혜를 입는다. 술람미는 이러한 비밀을 알고 예수님을 찾았고 그 생명의 말씀은 심히 달콤했다고 고백했다.

"그 실과는 내 입에 달았구나" 술람미 여자가 최고의 믿음의 신부로 자랄 수 있었던 것은 말씀 안에서 성령 하나님의 지배를 받았기 때문이다. 세상 방법이 아니라 오직 말씀 안에서 자란 믿음이다.

아가서 8장 6절 너는 나를 인같이 마음의 품고 도장같이 팔에 두라 사랑은 죽음같이 강하고 투기는 음부같이 잔혹하며 불같이 일어나니 그 기세가 여호와의 불과 같으니라

"사랑은 죽음같이 강하다" 세상 것을 다 내어주고도 살 수 없는 것이 사랑의 힘이다. 하나님께서는 그 사랑의 힘을 십자가의 사랑으로 우리를 죽음에서 생명으로 옮겨주시며 나타내셨다. 십자가의 사랑을 보여주신 하나님의 사랑을 표현하여 '나는 질투하는 하나님이시라' 말씀하셨다. 질투가 없는 사랑은 사랑이라 볼 수 없다. 사랑에는 분명히 질투가 있다. 남녀의 사랑의 질투는 싸우고 헤어지면 그만이겠지만 하나님의 질투는 죄의 사함을 얻지 못하는 형벌, 영원한 지옥으로 가는 하나님의 분노다. 하나님의 질투의 분노는 그 어떤 것으로도 해결을 받을 수가 없다. 죄 용서함을 받을 수 있는 길은 사람이 살아 있을 때 회개하고 하나님의 말씀으로 돌아오는 길뿐이다. 죽음 후에는 회개할 수도 돌이킬 수도 없다.

하나님의 사랑을 저버리고 말씀을 따르지 않고 육의 소욕으로 두

마음을 품는 자의 형벌은 잔혹하다. 오직 한 길 예수님만 바라고 신앙의 길을 가야 한다. 권력이 있든, 물질의 풍요를 누리든 세상 것은 결국은 영원하지 않다. 죽음 앞에서 옷 한 벌도 가지고 갈 수 없는 것이 인생에게 주어진 진리의 법칙이다.

아가서는 예수님께서 이 땅에 오셔서 십자가의 사랑으로 우리를 어떻게 사랑하셨는지를 말씀하시고 그 예수님을 위해서 우리는 어떻게 십자가 사랑을 품고 살아가야 하는지를 명확하게 드러내 보여주시는 말씀이다.

"너는 나를 인같이 마음에 품으라" 말씀하신다. 신앙생활을 생명 걸고 하라는 것이다. 인은 생명이다. 생명을 걸지 않는 사랑은 하나님의 거룩함에 참여할 수가 없다.

"너는 마음을 다하고 성품을 다하고 힘을 다하여 네 하나님 여호와를 사랑하라" 신 6:5

또한 도장같이 팔에 두고 어떤 일을 하든지 무엇을 하든지 하나님께 인정받는 신앙생활을 하라는 말씀이다.

"오늘날 내가 네게 명하는 이 말씀을 너는 마음에 새기고, 너는 또 그것을 네 손목에 매어 기호를 삼으며 네 미간에 붙여 표를 삼고" 신 6:6.8

신앙에는 두 마음을 품으면 정함이 없다. 사랑은 죽음같이 강하고 투기는 음부같이 잔혹하다. 하나님을 사랑하는 일에 있어 세상과 적

나의 사랑 나의 신부야 일어나 함께 가자

당하게 타협하며 살아가는 자는 하나님의 음부에 권세가 잔혹하다는 것을 알아야 한다.

나 여호와 너의 하나님은 질투하는 하나님인즉 나를 미워하는 자의 죄를 갚되 아비로부터 아들에게로 삼사 대까지 이르게 하거니와 나를 사랑하고 내 계명을 지키는 자에게는 천 대까지 은혜를 베푸느니라(십계명 2조).

사랑에는 그 사람을 독점하려는 질투가 있다. 하지만 하나님의 질투는 음부의 권세이며 심판의 불이다. 이러한 질투의 불로 유전적으로 아비의 죄가 그 후손들에게 삼사 대까지 흘러 갈 것을 말씀하신다. 우리 자녀들이 우리들을 너무나 닮지 않았던가? 악한 것을 심은 데서 악한 것이 나고, 선한 것을 심는 데서 선한 것이 난다. 하나님을 사랑하고 말씀의 길을 걸어가는 자에게는 천 대까지 그들을 통해 하나님의 나라를 세우신다. 이러한 하나님의 축복을 바라고 하나님을 사랑하고 말씀대로 살고자 신앙의 길을 가는 자의 앞길에는 투기심과 질투심으로 방해하는 자가 많고 눈에 보이지 않는 영적 음부의 권세가 잔혹 하게 괴롭힌다는 것이다.

얼마나 사단이 잔혹하게 믿음을 빼앗으려 하는지 욥기서를 읽어보면 분명히 알 수 있다. 하나님을 향한 그 믿음을 빼앗고자 자녀들을 다 죽음으로, 온 재산을 다 빼앗기고 육신은 병이 들어 더 이상 세상에 소망 없는 욥에게 친구들의 비아냥거렸다. 그럼에도 불구하고 하나님을 사랑하는 것이 믿음이다. 많은 믿음의 사람들이 신앙을 지키기 위해 불 가운데로 던져지기도 하고, 사자굴에 던져지기도 하고, 음침한 골짜기를 홀로 걸었다. 이러한 믿음의 유산이 있었기에 현재 우리들의 신앙생활은 평탄한 믿음의 길을 갈 수 있다. 부모의 수고로 자식들이 평안을 누리는 것과 같다. 그럼에도 악한 사탄은 배고파 우는 사자처럼 우리를 공격하고 있다는 것을 잊어서는 안 된다.

하나님의 백성으로 살아간다는 신분은 세상 것과 바꿀 수 없다. 세상의 부유함으로, 남다른 지식으로, 세상의 권력으로, 여자의 아름다움으로도, 얻을 수 없는 나라가 천국이다. 우리는 하나님의 거룩함을 드러내는 일에 오래 참아야 한다. 예수님을 향한 사랑은 말씀 앞에서 자기 소리를 내지 않아야 하며 말씀 앞에 순종으로 온유함을 드러내야 한다. 하나님의 말씀과 함께 기뻐하는 것이 하나님을 사랑하는 것이다.

아가서 8장 7절 이 사랑은 많은 물이 꺼치지 못하겠고 홍수라도 엄몰하지 못하나니 사람이 그 온 가산을 다 주고 사랑과 바꾸려 할찌라도 오히려 멸시를 받으리라

사랑하는 자를 믿고 따라가는 삶은 세상에 어떤 것으로도 바꿀 수가 없다. 돈, 권력, 인간의 노력으로도 갈 수 없는 나라가 바로 천국이다. 오직 말씀으로 거듭남으로 가는 나라가 하나님 나라다.

그런데 예수님 믿는 것에 있어 너무 고상한 척, 지식이 있는 척, 세상적으로 잘 나가는 척 하며 신앙생활을 광대같이 하는 사람들이 많다. 신앙에는 포장이 있을 수가 없다. 우리의 속사람이 거듭나지 않으면 하나님 말씀 앞에서 벌거벗음과 같다. 하나님은 우리들의 생각과 마음에 품은 것을 다 아신다. 참된 마음과 거짓된 마음을 술람미의 육체를 벌거벗겨 신앙으로 채워진 믿음의 열매를 통해 비유적으로 보여

나의 사랑 나의 신부야 일어나 함께 가자

주셨다. 우리는 말씀 안에서 예수 이름으로 거듭나지 못하면 하나님의 소유된 백성이 될 수 없다. 오직 말씀과 기도로 주님의 음성을 듣고 나의 삶의 모든 것을 맡겨야 한다. 이것이 사랑이다. 상황에 따라 돈과 명예와 세상 것과 바꿀 수 있는 사랑은 거짓된 사랑이다. 죽음이 와도 자기의 믿음을 내어 놓지 않는 것이 참 사랑이다. 아브라함은 백세에 얻은 아들 이삭을 번제로 내놓았고 세례 요한은 자기의 목을 내놓았고, 예수님의 제자들은 순교의 길을 갔으며, 사도 바울의 믿음은 세상이 감당치 못하였다.

우리가 신앙생활을 하면서 세상 것에 더 마음이 쏠리고 말씀 안에서의 순종보다 육의 소욕이 더 달콤하게 느껴진다면 예수님을 사랑하는 자가 아니다. 하나님의 사람은 하루에도 수백 번씩 아니 그 보다 더 예수님을 생각하며 하루를 살아간다. 그 마음이 온전히 말씀으로 살기 위해 간절히 주님을 찾는다. 사람도 사랑하는 배우자를 만나면 하루에도 수시로 배우자를 생각하지 않는가! 아마도 셀 수 없을 만큼 많을 것이다 이것이 사랑이다. 호흡이 있는 동안에 여호와를 찬양하는 이것이 예수 믿는 흔적을 우리 육체 가운데 채우는 것이다. 이러한 사랑은 세상이 감당치 못하는 신앙이다. 말씀 따라 사는 삶은 어떤 환난이 와도 세상을 넉넉히 이긴다. 예수 믿는 자에게는 늘 악한 사탄의 계략이 숨어있어 우리의 발걸음을 막고 방해 한다는 것을 잊어서는 안 된다. 사탄은 우리 인간과의 싸움이 아니라 하나님의 자녀를 빼앗고자 하는 싸움이다.

술람미와 사도 요한이 나타낸 예수님의 사랑은 다소 표현하는 방법은 다르지만 그 사랑을 입은 하나님의 백성들의 삶이 공통점을 가지고 표현했다. 요한이 표현한 하나님의 사랑을 보자.

"여자의 뒤에서 뱀이 그 입으로 물을 강같이 토하여 여자를 물에 떠내려가
게 하려 하되 땅이 여자를 도와 그 입을 벌려 용의 입에서 토한 강물을 삼
키니" 계 12:15~16

사탄은 이 땅에 오실 예수님이 두려워 여자 후손의 성령의 잉태를
절대적으로 방해하였다. 그리고 우리들의 구원의 길을 막아 하나님
의 사랑을 받지 못하게 했다. 하지만 하나님의 능력은 용이 토해낸 죽
음의 강물을 십자가의 사랑으로 마셔버렸다. 그 결과 죽음에서 부활
로 하나님의 사랑을 우리에게 확증해 주신 것이다. 이것이 요한이 본
하나님의 사랑이다. 세상은 예수 믿는 자를 삼키려 하지만 하나님의
십자가의 사랑은 우리가 세상을 이길 수 있도록 보호하시는 사랑이
다. 그렇다면 우리는 어디까지 세상을 이겨내야 하는가? 예수님께서
우리를 사랑하는 표현을, 용이 토해 낸 죽음의 물을 십자가의 사랑으
로 마셔버림과 같이 우리들도 그 사랑을 믿고 우리들의 인생의 고난
의 십자가를 지고 죽기까지 예수님의 사랑을 표현해야 한다. 그것이
SONG OF SONGS의 사랑의 노래다.

앞으로의 신앙의 길은 인간이 먹고 사는 문제 즉 매매를 두고 치열
한 싸움이 벌어질 것이다. 하나님과 세상의 선택 앞에서 하나님을 사
랑하지 않는 자는 하나님을 선택 할 수 없다. 신앙의 길은 오직 하나
님을 믿고 사랑함으로 세상을 이기는 것이다. 육체의 비중이 큰 자는
결코 하나님의 백성으로 세워질 수가 없다. 이것이 말씀의 비밀이다.

"저가 모든 자 곧 작은 자나 큰 자나 부자나 빈궁한 자나 자유한 자나 종들로 그 오른손에나 이마에 표를 받게 하고 누구든지 이 표를 가진 자 외에는 매매를 못하게 하니 이 표는 곧 짐승의 이름이나 그 이름의 수라 지혜가 여기 있으니 총명 있는 자는 그 짐승의 수를 세어 보라 그 수는 사람의 수니 육백육십륙이니라" 계 13:16~18

"죽임을 당한 어린양의 생명책에 창세 이후로 녹명되지 못하고 이 땅에 사는 자들은 다 짐승에게 경배하리라 누구든지 귀가 있거든 들을 지어다" 계 13:8~9

"너희가 육신대로 살면 반드시 죽을 것이로되 영으로써 몸의 행실을 죽이면 살리니" 롬 8:13

하나님의 백성은 세상 끝날까지 믿음을 지키는 것이 힘이고 십자가의 사랑이다.

2. 믿음이 영글어가지 못한 신앙
믿음의 성공은 인생의 가장 큰 축복이다

아가서 8장 8~9절 우리에게 있는 작은 누이는 아직도 유방이 없구나 그가 청혼함을 받는 날에는 우리가 그를 위하여 무엇을 할꼬 그가 성벽일진대 우리는 은 망대를 그 위에 세울 것이요 그가 문일진대 우리

는 백향목 판자로 두르리라

성장되지 못한 자의 신체 구조를 설명하고 있다. 사람의 몸과 정신적 기능은 나이에 따라 성장이 되어야 한다. 사람이 성장해야 될 시기가 지났는데도 성장되지 않는다면 가족에게는 얼마나 걱정거리가 될지 우리는 짐작할 수 있다.

여자는 성숙해지면 유방이 커지는 모습으로 변화되어야 한다. 그런데 작은 누이는 아직도 성장의 기미가 보이지 않는 신체 발육이다. 여성의 유방은 자녀를 출산하면 유방에서 젖을 내어 모유로 아기를 키울 수 있게 한다. "유방이 없구나"의 표현은 믿음이 성장 되어 말씀의 젖줄로 영혼을 키워야 하는데 여전히 믿음의 깊이가 없고 하나님의 뜻을 분별하지 못하여 열매 없는 신앙을 말한다. 신앙이 성장되지 못한 신부를 가리켜 "어찌할꼬"하는 안타까움을 드러내고 있다. 즉, 하나님 앞에 우리의 '작은 누이'가 믿음이 성장하지 못한 채로 예수님의 신부로서 청함을 받는다면 어떡하나 하고 걱정하고 있다. 그리고 먼저 된 우리가 작은 누이를 위해 무엇으로 도와 줄 수 있을까 걱정한다.

믿음의 성장이 없으면 하나님의 사랑을 깊게 깨닫지 못하고 겉핥기식의 신앙생활을 한다. 하나님의 말씀을 바르게 깨닫고 성장되어야 하나님의 거룩한 사람이라 볼 수 있다.

교회 안에는 신앙생활을 함께하는 많은 동료들이 있지만 믿음이 성숙되어지지 못한 분들도 있다. 세상적으로는 기름지고 부유함으로

나의 사랑 나의 신부야 일어나 함께 가자

살아가는 것 같은데 하나님의 말씀에는 관심이 없고 온통 육적인 자랑과 그 입에는 소망 없는 말로 가득 차 안타까움이 더해간다. 그들을 향해 "어찌할꼬"는 참으로 안타깝다는 주님의 탄식이다. 세상적 언어는 남다르게 박식해 보이는데 그 입에는 예수님을 자랑하는 언어가 없다. 말씀으로 영글어가지 못하고 쭉정이로 변화되는 모습이 안타깝다는 것이다. "그가 성벽일진대" 우리가 무엇으로 해줄 수 있겠나 그를 위하여 "은 망대를 그 위에 세울 것이라" 말씀에서 우리의 믿음을 부르시는 소리이다. 믿음이 성장되지 못한 자를 위해 대신 회개하며 기도하라는 것이다(은의 성분은 불순물이 닿으면 까맣게 변한다). 우리는 죄로 인해 믿음이 성장하지 못한 형제들을 위해 대신 은 망대를 씌우는 것 같이 회개하며 기도해 주어야 한다. 아브라함이 조카 롯을 위해 대신 회개하며 은 망대를 세워준 결과 소돔과 고모라가 심판 받을 때 하나님께서 아브라함의 기도를 생각하시고 롯을 구원하셨다. 물론 그렇다고 해서 롯의 믿음이 성장되는 것은 아니다. 하지만 누군가 그를 위해 기도할 때 위험에서 건짐을 받는다는 것이다.

"롯의 거하는 성을 엎으실 때에 아브라함을 생각하사 롯을 그 엎으시는 중에서 내어 보내셨더라" 창 19:29

믿음이 성장하려면 스스로가 예수님께 직접 나아가서 기도와 말씀으로 변화 되어야 한다. 주위의 사람들은 그의 믿음의 성장을 위해 도와주고 힘을 실어 줄 수는 있지만 믿음의 성장은 대신해 줄 수가 없다. 배가 고플 때 본인 스스로 입을 벌리고 음식을 씹어 삼켜야 몸이 건강해진다. 어느 누구도 대신 위장 속까지 넣어줄 수는 없다. 믿음은 본인의 힘으로 말씀 앞에 매달리고 기도하며 예수님을 찾을 때 성숙해진다.

"그가 문일찐대 우리가 백향목 판자로 두르리라" 작은 누이가 신앙생활을 능력 있게 할 수 있는 재능을 가졌음에도 말씀으로 세워지지 못하다 보니 하나님 앞에서 사용이 되지 못하고 있다는 안타까움이다. 이럴 때 먼저 된 자들이 작은 누이를 위해서 무엇을 해 줄 수 있을까? 먼저 된 자들의 사명을 말씀한다. 그것은 악한 사탄이 신앙이 약한 자를 범하지 못하도록 백향목 판자로 두르라는 것이다(왕상 6:9). 기도하는 동역자들이 서로서로 기도의 힘을 모아서 작은 누이가 하나님 앞에 귀하게 쓰임 받을 수 있도록 기도를 해주어야 한다. 그것이 하나님 나라를 세우는 것이다. 율법의 완성은 내 이웃을 네 몸과 같이 사랑하는 것이다. 우리 주위에 믿음의 동역자들이 환경이 막혀 신앙의 힘을 잃고 있다면 백향목 판자를 두르듯 그들이 환경이 열려서 마음껏 하나님을 찬양할 수 있도록 힘을 합하여 기도로 도와주어야 한다.

기도하는 사람들은 하나님 앞에서 지켜야 될 원칙이 있다. 기도한다고 말하면서 힘든 사람의 자존심을 건드리고 그 사람의 비밀을 누설하는 행동은 하나님을 기쁘시게 할 수 없다. 여리고 성을 돌 때 침묵 속에서 매일 한 바퀴씩 돌고 "일곱째 날에는 일곱 번을 돌고"(밤을 세우며 철야 기도를 했다는 의미를 담고 있다)란 마지막에 제사장들의 나팔소리와 함께 아멘으로 함성을 높인 것을 기억해야 한다. 신앙은 말씀 안에서 바른 설정을 하지 않으면 하나님의 거룩한 사람으로 세워질 수가 없다.

화초를 키워보면 햇빛과 바람이 매우 중요하다는 것을 알게 된다. 아무리 싱싱한 식물이라 할지라도 놓여진 위치에서 햇빛과 바람을 통해 자란다. 그런데 그것을 무시하고 사람이 보기 좋은 위치에 놓아두면 얼마 못되어 그 식물은 병충해가 들어 죽는다. 하나님의 사람은 말씀과 기도의 자리에서 믿음이 건강하게 성장되어 간다.

아가서 8장 11~12절 솔로몬이 바알하몬에 포도원이 있어 지키는 자들에게 맡겨 두고 그들로 각기 그 실과를 인하여서 은 일천을 바치게 하였구나 솔로몬 너는 일천을 얻겠고 실과 지키는 자도 이백을 얻으려니와 내게 속한 내 포도원은 내 앞에 있구나

솔로몬이 "바알하몬에 포도원"이 있는데 종들에게 경작을 주어 포도 농사를 하게 했다는 것이다. 그 은혜를 주인에게 입었다면 포도원의 경작으로 얻어진 대가를 가져 오라는 것이다. 우리도 예수님의 이름으로 구원 받았다. 구원의 은혜는 대가 없이 받았지만, 은혜를 입은 대가는 복음의 열매로 나타내어야 한다. 구원의 주인은 하나님이시다. 교회는 예수 그리스도의 핏값을 주고 산 밭이므로 교회의 주인은 변함 없으신 하나님이시다. 교회마다, 가정마다, 개인마다 하나님께서 맡겨주신 사명을 마음을 다해 감당해야 한다. 하나님께서는 말씀을 통해 우리에게 달란트 비유를 들어 말씀하셨다.

아가서 8장 11~12절 "솔로몬의 포도원 경작을 두고 경작하는 자들로 은 일천을 바치게 하였구나 솔로몬은 일천을 얻겠고 경작하는 자도 이백을 얻으리니와"의 말씀은 마태복음 25장 14~30절에서 함께 듣고자 한다.

"어떤 사람이 타국에 갈 제 그 종들을 불러 자기 소유를 맡김과 같으니 각각 그 재능대로 하나에게는 금 다섯 달란트를, 하나에게는 두 달란트를, 하나에게는 한 달란트를 주고 떠났더니 다섯 달란트 받은 자는 바로 가서 그것으로 장사하여 또 다섯 달란트를 남기고 두 달란트 받은 자도 그같이 하여 또 두 달란트를 남겼으되 한 달란트 받은 자는 가서 땅을 파고 그 주인의 돈을 감추어 두었더니 오랜 후에 그 종들의 주인이 돌아와 저희와 회계할새 다섯 달란트 받았던 자는 다섯 달란트를 더 가지고 와서 가로되 주여 내게 다섯 달란트를 주셨는데 보소서 내가 또 다섯 달란트를 남겼나이다 그 주인이 이르되 잘하였도다 착하고 충성된 종아 네가 작은 일에 충성하였으매 내가 많은 것으로 네게 맡기리니 네 주인의 즐거움에 참예할지어다 하고 두 달란트 받았던 자도 와서 가로되 주여 내게 두 달란트를 주셨는데 보소서 내가 또 두 달란트를 남겼나이다 그 주인이 이르되 잘하였도다 착하고 충성된 종아 네가 작은 일에 충성하였으매 내가 많은 것으로 네게 맡기리니 네 주인의 즐거움에 참예할지어다 하고 한 달란트 받았던 자도 와서 가로되 주여 당신은 굳은 사람이라 심지 않은 데서 거두고 헤치지 않는 데서 모으는 줄을 내가 알았으므로 두려워하여 나가서 당신의 달란트를 땅에 감추어 두었었나이다 보소서 당신의 것을 받으셨나이다 그 주인이 대답하여 가로되 악하고 게으른 종아 나는 심지 않은 데서 거두고 헤치지 않은 데

나의 사랑 나의 신부야 일어나 함께 가자

서 모으는 줄로 네가 알았느냐 그러면 네가 마땅히 내 돈을 취리하는 자들에게나 두었다가 나로 돌아와서 내 본전과 변리를 받게 할 것이니라 하고 그에게서 그 한 달란트를 빼앗아 열 달란트 가진 자에게 주어라 무릇 있는 자는 받아 풍족하게 되고 없는 자는 그 있는 것까지 빼앗기리라 이 무익한 종을 바깥 어두운 데로 내어 쫓으라 거기서 슬피 울며 이를 갈음이 있으리라"

하나님께서 맡겨둔 본전과 이익금을 결산하는 말씀이다. "내게 속한 내 포도원은 내 앞에 있구나" 하나님께서 우리에게 맡겨두신 목사의 직분, 장로, 권사, 집사, 교사, 각자의 위치에서 포도원의 경작의 이익을 계산하시는 하나님이시다.

예수 이름으로 살아가는 자는 사명자이다. 사명을 감당하지 못하는 자는 악하고 게으른 종과 같다. 하나님께서 우리 각자에게 믿음대로 영혼구원을 위해 순종하라고 하신다. 예수님께서는 이 땅에 오셔서 우리의 죗값을 십자가 위에서 다 치르셨다. 우리는 빚진 자다. 죽음에서 생명으로 옮겨주신 은혜를 입은 우리는 잃어버린 하나님의 자녀들을 죽음의 그늘에서 일으켜 세워 복음의 자녀로 살아갈 수 있도록 십자가의 사랑을 그들에게 전해야 한다.

"너희를 어두운 데서 불러내어 그의 기이한 빛에 들어가게 하신 자의 아름다운 덕을 선전하게 하려 하심이라" 벧전 2:9

우리들의 사명은 복음의 열매를 나타내는 것이다. 복음의 열매란 믿음의 표시다. 세상은 상대적 비교의식으로 가치를 평가하지만, 믿음의 열매는 비교의식에서 나타나는 열매가 아니다. 각자의 은사대로 믿음의 열매를 가지고 예수님 앞에 나아가야 한다. 다섯 달란트를 받았든, 두 달란트를 받았든, 아니면 한 달란트를 받았든지 각자의 위치에서 마음을 다하고 힘을 다하여 하나님의 말씀을 순종해야 한다. 우리는 잃어버린 하나님의 백성을 찾아 전도하고 섬겨서 하나님 앞으로 인도해 내어 우리 각자에게 주어진 그릇대로 복음의 열매를 채워야 한다. 우리의 믿음은 행함이 없이는 하나님을 기쁘게 할 수가 없다.

"행함이 없는 믿음은 그 자체가 죽은 것이라" 약 2:17

하나님은 언젠가 우리들의 믿음의 결산을 하신다. 우리는 믿음의 성장이 더딘 자를 향해 도와야 한다. 우리가 바친 헌신은 주님이 받으시는 향기로운 제물이다. 우리는 복음의 영역을 넓혀야 한다. 복음의 확장은 믿음이 믿음을 낳고, 그 믿음이 하나님의 나라를 채우는 것이다.

"솔로몬 너는 일천을 얻겠고 실과 지키는 자도 이백을 얻으려니와 내게 속한 포도원은 내 앞에 있구나" 하나님의 뜻은 하나님의 말씀 가운데서 이루신다. 우리가 순종을 했든 안 했든 하나님의 뜻은 다른 누구를 통해서라도 그 계획을 이루어 가신다. 순종할 수 있는 기회가 주어졌다는 자체만으로도 축복인 것이다.

하나님의 말씀을 믿음으로 순종하는 자들에게는 순종의 대가의 축복이 따른다. 하나님 앞에서는 다섯 달란트를 받았든 혹은 두 달란트

나의 사랑 나의 신부야 일어나 함께 가자

를 받았든 똑같이 작은 일에 충성했다고 말씀하신다. 얼마나 많은 일을 했느냐가 아니고 얼마나 하나님의 말씀을 믿고 순종했느냐의 차이이다.

하나님은 심는 데서 찾으시는 분이시다. 하나님은 세상을 창조하시는 일을 심으셨고, 예수님은 십자가로 사랑을 심으셨다. 우리는 하나님의 말씀을 믿음으로 심어야 한다. 농부가 밭의 곡식을 심어야 거둘 수 있듯 심지 않고는 거둘 수가 없다. 그런데 한 달란트 받은 자의 신앙고백은 심지 않는 데서 거두시는 하나님이시라 말한다. 이렇듯 하나님의 말씀을 모르는 자는 하나님께 순종할 수가 없다. 순종이 없는 자를 향해 하나님은 악한 종이라 말씀하신다. 악한 종은 신앙의 말을 하는 것 같이 기름지게 말을 하지만 이런 신앙은 말씀을 순종하려고 하지 않는다. 우리의 믿음은 말씀의 순종으로서 인정받는다.

"내게 속한 포도원은 내 앞에 있구나" 우리는 무엇을 하든지 하나님의 소유이다. 교회는 예수님의 십자가 사랑으로 심은 복음의 밭이다. 하나님은 당신의 외아들 독생자로 심은 교회를 향해 열매를 기대하신다. 우리는 하나님의 선한 목적을 분명히 이루어야 한다. 하나님의 관심은 영혼 구원에 있다. 사람의 숫자가 많은 대형교회들을 말함이 아니다. 대형교회라 할지라도 그 안에 말씀으로 잘 접붙여진 복음의 알곡이 얼마나 많으냐는 것이다. 하나님은 믿음의 알곡들을 찾으신다.

아가서 8장 13절 너 동산에 거한 자야 동무들이 네 소리에 귀를 기울이니 나로 듣게 하려무나

　신앙생활을 하는 자는 각자 자기 안에 믿음의 동산이 있다. 우리는 얼마나 하나님의 마음을 기쁘시게 하며 믿음의 순종의 열매를 맺고 있는지 날마다 신앙의 점검을 할 필요가 있다. 이 믿음의 점검은 말씀의 거울을 통해서 점검해야 한다. 믿음은 각자의 믿음 크기만큼 복음의 소리를 낼 수 있다. 하나님께서는 "너의 믿음으로 접붙여진 영혼들의 신앙고백을 하나님의 귀에 들게 하라" 말씀하신다. 복음에는 분명한 열매가 예수 이름으로 맺어져야 한다. 열매 맺지 못한 나무는 하나님의 기쁨이 될 수 없다. 교회를 다닌다고 해서 하나님의 사람으로 볼 수가 없다. 하나님의 사람은 예수님의 향기가 나고 그 사람을 통해 예수님의 증거들이 나타나야 한다. 복음의 열매를 맺지 못한 것이 얼마나 무서운 것인지 말씀에서 우리는 보아야 한다.

　　"멀리서 잎사귀 있는 한 무화가나무를 보시고 혹 그 나무에 무엇이 있을까 하여 가셨더니 가서 보신즉 잎사귀 외에 아무것도 없더라 이는 무화가의 때가 아님이라 예수께서 나무에게 일러 가라사대 이제부터 영원토록 사람이 네게서 열매를 따먹지 못하리라" 막 11:13~14

　하나님은 멀리서도 우리를 보고 계신다. 교회 안에서는 신앙의 말을 기름지게 하는데 그의 뒷모습에서 신앙의 비위가 상하는 사람이 있다. 그의 말과 행동이 다르기 때문이다. 사람에게는 비위가 상하는

나의 사랑 나의 신부야 일어나 함께 가자

것으로 끝이 나겠지만 그 사람은 하나님께로부터 질책을 받는다. 깨어있으라! 그렇지 않으면 언제 어느 때 주인이 찾아오셔서 우리의 신앙을 결산하실지 모른다.

우리는 달란트 비유에서 결산하시는 하나님을 보아야 한다. 그리고 무화가 나무의 비유를 듣고 귀 있는 자는 들으라 말씀하신다. 교회 안에서 목소리는 크지만 속은 비어서 복음의 열매가 없는 자, 교회 행사와 여러 가지 기독교적인 일은 많이 하는데 믿음의 실속이 없는 자, 이렇듯 복음의 열매 맺지 못하는 자를 책망하시겠다는 것이다. 포도나무 가지는 포도나무에 붙어 있어야 열매를 맺는다. 우리는 예수님 안에서만이 복음의 열매를 맺을 수 있다. 우리에게 주어진 생명들을 살리는 믿음의 젖줄을 내는 자만이 하나님을 기쁘시게 할 수 있다.

"너 동산에 거하는 자야"는 말씀을 전하는 자에게 당부하시는 목소리다. 그들에게 하나님의 백성의 믿음이 믿음 되게 하라는 말씀이다. 말씀을 전하는 목회자들을 통해 성도들은 믿음이 성장해 간다. 그런데 믿음의 성장 가운데서 장난치지 말라는 것이다. 아직 분별력이 없는 하나님의 사람을 인본주의로 도둑질하여 자기의 수종자로 만들지 말라고 하신다.

"동무들의 소리를" 하나님이 들을 수 있도록 하나님의 사람들을 오직 말씀으로만 믿음을 성장시키라는 것이다. 목사님의 위치에 있든, 교사의 위치에 있든, 목원들을 품은 목자의 위치에 있든, 새 가족

교사로 있든지 그저 영혼을 맡은 자는 하나님의 백성을 하나님의 말씀으로 잘 접붙여 그들이 독립적인 신앙으로 세워지도록 돕는 것이 사명이다

그런데 성도의 믿음 성장 앞에서 그들의 영혼을 도적질 하는 경우가 많다. 믿음의 성장을 도와주는 몫은 마땅히 할 바 이지만 그들 스스로 믿음이 성장하여 하나님께 직접 묻고 말씀으로 기도로 응답 받는 일을 가르쳐야 한다. 그런데 중간에서 본인이 기도하면 응답이 있고, 능력이 있는 것처럼 말을 해서 사람의 마음을 도적질 하면 안 된다. 사람은 몰라도 하나님은 우리의 마음 깊은 곳까지 다 알고 계신다.

아가서 8장 14절 나의 사랑하는 자야 너는 빨리 달리라 향기로운 산들에서 노루와도 같고 어린 사슴과도 같아여라

우리는 마음을 다하고 성품을 다하고 뜻을 다하여 하나님을 섬겨야 한다. 하나님을 향한 열심으로 나타나는 믿음의 능력들은 오직 예수 이름으로 자랑하고 하나님의 거룩함으로 드러내야 한다. 즉, 하나님의 능력이 자기 자랑이 되면 안 된다. 자기를 높이고자 하나님의 능력을 나타내는 자는 하나님의 것을 훔쳐 자기 것으로 자랑하는 자다. 사도 바울과 같은 열심으로 살았다 할지라도 우리는 언제나 겸손해야 한다.

"노루와도 같고 어린 사슴과도 같아여라" 노루와 사슴의 눈은 너

무나 순수해 보인다. 우리의 믿음도 이렇게 거짓이 없이 순수해야 한다. 과거에 하나님께 어떻게 사용이 되었든 우리는 그저 현실을 향해 달려가야 한다. 하나님께서 자기 백성을 어떻게 인도하셨는지 기억하며 믿음의 순수성을 잃지 않고 현재 믿음의 길을 묵묵히 걸어 가야 한다. 과거에 쓰임 받았다고 천국 가는 것이 아니다. 과거는 과거일 뿐이다. 그런데 많은 신앙인들이 과거에 '내가'가 많다. '내가 얼마나 어떻게 교회에 헌신했는데' 하며 과거 속에 매여 사는 사람은 참으로 어리석은 사람이다. 믿음의 여정은 과거에 함께하셨던 하나님을 기억하고 현재를 살아가는 것이다. 과거에 매여 현재를 살아가지 못하는 자는 세상 사람이나 다를 바가 없다. 신앙은 자기 자랑을 하지 말아야 한다. 과거의 열심도 내가 한 것이 아니다. 하나님께서 불러주셔서 사용되었던 모든 것은 그저 은혜일 뿐 모든 결과는 하나님께 영광으로 돌려야 한다.

"여호와를 경외하는 것이 지식의 근본이거늘 미련한 자는 지혜와 훈계를 멸시하느니라" 잠 1:7

하나님을 경외하며 하나님을 아는 지식을 가지고 복음의 길을 달려 간 술람미 여자, 오직 예수님을 사랑하는 그 마음 하나로 노루와 사슴같이 순전한 신앙생활을 했던 술람미 여자의 신앙이 나와 당신의 신앙이 되길 기대해 본다. 할렐루야

My beloved spoke and said to me,

"Arise, my darling,

my beautiful one come with me.

나의 사랑하는 자가 내게 말하여 이르기를 나의 사랑, 내 어여쁜 자야 일어

나서 함께 가자 _아 2:10

나의 사랑 나의 신부야 일어나 함께 가자